国际商法实务

Practice of International Commercial Law

杨林生　编著

经 济 科 学 出 版 社

图书在版编目（CIP）数据

国际商法实务/杨林生编著. —北京：经济科学出版社，2015. 1

ISBN 978 - 7 - 5141 - 5296 - 8

Ⅰ. ①国… Ⅱ. ①杨… Ⅲ. ①国际商法 - 高等职业教育 - 教材 Ⅳ. ①D996. 1

中国版本图书馆 CIP 数据核字（2014）第 288912 号

责任编辑：计 梅 张 萌
责任校对：杨 海
责任印制：王世伟

国际商法实务
杨林生 编著
经济科学出版社出版、发行 新华书店经销
社址：北京市海淀区阜成路甲 28 号 邮编：100142
总编部电话：010 - 88191217 发行部电话：010 - 88191104
网址：www. esp. com. cn
电子邮件：esp@ esp. com. cn
天猫网店：经济科学出版社旗舰店
网址：http：//jjkxcbs. tmall. com
保定市时代印刷厂印装
787 × 1092 16 开 16. 25 印张 340000 字
2015 年 1 月第 1 版 2015 年 1 月第 1 次印刷
ISBN 978 - 7 - 5141 - 5296 - 8 定价：35. 00 元
（图书出现印装问题，本社负责调换。电话：010 - 88191502）

前　　言

随着我国经济总量和进出口贸易总额的不断跃升，我国企业同国外的生产商、进出口商和投资者等商事主体打交道也越发频繁，国际商法作为调整国际商事交往的法律规范也越来越受到人们的关注。正如法学理论的奠基人孟德斯鸠所言："哪里有贸易，哪里就有法律。"尤其是在步入"地球村"时代的当今世界，国际商法已成为各国商事主体应遵循的涉外经贸活动的基本"游戏规则"。面对日益激烈的国际商战，我国涉外企业应增强法律意识，积极拿起商事法律这个有力武器，击跨各种壁垒和障碍，才能不断成长壮大。

国际商贸活动的飞速发展推动了国际商事法律不断改进和完善，面向高等院校涉外类专业学生及广大对外经贸实务工作者，如何编撰一本反映国际商事活动及国际商法发展最新动态的国际商法教材，也成为应时之需。本书的编撰源于作者所主持的浙江省高校精品课程建设，虽然作者为此倾注了不少的心血，但编写一本好的教材并非易事。目前国内外有关国际商事法律的教材可谓不可胜数，那么，本书有何自身的特点呢？

纵观全书，本教材具有以下特点：

第一，条理性。不但在行文上注重学习内容的逻辑明晰和语言表达的言简意赅，而且在体例安排上每章课前设置了"学习要点"，课后提炼了"总结评价"，有助于学习者理清国际商法的主要脉络。此外，作者在各章节中还精心制作了40多张具有知识归纳性质的表格，使学习者对教材内容的理解和把握更为直观、更加清晰。

第二，新颖性。教材的内容不仅反映了国际商法研究的近期成果，而且体现了国际商事法律制度的最新变化，既有《鹿特丹规则》等新的国际商事法律法规的引入，也有对《国际贸易术语解释通则》、《国际商事合同通则》等最新版本的介绍。同时，对我国涉外商事法律法规的最新修订情况也及时反映在教材中，如《中华人民共和国商标法》、《中国国际经济贸易仲裁委员会仲裁规则》等。

第三，应用性。教材在内容选取上更侧重于对国际商事法律实务问题的认知和处理，关注学习者法律应用能力的提升。每章均有课前“案例导入”和课后“案例分析”，正文内容中还配有“小案例”以及具有案例性质的“小思考”。不仅如此，在每章教学内容结束之后，还布置了1~2项密切联系实际的工作任务，锻炼学习者对国际商事法律问题的综合分析与解决的实际能力。

第四，活跃性。国际商法的学习者多为国际商贸类专业、外贸语言类专业的学生或对外经贸实务工作者，他们大多不具备系统的法律知识，对法律思维的逻辑性及法条规定的严密性往往并不适应。正因如此，教材力求以活跃的形式展现给读者，除引入了作者搜集、整理、编写的大量案例和实例之外，还在文中穿插了为数众多的图表、小思考、小贴士，做到即学即思、即学即用。

第五，针对性。一方面，针对涉外商贸专业人员不可能系统学习法律知识的现状，强调通过本课程的学习增强其法律意识，因此将“从意识到行动”作为贯穿全书的基本理念，并在第一章专门阐述了“国际商事活动中的法律意识”问题；另一方面，针对涉外商贸专业人员法律背景知识缺乏的现状，结合每章的具体内容及国际商贸实践，作者编撰了课后“实施任务”以及包括简答、判断、单选、多选、案例等多种题型在内的复习思考题，便于学习者课后即学即练。

第六，规范性。本书虽然仅是一本用于教学的高校教材，但在撰写的过程中仍尽可能注重其学术规范性，对主要参考书目一一罗列，同时除由作者本人编撰外，对引用的教学案例及相关资料大多标明了具体的文献出处。此外，对于教材中出现的国际商法主要术语，作者也以附件的形式提供了中英文对照表，便于读者深入学习和研究。

本教材在编撰过程中参阅和借鉴了大量的国内外有关著作、教材及其他文献资料，在此谨向其作者及相关著作权人表示诚挚的感谢。同时，对经济科学出版社及张萌、杨海、王世伟等编辑人员的大力支持与帮助，也深表谢意。因受编撰者水平所限，书中难免有各种谬误、疏漏和不当之处，祈望广大读者及各界人士不吝赐教，以期在将来修订时更正和改进。

杨林生
2014年9月

目 录

第一章　从意识到行动——认知国际商法

【学习要点】

1. 国际商事活动中树立法律意识的重要性
2. 国际商法的内涵、调整对象及法律渊源
3. 世界两大法系及其对国际商法的影响
4. 中国法律体系与国际商事法律制度

【案例导入】

中国一家外贸公司，采用D/A（承兑交单）90天方式出口五金产品到美国一家大型批发公司，售价共计560万美元，在收到货物一个月后，美方来电称，由于几家中间商相继毁约，销售遇到较大困难，但不会延误付款时间。然而在应收账款到期日，中方并未如期收到货款。在中方催款之后，美方突然发来一份据称是美国一家著名金属研究机构出具的质检证明，称货物有严重质量问题，要求折价60%，否则全部退货。中方虽据理力争，然而因其在国际贸易中法律意识不强，在双方所签订的货物销售合同中竟未列明争议的时限和出具有效质检证明的机构，找不到拒绝美方无理要求的充足理由。最后中方的外贸公司只能自认倒霉，仅以原合同价的65%收回货款，蒙受了不应有的巨额经济损失。

当前，我国经济总量和进出口总额均跃居世界第二位，并已成为世界第一大出口国，出口仍是拉动我国经济增长的最重要的方式之一。迅速发展的对外经济贸易关系，使中国的企业常常要同外国的生产商、进出口商和投资者等商事主体打交道，作为调整国家间经济交往的国际商法也越来越受到人们的重视。涉外企业在从事国际商贸活动时，经常不得不面对各种经济贸易活动中产生的纠纷与摩擦，必须高度重视国际商事法律及其实务操作，否则就可能会给企业造成难以挽回的经济损失。正因如此，作为发展中的国际商贸大国，增强涉外商贸从业人员的法律意识，提高其国际商事法律知识水平，显得尤为必要和迫切。

第一节 国际商事活动中的法律意识

商场如战场，在国际商贸活动中，如果涉外企业连基本的“游戏规则”——国际贸事法律法规都不懂或全然不顾的话，要想在商战中获胜简直是天方夜谭。面对日益激烈的国际商战，我国涉外企业必须积极增强法律意识，拿起法律这个国际商战中的有力武器，击垮各种壁垒和障碍，才能不断成长壮大。

一、法律意识及其构成要素

意识是行动的先导，对外商贸活动亦离不开法律意识的先导作用。那么，何谓法律意识呢？法律意识（Legal Consciousness）就是人们对于法和有关法律现象的观点、知识和态度的总称，由法律情感、法律认知和法律理念三部分构成。

（一）法律情感

法律情感是人们对法律的感性心理体验和心理态度，往往具有直观性、自发性的特点。是信仰与敬畏，还是不屑与排斥，不同的态度无疑会影响人们在实践中如何对待法律。美国著名的国际法学家哈罗德·伯尔曼（Harold J. Berman）认为：“法律必须被信仰，否则它便形同虚设。”可见，对法律的信仰已然成为法治社会的应有之义，一国之内如此，在国家间的商贸往来亦是如此。因此，在国际商贸活动中我们应对法律保持坚定的信仰和必要的敬畏。然而，由于历史传统的影响，中西方的法律情感有着明显的差异。受“礼主刑辅型”的传统社会的影响，在中国无论是普通民众还是专门的法律职业人，对法律的信仰与敬畏并未根植于人们的内心世界；而欧美国家的社会结构在传统上属于“契约主导型”，发达的契约观念奠定了厚实的法律意识，也孕育了社会对法律的天然敬畏感。这一中西方的法律情感差异，必然潜移默化地在国际商事活动中打下烙印，须引起我国外贸从业者的充分注意。

（二）法律认知

法律认知是人们对法律现象，主要是现行法律制度内容的了解和把握程度。对以权利义务规定为核心的现行法律的认知，无疑是人们依法行使权利、履行义务的基本前提。在现代法治社会，对个人而言，每个人都应该对日常生活和工作息息相关的法律知识有所了解；对企业而言，每家企业都必须关注与自己生产经营活动相关的法律规定。在涉外商贸活动中，我们应该关注和了解的法律主要有：国际商事合同法、国际商事代理法、国际货物买卖法、国际货物运输与保险法、国际商事借贷法、国际商贸结算法、国际知识产权法、国际产品责任法、反倾销与反补贴法、国际商事仲裁法、国际商事诉讼法，等等。

（三）法律理念

法律理念是人们对法律产生的理性心理体验，是以民主、自由、平等和人权等价值追求为依归的法律理想和信仰。作为理性化的法律意识，树立正确的法律理想和信仰无疑有助于人们在社会实践中对法律基本价值的追求。国际商事法律作为国际法中的私法规范，以平等性、营利性、选择性为其基本的法律理念，如果一方商事主体利用其经济上、技术上、地域上等方面的优势地位，逼迫另一方商事主体开展非平等性的商贸活动，必然有违国际商事主体平等性的基本法律理念。可见，在国际商法课程的学习及将来的国际商务工作中，我们不仅要学会应用法律知识处理具体的事务，更要培育信仰和敬畏法律的情感，树立以价值追求为基础的法律理念。

二、依法开展国际商事活动

在国际商事活动的每一个环节都要注重法律意识，要充分认识国际商法在我国对外贸易发展中的重要意义，确保在法律的框架下开展涉外经贸活动。

（一）法律意识缺乏对国际商事活动的危害

外贸从业人员与管理者如果法律意识不强，很容易中一些不良外商在合同条款或操作方法上设下的圈套，造成不可挽回的损失。在发生贸易争端时法律意识淡薄，不懂或不善于运用法律手段维护自己的合法权益，也会蒙受经济损失。

1. 使我国企业的财产遭受不应有的损失

在近年来的国际商贸实践中，由于我国某些涉外企业法律意识不强，造成货款无法追回、被外商索赔、外商拒绝收货等现象时有发生，从而遭受了不应有的经济损失。外商资信状况直接关系到我国涉外企业能否安全收汇、收货，资信调查应是对外商贸活动不可缺少的一个环节，但却常常被我国某些企业忽略。他们在进出口贸易中，既不对外商做资信调查，又轻率采用对出口方具有极大风险的付款和交货方式，给国外一些不法商人欺诈行骗造成可乘之机。有些涉外企业认为订立合同只是个形式问题，对合同条款不依法严格审核，业务操作也不规范，造成合同货物品质规格不具体、支付条款不对等、违约责任不明确等现象，出现争议难以得到有效解决。有些涉外企业在信用证条件下的交易中，不严格审证，造成因单证不符被对方拒付货款的现象也不乏其例。还有些企业由于商标保护法律意识淡薄，辛苦创建的品牌却在国际市场上屡屡被外商抢注，不仅给企业无形资产带来损失，而且也阻碍了企业进入国际市场的步伐。

2. 不利于我国企业在国际上树立良好形象

合同是国际商贸活动当事人行使权利和履行义务的基本依据，合同订立后各方当事人均应严格遵守。而我国有些涉外企业依合同办事的法律意识不强，履约不严肃，出口贸易中不按时交货，货物品质、数量、规格与合同不符，导致外商索赔现象时有发生，不仅造成了自身经济上的损失，也导致有些外商给中国企业贴上了“不守约”的标签，损坏了我国企业在国际市场中的形象。

3. 不利于我国企业在国际市场中做大做强

就知识产权中的专利而言，我国许多企业“重技术、轻专利”的思想严重，不重视自身专有技术的法律保护，也不尊重他人的专利权。同时，大多数中国企业认为研发投入不仅风险大，且有限的资金也无法与跨国公司比高下，加大营销投入打好价格战比开展专利技术竞赛更为现实和有效。这是一种缺乏长远眼光的短视行为，要做大做强我国企业，就必须加强对知识产权保护的宣传和教育工作，提高企业的知识产权的法律意识，要引导和推动企业建立和完善知识产权管理制度，加强知识产权保护工作，减少或避免国际贸易争端的发生。

（二）在国际商事活动中应树立哪些法律意识

法律意识是开展国际商事活动的基础，企业不仅要提高产品的技术含量，扩展营销网络和渠道，而且还需要树立强烈的法律意识。外贸工作者也要培养和提高自身的法律意识和法律素养，做一个懂法、知法、守法、护法的高素质的外贸从业人员。

1. 诚实守信意识

西方有“信誉就是金钱”的理念，中国有“货真价实，童叟无欺”的信条。诚实守信不仅是社会存在和发展的基石，更是现代社会的一项基本的法律准则。我国《合同法》第6条明确规定：“当事人行使权利、履行义务应当遵循诚实信用原则。”国际商事活动的主体往往分处于不同的国家，更需要彼此之间树立良好的诚信合作意识。诚实守信作为一种典型的契约伦理，是国际商事活动得以开展的基础，是处于不同国家的商事主体之间的重要“粘合剂”。开展国际商贸活动的企业坚持以信取人，不仅可以使其建立良好的商业信誉并进而形成潜在的无形资产，还可以赢得商机和信任，保持长期稳定的合作关系，实现共赢与发展。正因如此，在国际商事活动中我们要牢固树立诚实守信意识，坚决摈弃和抵制虚伪和欺诈，做到信守诺言，保守秘密。

2. 遵规守法意识

从事国际商贸活动涉及广泛、复杂的法律规范，贸易的每一种方式，交易的每一个环节，合同的每一个条款，运作的每一个程序，都是一种法律关系的体现，涉及不同国际商事主体的权利与义务。因此，在对外贸易活动中，必须依法办事，严格遵守合同，注重发挥律师的作用，这是被国际贸易实践证明了的成功经验。积极宣传、倡导守法意识，形成尊重和维护法律权威的良好风尚。

3. 依法避险意识

虽然我国实施对外开放政策已经30多年，很多企业已能够熟练运用国际商事法律规划规避风险，但整体上依法避险意识不强，往往在国际商事争议中处于不利的地位。因此，我国涉外企业要树立依法避险意识，并以此指导自身的国际商事行为。譬如，在进行国际货物买卖时，要严格审查销售合同所涉及的产品质量、货物运输、货运保险、货款支付、违约责任、纠纷处理等具体条款，确保权利义务清晰、合法、适当。再如，当产品开拓新的国际销售市场时，要事先调查是否侵犯了进口国企业的商标权、专利权，产品价格是否构成倾销行为，等等。

4. 合法维权意识

我国很多企业不重视运用法律手段保护自己的正当权益，在对外商贸活动中"重关系、轻索赔"的现象十分普遍，宁愿利益受损失，也不愿或不善于诉诸法律。如在国际反倾销争议中，我国企业不应诉现象非常普遍，相关企业往往因此而被裁定征收高额反倾销税，或退出该国市场或蒙受巨大经济损失。因此，我国企业必须树立依法维权意识，学会运用法律手段处理和解决问题，依法维护自身的正当合法权益。

第二节 国际商法的属性、调整对象与渊源

国际商法作为现代法律体系的部门法之一，有与其他部门法相区别的自身属性、调整对象与法律渊源，初次接触国际商法者应对其基本构架有一个整体性的了解与把握。

一、国际商法的属性

国际商法（International Commercial Law）是各国当事人在国际商事活动中必须遵守的法律规则，为了更好地认知国际商法，我们有必要对其基本属性进行深入分析。

（一）国际商法是现代法律体系的部门法之一

一方面，国际商法属于现代法。国际商法并不像刑法、民法等传统法律那样的古老，它是伴随着国际商事活动的产生和发展而出现并不断发展的。国际商法雏形是以"商人法（Merchant Law）"形式出现的，表现为11世纪开始地中海沿岸商业城市形成的商事习惯性规则，这些规则后来逐步向欧洲大陆其他国家和英国扩展，有效地推动了各国的经贸往来。然而直到进入19世纪，以欧美为代表的各国才逐渐开始官方的商事立法活动，纷纷将国际商事活动规则纳入本国法律体系之中，并在

19 世纪末积极推动国际商事活动规则的国际统一化进程。第二次世界大战后，国际经济交往的日益加深，使得统一国际商事活动规则的要求变得更加迫切，在联合国国际贸易法委员会、国际商会、国际统一私法协会等国际组织的积极努力下，国际商法发展进入到一个新的阶段。另一方面，国际商法属于部门法。现代法律体系由宪法、刑法、民法、商法、行政法、经济法、诉讼法等诸多法律部门构成，国际商法是商法或民商法的重要内容，甚至因其以国际商事关系为调整对象而日益被认为是一个独立的部门法。

小贴士 1－1：

国际商会（The International Chamber of Commerce，ICC），是服务于世界商业的非政府间组织，同时兼为联合国等政府间组织的咨询机构。1920 年正式成立，总部设在法国巴黎，发展至今已拥有来自 130 多个国家的成员公司和协会，下设国际商业惯例委员会等 24 个专业委员会及工作机构。国际商会所制订的《国际贸易术语解释通则》等国际商事惯例，已被广泛地应用于国际商事实践之中。

（二）国际商法属于民商法和私法范畴

首先，国际商法属于民商法的范畴。在英国、美国等国家采取民商合一的立法体例，商法包含于民法之中；法国、德国等国家采取民商分立的立法体例，民法之外另立商法。无论是民商合一还是民商分立，其法律规范的核心都是调整平等主体之间的法律关系。正因如此，民法的原则和规范，既可以调整平等主体之间的非商事关系，也可以调整他们之间的商事关系，如合同自由原则，既适用于非商事活动的婚姻自主、捐赠自愿，也适用于商事活动中的买卖自由、借贷自愿。由此我们可以说，包括国际商法在内的商法属于民商法的范畴。其次，国际商法也属于私法的范畴。根据大陆法传统，法有公法（Public Law）与私法（Private Law）之分，配置和调整公权力的法律属于公法，规范私权关系、保护私人利益的法律属于私法。国际商法调整平等主体之间的国际商事关系，属于私法之列。认识到这一点，有助于我们在遇到国际商事纠纷时主要寻求私法手段予以解决，一般不诉诸于公法。

（三）国际商法具有国际法的性质

随着经济全球化的发展，不同国家的企业、自然人等商事主体参与国际经济交往日益频繁，他们在国际交往中都要遵循一定的规则，这些规则便是国际商法。从法律渊源来讲，国际商法既包括不同国家为统一规范国际商事活动而签署的国际商事条约、公约，也包括为不同国家及其当事人所公认的国际商事惯例；从法律效力来讲，国际商法的法律效力不再局限于某一个主权国家的商事主体，而是要越出国界作用于参加国际商事活动的他国商事主体。即便是原本效力仅及于一国之内的法律，也可因当事人的选择或依据冲突法规则，成为调整国际商事活动的法律规范。

正因如此，国际商法作为调整国际关系的法律规范而具有国际法的性质。

二、国际商法的调整对象

国际商法作为调整国际商事关系的法律规范的总称，有自己特有的调整对象，即国际商事关系。作为国际商法调整对象的国际商事关系，我们可以从以下四个方面进行理解和把握。

（一）国际商事关系的国际性

国际商事关系中的“国际”一词指的是这种商事关系的空间范围，我们应当对其进行广义上的理解，不能只理解为“国与国之间”，还应包括“涉外”、“跨国”的意思，只要这种商事关系的当事人分属于两个以上不同的国家或国际组织，或其所涉及的商事问题超越一国国界的范围，这种关系就可称为国际商事关系。

小思考1－1：

下列哪些属于国际商事关系？

1. 在借贷关系中，一方为中国企业，而另一方为法国银行；
2. 在买卖关系中，双方均为中国企业，买卖标的由日本企业生产并仍在日本境内；
3. 英国企业在国内销售自己制造的某种商品，该商品使用了美国企业在英国注册的商标。

（二）国际商事关系的平等性

社会经济关系包括纵向的和横向两种类型，其最大区别在于主体之间的关系是否平等。纵向的经济关系通常发生在国家对经济活动的管理过程中，存在于国家管理机关同自然人或经济组织两种非平等的主体之间，工商、劳动、审计、税务等国家管理机关对经济个体及其经营活动的登记、审查、批准、监督、征稽甚至查处的经济管理关系，均属于此类关系。这种有国家机关作为主体的纵向经济管理关系自然不是商事关系。横向的经济关系则是发生在商事活动中，存在于自然人、法人或其他经济组织这些平等的商事主体之间的经济关系，如买卖、租赁、借贷、运输、保险、债权债务、产品责任以及工业产权侵权等。毫无疑问，作为商事关系的只能是这种横向的经济关系。纵向的经济关系多由经济法或国际经济法调整，横向的经济关系即商事关系，才是由商法或国际商法调整的对象。

（三）国际商事关系的营利性

商事关系是商事主体基于营利的动机而发生的关系，即商业性的经济关系。商事行为的目的在于营利，而商事关系的主体则是经营主体或商品生产经营者。需要注意的是，营利性是从主体的动机考察的，主体行为的结果是否产生盈利，并不影响该关系的商业性。某外商在中国投资，与中方合资经营，在商业运作中可能由于技术、市场、管理等原因，甚至可能由于违法经营受到处罚，不但没有赚到钱，反而亏本了，这并不妨碍他在投资和经营过程中发生的合资关系、购销关系、运输保险关系等都是商事关系。既然商事关系是基于营利动机而建立的商业性经济关系，那么它同民法所调整的一般民事关系就是有所区别的，商事主体同一般的民事主体也是有所区别的。像合同法、知识产权法等既是民法又是商法，但可以根据主体的行为是否基于商业性或营利动机而做出是民事行为还是商事行为的判断。在婚姻、收养、继承、住宅的转让或出租、人身或家庭财产保险等法律事实中产生的人身、财产及债权债务等关系是平等的民事主体之间的民事关系；如果是在货物购销、海上运输及保险、加工承揽、投资信贷、工业产权转让等方面产生的关系，则应视为平等的商事主体之间的商事关系。

（四）国际商事关系的多样性

随着当代国际经济贸易往来范围上的不断扩大和时间上的频繁出现，国际商事关系呈现得更加错综复杂，出现了许多新型的国际商事活动方式，如国际投资、国际融资、国际租赁、国际技术转让、国际合作生产、国际工程承包、产权与专有技术许可贸易，等等。这些国际商事活动方式，已超出了传统商法调整的范围而变得越来越广泛。一般来说，国际组织或国家都对“商事”一词尽可能做广义的解释。如根据联合国国际贸易法委员会在起草《国际商事仲裁示范法》时指出，具有商事性质的关系包括但不限于下列交易：任何提供或交换商品或劳务的贸易交易；销售协议；商事代表或代理；保付代理；租赁；咨询；设计；许可；投资；融资；银行业；保险；开采协议或特许权；合营或其他形式的工商业合作；客货的航空、海洋、铁路或公路运输。

总之，国际商事关系是含有涉外或跨国因素的平等的商事主体之间旨在营利的经济关系，国际商法就是调整国际商事关系的法律规范的总称。国际商事关系中的“商事关系”，指平等的商事主体之间所进行的旨在营利的经济关系。

三、国际商法的渊源

法的渊源在这里主要是指法由谁制定及其各种具体表现形式，国际商法的渊源主要有国际法渊源和国内法渊源两个方面。

（一）国际商法的国际法渊源

国际商法的国际法渊源包括国际商事条约（International Commercial Treaties）和

国际商事惯例（International Commercial Practices）两种形式。

1. 国际商事条约

国际商事条约是两个或两个以上的国家或国际组织共同缔结的确定国际商事活动中权利义务关系的各种协议。这些协议有时也被称为公约、盟约、规约、宪章、协定、议定书、协议书、声明、宣言等。国际商事条约有多种类型，根据签署国家的多少，分为两个以上国家参加的多边条约和两个国家参加的双边条约；根据生效范围的广度，分为只在区域范围内生效的区域性条约和在全球范围内生效的全球性条约。在经济全球化的背景下，国际商事活动日趋频繁和多样化，各国商事法之间又存在着诸多不一致甚至相互冲突之处，不仅难以调整日益复杂的国际商事关系，而且甚至障碍了国际商事活动的正常发展。为进一步统一国际商事活动的规则，相关国家或国际组织之间共同参与的国际商事立法活动快速发展，使国际商事条约目前已成为国际商法最重要的法律渊源和基本表现形式。

对国际商法的形成和统一作用最大的是参加国众多的多边国际商事条约，通常也称为国际商事公约，这些公约分布在国际商事活动的各个领域：

（1）调整代理关系的公约有：1961 年《国际私法关系中的代理统一法公约》、1961 年《国际贸易买卖代理合同统一法公约》、1983 年《国际货物销售代理公约》；

（2）调整货物买卖关系的公约有：1964 年《国际货物买卖统一法公约》和《国际货物买卖合同成立统一法公约》、1974 年《国际货物买卖时效期限公约》、1980 年《联合国国际货物销售合同公约》、1985 年《国际货物销售合同法律适用公约》；

（3）调整货物运输关系的公约有：关于提单运输的 1924 年《海牙规则》、1968 年《维斯比规则》、1978 年《汉堡规则》，关于国际航空货运的 1929 年《华沙公约》、1955 年《海牙议定书》和 1961《瓜达拉哈拉公约》，关于铁路货运的 1951 年《国际货协》、1961 年《国际货约》，关于多式联运的 1980 年《联合国国际货物多式联运公约》；

（4）调整票据关系的公约有：1930 年《关于本票和汇票统一法的日内瓦公约》、1930 年《关于统一票据和本票的日内瓦公约》、1931 年《关于支票的日内瓦公约》、1931 年《关于解决支票的若干法律冲突的日内瓦公约》、1987 年《联合国关于汇票和本票公约》；

（5）规范知识产权保护的公约有：1883 年《保护工业产权巴黎公约》、1886 年《保护文学艺术作品伯尔尼公约》、1891 年《商标国际注册马德里协定》、1952 年《世界版权公约》；

（6）规范产品责任的公约有：1973 年《关于产品责任的法律适用公约》、1977 年欧洲理事会《斯特拉斯堡公约》、1985 年欧共体理事会《产品责任指令》；

（7）规范反倾销问题的公约有：1994 年《反倾销守则》；

（8）调整商事仲裁的公约有：1923 年《日内瓦仲裁条款议定书》、1927 年《关于执行外国仲裁裁决的公约》、1958 年《承认和执行外国仲裁裁决的公约》。

2. 国际商事惯例

国际商事惯例是在长期的国际商事交往实践中逐步形成并得到各国普遍承认或遵守的商事活动的习惯做法和规则。这些做法和规则虽然不能像法律一样具有普遍的法律拘束力，但被国际商事活动当事人共同商定选用后即产生遵守的义务。在处理国际商事争议时，各国法院或仲裁机构也常常会采用某些普遍公认的或影响较大的惯例，作为判决或裁决案件的依据。对国际商事活动有约束力的国际商事惯例，一般应具备三个基本构成要件：

第一，内容约定性，即国际商事惯例不仅以约定俗成的形式出现，而且所包含的原则、规则和做法明确具体。国际商事惯例在最初形成时往往是不成文的，不同国家和地区对同一个惯例在解释和适用上也不一致，给国际商事活动的开展带来诸多不便。针对此种情形，一些国际组织相继将部分重要的国际商事惯例编纂成文，这不仅使其内容更加明确具体，而且还在实践中得以不断地修改、完善并趋向统一。在国际商事交易中普遍适用的《国际贸易术语解释通则》、《跟单信用证统一惯例》、《华沙—牛津规则》等国际商事惯例，就是由国际商会、国际法协会等国际组织编纂成文的。然而，国际商事惯例的内容并非一成不变的，随着科技的发展和社会的进步，原有的惯例不断地完善，新的惯例则在频繁的国际商事交往中应运而生。

第二，反复使用性，即国际商事惯例在长期的国际商事交往中被反复使用。所谓“惯例”，自然是一种经常性、习惯性的做法，在使用时间上强调其“长期性”，在使用次数上强调其“重复性”。因此，如果一项国际商事活动的具体做法刚刚出现，或者尚未得到推广，当然不能算作是一种国际商事惯例。

第三，普遍遵守性，即国际商事惯例因各国普遍承认和遵守而成为一种通例。国际商事惯例的形成并非由某个立法机关制定，也不是由某些国家或国际组织共同缔结，而是在国际商事活动中由自发产生的。从本质上讲，国际商事惯例并非法律，但因其被各国及其当事人普遍承认和遵守而具有了相当于法律的拘束力。

学好国际商法，有必要对当今世界上常用的主要国际商事惯例有所了解。

（1）国际贸易术语解释通则。为统一各种贸易术语的不同解释，国际商会于1936 年制定了《国际贸易术语解释通则》（缩写 Incoterms）。随后，为适应国际贸易实践发展的需要，先后进行了 7 次修订和补充。现行最新版本为 2010 年 9 月 27 日推出的 Incoterms 2010，并于 2011 年 1 月 1 日正式生效。Incoterms 2010 的修改考虑了目前世界上免税区的增加，电子通讯的普遍使用以及货物运输安全性的提高，删去了 Incoterms 2000 中的 D 组术语 DDU、DAF、DES、DEQ，只保留了 DDP，同时新增加了两种 D 组贸易术语，即 DAT（Delivered At Terminal）与 DAP（Delivered At Place）以取代被删去的术语。Incoterms 2010 将贸易术语划分为适用于各种运输的 CIP、CPT、DAP、DAT、DDP、EXW、FCA 和只适用于海运和内水运输的 CFR、CIF、FAS、FOB，并将术语的适用范围扩大到国内贸易，赋予电子单据与书面单据同等效力，增加对出口国安检的义务分配，要求双方明确交货位置，将承运人定义为缔约承运人，这些都在很大程度上反映了国际货物贸易的实践要求，并进一步与《联合国国际货物销售合同公约》及《鹿特丹规则》衔接。Incoterms 在国际贸易中有着巨大的影响力，也是我国外贸业务中大量采用的国际惯例。

（2）跟单信用证统一惯例。为明确信用证有关当事人的权利、责任、付款的定义和术语，减少因解释不同而引起各方当事人之间的争议和纠纷，调和各有关当事人之间的矛盾，国际商会于 1930 年拟订一套《商业跟单信用证统一惯例》，并于 1933 年正式公布。随着国际贸易变化，国际商会又对其先后进行了 8 次修订，称为《跟单信用证统一惯例》（缩写 UCP），被各国银行和贸易界所广泛采用，已成为信用证业务的国际惯例。现行版本是国际商会第 600 号出版物，简称“UCP600”，从 2007 年 7 月起生效。UCP 600 共 49 条，包括总则和定义、信用证的形式和通知、责任与义务、单据、杂项规定、可转让信用证和款项让渡等七个部分，各条款规定了各当事方的责任范畴。

（3）《华沙—牛津规则》。为了对 CIF 合同双方的权利与义务作出统一的规定与解释，国际法协会先后在波兰华沙和英国牛津召开会议，制定了《1932 年华沙—牛津规则》（Warsaw-Oxford Rules，1932，简称 W. O. Rules 1932），该规则自 1932 年公布后一直沿用至今。《华沙—牛津规则》共 21 条，对于 CIF 的性质、买卖双方所承担的风险、责任和费用的划分以及所有权转移方式等问题都作了比较详细的解释和说明。《华沙—牛津规则》在总则中说明，这一规则供交易双方自愿采用，凡明示采用该规则者，合同当事人的权利和义务均应援引该规则的规定办理；经双方当事人明示协议，可以对该规则的任何一条进行变更修改或增添；如该规则与合同发生矛盾，应以合同为准；凡合同中没有规定的事项，应按该规则的规定办理。《华沙—牛津规则》规定的某些原则，还可适用于其他合同，如对卖方交单时间即为货物所有权移转于买方时间的规定，虽是针对 CIF 合同的特点制定的，但一般认为也可适用于卖方有交单义务的其他合同。该规则因其解释的贸易术语仅有 CIF 一种，目前采用者不多。

（4）美国对外贸易定义修正本。在 1919 年纽约举行的全美贸易会议上，一些商业团体共同制定了《美国出口报价及其缩写条例》。1941 年在美国第 27 届全国对外贸易会议上对该条例作了修订，命名为《1941 年美国对外贸易定义修订本》。1990 年再次修订，所解释的贸易术语共有 6 种：①产地交货（Ex Point of Origin）；②在运输工具上交货（FOB）；③船边交货（FAS，Free alongside）；④成本加运费（指定目的地）（C&F…named point of destination）；⑤成本加保险费、运费（指定目的地）（CIF…named point of destination）；⑥目的港码头交货（Ex Dock…named port of importation）。其中 FOB 术语又分为 6 种，所以实际上其所解释的贸易术语共有 11 种之多。《美国对外贸易定义修正本》在美洲地区有较大影响，被广泛采用。但因其对贸易术语的解释上与其他惯例解释有所不同，故在对美洲贸易时应特别注意。在近年的美洲，Incoterms 逐步取代《美国对外贸易定义修正本》的趋向越来越明显。

（二）国际商法的国内法渊源

国际商法的国内法渊源，是指各国规范、调整涉外商事活动及其关系的成文法和判例。国际商法既然具有国际法性质，为何各国国内法也成为其法律渊源呢？这主要是受国际法渊源认可度和国际法渊源涵盖面的制约。

第一，国际法渊源认可度制约。尽管各国参加了大量的国际商事条约，接受了大量的国际商事惯例，但由于各自不同的传统习惯和不同的利益所在，至今仍有不少的国际商事条约和惯例尚未被一些国家所认可或参加，有的国家虽然加入了某一条约，却对其中某些条款提出保留。如我国虽然参加了《联合国国际货物销售合同公约》，但同时对涉外商事合同的形式提出了保留，没有采纳该公约奉行的合同形式自由的主张，仍坚持涉外商事合同必须采用书面形式。由此可见，在发生了有关的涉外商事关系却没有参加有关国际商事条约或有所保留的情况下，拿什么去规范有关的国际商事活动，如何去解决有关的涉外商事纠纷，只有借助于有关国家的民商法和判例。

第二，国际法渊源涵盖面制约。现有的国际商事条约和惯例，还远不能涵盖国际商事活动中各领域的一切问题。在没有国际法渊源可供遵循的情况下，处理国际商事问题和争议，就不能不适用有关国家的民商法或判例。当然，解决国际商事问题究竟适用哪一个国家的法律，有一个法律的选择和适用问题，或者依当事人的约定，或者适用与当事人关系密切的国家的法律，但根据国际私法中的冲突规则，处理国际商事纠纷的准据法往往是某一个特定国家的国内法。

在现实中，在国际商法的国内法渊源上，人们的主观视角会有所不同，不同的国家及其相关人员都不可避免地会站在自己的立场或角度，首先将本国调整涉外商事关系的法律和判例作为重要的国际商法渊源。作为中国的外贸从业人员或商事主体，在学习国际商法时当然要着重掌握中国有关调整商事关系的法律原则和规范，同时不可否认的是，一些市场经济发达国家的民商法，不仅本身在国际商事关系的处理中被经常地和大量地适用，而且对国际商事条约和国际商事惯例的形成以及国际商法的统一影响巨大，对此我们也应给予高度的重视。

（三）不同法律渊源的关系

国际商法的渊源有国际商事条约、国际商事惯例、各国商事法等，为进一步理解国际商法的渊源，我们还应明确以下两个问题：

第一，国际商法的不同渊源之间存在着互动机制。国际商法渊源体系中，国际法规范、国际商事惯例规范、国内法规范三者之间并非毫无关联，而是彼此之间相互影响、相互吸收，国际商事条约、惯例的内容可能会被吸收为国内法规范，国内法规范在一定情况下也可以被国际化。在国际法规范、国际商事惯例规范、国内法规范之间互动机制的基础上，各国涉外商事法律规范日渐趋于一致。

第二，国际商法的国际法渊源效力高于国内法渊源。根据“条约优先适用”原则，国际商事条约一旦被参加国接受并批准就必须严格遵守，而且其效力优于国内法，在该国所缔结或参加的国际商事条约与国内相关法律相冲突时，除声明保留者外，有义务优先适用国际商事条约。我国《民法通则》第 142 条明确规定：“中华人民共和国缔结或者参加的国际条约同中华人民共和国法律有不同规定的，适用国际条约的规定，但是中华人民共和国声明保留的除外。中华人民共和国法律和中华人民共和国缔结或者参加的国际条约没有规定的，可以适用国际惯例。”虽然在我国的对外商事交往中，国际商事惯例的适用次序被排在最后，但如果某个惯例一旦被当事人选用，也有类似国际商事条约的优先适用效力。

第三节　世界两大法系与国际商法

法系（Law System）是按各国法律的历史传统、源流关系和特征对各国法律进行的分类，凡是具有一定特点的某国法律同承袭或仿效这一法律而形成的具有类似特征的其他国家的法律，均可以归为同一个法系。根据学者的划分，世界上的主要法系有伊斯兰法系、中国法系、印度法系、埃及法系、大陆法系、英美法系等，然而毫无疑问，对现代国际商法体系影响最巨者当属大陆法系和英美法系。

一、世界两大法系

在现存的各国法律制度中，大陆法系（Continental Law System）和英美法系（Common Law System）对各国法律制度的建立和对国际商法的形成、发展影响最大，通称为“两大法系”。在学习和研究国际商法时，应深入了解两大法系的分布范围和不同特点。

（一）大陆法系

大陆法系，又称为民法法系，是以古代罗马法特别是 19 世纪初的《法国民法典》为传统而建立并发展起来的各国法律制度的总称，与英美法系相比主要有如下特点：

1. 法律渊源以成文法为主

成文法是经有立法权的国家机关制定或认可，并以法律条文作为表现形式的法律规范的总称。大陆法系国家以规范性文件形式表现出来的成文法为主要的法律渊源，原则上不把判例作为法的渊源，但在德国、瑞士、哥伦比亚等少数大陆法系国家稍有例外，这些国家在联邦公报上发表的宪法法院的判决或最高法院关于宪法的判决等，也同样具有法律约束力。

2. 通行演绎法的法律推理方式

与以成文法作为主要的法律渊源相吻合，大陆法系国家司法部门采用演绎法的法律推理方式。案件的审理和判决通常遵循由一般到个别的推理过程，即运用一般性的法律原则和规范处理每个具有个别性的案件。法律规范由代议制的立法机关制定，在审理案件的过程中，法院和法官仅仅是现有法律的实施者与执行者，只能对照具体的法条判案，而没有总结、创制法律的空间。

3. 重视法律的系统化与法典化

在法的结构上，大陆法系依据法律所保护的对象和法律关系的主体不同，将全部法律分为公法和私法两大部分。公法是保护国家利益或社会公众利益的法律，其法律关系的主体主要是国家或公共团体；私法是保护私有财产和私人利益的法律，其法律关系的主体主要是具有私人或私人团体性质的法人、非法人组织等社会个体。而依据法律所调整的社会关系的不同，形成不同的法律部门。属于公法的法律部门主要有刑法、行政法、经济法、环境法、诉讼法、国际公法等；属于私法的法律部门主要有民法、商法等。大陆法系还格外重视法典的形式，每一个法律部门通常以一个法典为核心，配之以较为具体化和专门化的特别法或细则等，构成一个完整有机的法律体系。这样，在宪法的统领下，各法律部门各司其职、井然有序，共同规范并调整着所有重要的社会关系。

（二）英美法系

英美法系，又称为普通法系，是指英国中世纪以来的法和以此为传统或受其影响而发展起来的其他国家的法的总称。英国法由普通法和衡平法构成了独具特色的二元结构体系。普通法是 11 世纪来自欧洲大陆的诺曼底人入侵英格兰后，以英格兰原有的习惯法为基础逐步形成的法律规则；衡平法是 14 世纪后英国为补充匡正普通法的不足，基于“正义、良心和公平”的基本原则，由大法官的审判所形成的法律规则。根据美国宪法确立的准则，美国的法律分为联邦法和州法两大部分，各州在立法上权力很大，凡是宪法未授权联邦立法或宪法未禁止各州立法的，其立法权均属于各州，而联邦只有在例外情况下才行使立法权，但联邦法高于州法，两者发生抵触时应适用联邦法。与大陆法系相比，英美法系主要有如下特点：

1. 法律渊源以判例法为主

判例法是英美法的主要法律渊源，其基本思想是承认法律本身具有不可完备性，立法者只可能注重于法律的原则性条款，法官在遇到具体案情时应根据具体情况和法律条款的实质，作出具体的解释和判定。判例法的基本原则是“遵循先例”，即包含在某一判决书中的法的原则，不仅适用于该案，而且可以作为一种先例适用于以后同类案件。它的基本要求是：对于本院和上级法院已经生效的判决所处理过的问题，如果再遇到与其相同或相似的案件，在没有新情况和提不出更充分的理由时，就不得做出与过去的判决相反或不一致的判决，直到将来某一天最高法院在另外一个同类案件中做出不同的判决为止。

2. 通行归纳法的法律推理方式

由于判例法作为主要的法律渊源，英美法系通行归纳法的逻辑方法，案件的审判过程是一个从特殊到一般的过程。法官通过对当期案件与先期判例的法律事实进行分析、比较和归纳，进而找出先期判例中的一般性原则和规划，指导当期案件的判决。在审理案件的过程中，上诉法院以上的法院和法官不仅是法律的执行者和判例的遵循者，而且在事实上扮演着法律创制者的重要角色，通过案件的审理可创制出新的判例。

3. 重视法律的实用性与灵活性

英美法系缺乏像大陆法那样系统的门类齐全的成文法体系，也没有明确的公法与私法以及具体的法律部门的划分，往往采取社会生活需要什么法律就创制什么法律，或即时地改变判例规则的做法。即使在已制定的成文法中，也大多是单行法，灵活性较大。在法的实施过程中，“遵循先例”也是非常灵活的，以美国为例，如果先例适合于眼下的案例则遵循，如果先例不适合眼下的案例法院可拒绝适用先例，或者另行确立一个新的法律原则而推翻原来的判例。

至于作为两大法系的大陆法系与英美法律之间的异同，我们可以通过对表 1－1 的研读，有一个更为清晰的了解。

表 1－1　　大陆法系与英美法系的比较

法系	大陆法系	英美法系
内涵	以古代罗马法特别是 19 世纪初的《法国民法典》为传统而建立并发展起来的各国法律制度的总称	英国中世纪以来的法和以此为传统或受其影响而发展起来的其他国家的法的总称
得名	因其主要分布在欧洲大陆国家而得名	因主要分布在英国、美国或受其影响的国家和地区而得名
别称	民法法系、罗马法系、罗马—日耳曼法系	普通法法系、英国法系
标志	法国民法典、德国民法典	英国判例、美国判例
分布	①法国、德国、比利时、奥地利、荷兰、瑞士、意大利、西班牙、葡萄牙等大部分欧洲大陆国家；②中美洲、南美洲、亚洲、非洲曾作为法国、德国、荷兰等国殖民地和附属国的国家和地区；③美国的路易斯安那州、加拿大的魁北克省、英国的苏格兰地区等英美法系国家的个别地区；④日本	①英国、美国；②加拿大、澳大利亚、新西兰、爱尔兰、印度、巴基斯坦、马来西亚、新加坡、缅甸、中国香港等过去曾受英国殖民统治或采用英语作为官方语言的国家和地区
特点	①法律渊源以成文法为主；②通行演绎法的法律推理方式；③重视法律的系统化、法典化	①法律渊源以判例法为主；②通行归纳法的法律推理方式；③重视法律的实用性与灵活性

二、两大法系的发展及其对国际商法的影响

（一）两大法系的发展现状

尽管两大法系存在着重大差别，但随着社会经济政治条件的不断变化，19 世纪末以来两大法系呈现出相互影响、相互融合的趋势，主要表现在以下三个方面：

1. 大陆法系中判例法的作用逐步增强

大陆法系国家在传统上只承认成文法而不认可判例法渊源的情况在 20 世纪以后有所改变。如前所述，德国、瑞士等国家已明确宣布联邦宪法法院等的有关判决对下级法院有约束力；有的大陆法国家虽然没有“遵循先例”原则，但是在旧法条文难以适用或法典没有明确规定的情况下，判例往往也作为法官断案的参考和依据。但大陆法国家出现的判例法与英美法系的判例法作用仍不可相提并论，在大陆法国家，具有约束力的判例还仅限于最高法院或有关宪法的判决，此外，某些判例还主要是基于法官判案中对法典的某些条文作了扩展的解释而形成，其作用也主要是用于弥补成文法典所不能预见的情况。

2. 英美法系中成文法的数量迅速增加

尽管英美法系以判例法为主的特点没有根本改变，但成文法数量大增并日渐成为英美法系的一个重要渊源，地位和作用也在不断提升。美国在 20 世纪 20 年代开始兴起了成文法运动，1926 年颁布了具有法律汇编性质的《美国法典》并定期增补修订；为了推动全美法律走向统一，美国法律协会、全国统一州法委员会等团体拟定示范法向各州推荐，其中《美国统一商法典》、《美国示范公司法》等商事法律已被绝大多数的州所采纳。英国自 19 世纪末就开始大规模制定成文法，如 1882 年的《票据法》、1893 年的《货物买卖法》、1906 年的《海上保险法》、1948 年的《公司法》、1973 年的《公平贸易法》等大量的商事法律相继颁布。

3. 两大法系相互取长补短并呈融合之势

两大法系不仅在法律渊源上逐步靠近，而且在法的种类和具体内容上相互学习，相互吸收对方的合理和科学的成分。一方面，大陆法系深受英美法系影响，如战后的《日本公司法》即是参照《美国示范公司法》制定而成的，德国、法国、日本等大陆法系国家的反垄断法、产品责任法深受美国法律影响；另一方面，英美法系也大量吸纳大陆法系的内容，如《美国统一商法典》就曾吸收了不少《法国商法典》的内容。虽然两大法系不可能在短期内实现统一，但两者不断交互作用并逐渐融合的趋势是不可逆转的。

（二）两大法系对国际商法的影响

随着国际商贸活动的发展，国际商法所涉及的领域将越来越广泛，尤其有关商事行为的法律规范将会呈不断增加之势，商法的法律体系也会更加趋于完备，而两

大法系的现状及未来发展将对国际商法的变迁产生深远的影响。

1. 两大法系对国际商法的统一发挥了重要作用

以国际商事条约的制定为基础，国际商法统一化进程日益加快，为适应并促进全球经济一体化发挥了积极而有效的作用。许多重要的国际商事条约或示范法正是通过借鉴甚至吸收两大法系的一些法律原则和规范才得以形成的，例如《联合国国际货物销售合同公约》、《国际商事合同通则》等，在合同法和买卖法的许多问题上都采纳了两大法系的法律原则和制度。另外，两大法系的取长补短与不断融合，也有利于国际商法逐步走向统一。

2. 两大法系对各国国内商法的发展影响至深

由于各国法律制度均在不同程度上受到两大法系的影响，甚至大多可以归纳在两大法系之列，因此，作为国际商法重要渊源之一的各国国内商事立法，事实上也是在两大法系的影响下确立和发展起来的。在用有关国家的国内商法处理国际商事问题时，两大法系的法律原则就在实际上发生着作用，如我国民商法中的“诚实信用原则”、“禁止权利滥用原则”即受两大法系的共同影响而形成的。虽然我国商法在体例上受大陆法系的影响更为深刻，采用系统性的成文法甚至是法典的形式，但在内容上结合我国涉外商贸活动的实践，积极吸收两大法系法律规范的精华。

3. 两大法系的差异对国际商法的影响将长期存在

虽然通过不断的相互渗透和融合，两大法系在民商法领域内基于传统的差别正逐步缩小，但两者不可能在短期内彻底同化。当前，两大法系在国际商事代理、国际票据结算、国际商事合同、国际货物买卖等领域仍存在不小的分歧。以国际商事代理为例，无论是代理的法律分类，还是对本人、代理人与第三人之间法律关系的处理，两大法系均存在明显的差异。1961 年国际统一私法协会拟定的《国际私法关系中的代理统一法公约》和《国际贸易买卖代理合同统一法公约》，因其以大陆法为基础，未能协调两大法系的分歧而未被广泛采纳。基于大陆法制定的“日内瓦统一票据法公约”，也被绝大部分英美法系国家拒之门外。而在国际商事合同的法律效力消灭、商业广告的法律性质认定、发盘和接盘的生效时间、国际货物买卖中的违约责任认定、货物所有权与风险的转移等，两大法系的不同规定也应引起外贸从业人员的注意。

三、中国法律体系与国际商法

由于社会性质不同，我国很难归入两大法系中的任何一个，但近代以来的我国法律制度主要受大陆法系的影响，清朝末期开始的法制改革就是在欧洲大陆和日本等国法律制度的影响下进行的。目前中国的现行法律主要采取成文法形式，并划分为宪法、行政法、刑法、民法、经济法、诉讼法等较明确的法律部门，形成相对完整的法律体系。就国际商法而言，一方面我国加入了大量的国际商事条约，选用了主要的国际商事惯例；另一方面出台了一系列的国内商事法律，作为我国调整涉外商事关系的重要法律渊源。

（一）加入国际商事条约

中华人民共和国建立尤其是改革开放以来，随着对外经贸交往活动的快速扩展，中国加入的双边和多边国际商事条约已达 150 多个，这些国际商事条约成为我国商事主体参与国际商贸活动重要的法律依据。到目前为止，中国加入的国际商事条约主要有：《世界贸易组织规则》、《联合国国际货物销售合同公约》、《多边投资担保机构公约》、《便利国际海上运输公约》、《统一国际航空运输某些规则的公约》、《国际民用航空公约》、《国际铁路货物联合运输协定》、《巴黎公约》、《建立世界知识产权组织公约》、《马德里协定》、《世界版权公约》、《承认及执行外国仲裁裁决公约》，等等。而有些国际商事条约如《日内瓦统一票据法公约》、《海牙规则》、《国际货物买卖时效期限公约》等，中国虽然至今仍未加入，但在相关国内立法时吸纳了其中的不少内容。此外，还有一些不具有强制性的国际商事示范法，如《国际商事合同通则》、《电子商务示范法》等，中国也将其作为国内立法的重要参考，国际商事活动当事人选择适用后同样具有法律效力。

（二）采用国际商事惯例

国际惯例从性质上来说可分为属于法律范畴的国际惯例和任意性的国际惯例，前者无须当事人选择即具有法律效力，如“国家及其财产豁免”的惯例；后者经当事人选择才产生约束力，国际商事惯例属于后者。中国不仅赋予涉外商事活动中当事人对国际商事惯例适用的自由选择权，而且在《民法通则》、《海商法》、《票据法》等诸多民商事法律规范中明确规定适用国际商事惯例。目前较有代表性的国际商事惯例如国际商会制订的 2006 年《跟单信用证统一惯例》、2007 年《托收统一规则》、2010 年《国际贸易术语解释通则》，国际法协会制订的 1932 年《华沙—牛津规则》，国际海事协会制订的 1974 年《约克·安特卫普规则》等，在当前的国际商事交往中发挥着越来越重要的作用，已得到世界上大多数国家和地区的承认和接受。中国在对外经贸活动中也已广泛地采用了上述国际商事惯例，并在一般场合下承诺遵守这些国际商事惯例。然而，与西班牙等国家要求所有进口交易均须受《国际贸易术语解释通则》强制性约束不同，中国对国际商事惯例的适用是非强制性的，即相关内容在国际商事条约和国内商事法律中都没有规定时，才适用于国际商事惯例，这在一定程度上影响了国际商事惯例在我国的适用范围。

（三）出台国内商事法律

在改革开放之前，中国实行的是相对封闭的计划经济体制，国际商贸活动由国家垄断，协调国际商贸活动的主要是国家政策而非法律，加之我国的商法在传统上或是依附于民法，或以民法的特别法形式出现，从而导致我国长期以来没有系统的国际商法制度。这种情形自1978年改革开放以来得以改变，随着经济社会的快速发展和对外开放政策的积极推动，中国对外经贸交往活动空前活跃，《中外合资经营企业法》(1979年)、《涉外经济合同法》(1985年)、《对外贸易法》(1994年)等一大批涉外商事法律规范相继出台，尤其是1994年《中华人民共和国对外贸易法》的颁布标志着我国初步形成了对外商贸法律体系。目前，企业法、合同法、担保法、票据法、海商法、航空法、铁路法、保险法、反倾销法、产品质量法、知识产权法、仲裁法、民事诉讼法等属于民商法范畴的法律规范的出台并不断修订完善，为中国市场经济的健康运行和对外经贸活动的大力发展，奠定了良好的法律基础。然而，中国的商法体系还很不完善，还不能在国际商事活动中有效地保护我方权益，如近年来某些不良外国厂商利用我国产品责任法的立法缺陷向我国输入大量低劣产品，侵害中国企业和消费者的利益。因此，中国商事立法还应随着国际商贸实践的发展而不断向前推进。

【总结评价】

作为发展中的国际商贸大国，中国面向涉外企业及其从业人员普及国际商事法律知识、增强法律意识，显得尤为必要和迫切。国际商法就其属性而言，它是现代法律体系的部门法，属于民商法和私法范畴，同时具有国际法的性质。简单来说，国际商法的调整对象就是国际商事关系，但我们还应深入把握国际商事关系的国际性、平等性、营利性、多样性。虽然国际商事条约和国际商事惯例是国际商法的重要渊源，但因国际法渊源存在认可度、涵盖面等方面的制约，或者由于当事人的选择，国际商事活动也经常性地适用某一国的国内商事法律。而实际上，国际商法的不同渊源并非截然分开，存在着相互影响、相互吸收的互动机制，但其效力冲突时则应根据“条约优先适用”原则，国际法渊源尤其是国际商事条约的效力优于国内商事法律。大陆法系和英美法系是世界上影响最广的两大法系，它们对各国法律制度的建立和对国际商法的形成、发展产生了巨大影响。大陆法系的法律渊源以成文法为主，通行演绎法的法律推理方式，重视法律的系统化与法典化。英美法系的法律渊源以判例法为主，通行归纳法的法律推理方式，重视法律的实用性与灵活性。尽管两大法系有重大差别，但19世纪末以来呈现出相互影响、相互融合的趋势，一方面大陆法系中判例法的作用逐步增强；另一方面英美法系中成文法的数量也迅速增加。同时，两大法系对国际商法发展的作用也不容忽视，不仅对国际商法的统一发挥了重要作用，而且对各国国内商法的完善也影响至深。

【主要概念】

法律意识　法律情感　法律认知　法律理念　国际商法　公法　私法　国际商事关系　法律渊源　国际商会　国际商事条约　国际商事惯例　多边国际条约　双边国际条约　条约优先适用原则　遵循先例原则　法系　两大法系　大陆法系　英美法系　演绎法　归纳法　判例法　成文法　普通法　衡平法

【任务实施】

1. 根据行业类型、规模大小、组织形式等选取几家从事外贸业务企业，采取访谈、问卷等形式，调查这些企业在国际商事活动中的法律意识，并分析其中存在的问题，提出相应的对策。

2. 通过电视、网络、报刊、书籍等查找现实中发生的某一项国际商事活动，通过我们学习过的知识分析该活动的国际商事关系。

【复习思考题】

一、简答题

1. 简述法律意识及其主要构架。

2. 国际商事活动中法律意识缺失有何危害？

3. 国际商事活动中应树立哪些法律意识？

4. 如何认识国际商法的属性？

5. 如何理解和把握国际商法的调整对象？

6. 简述国际商法的法律渊源及不同渊源之间的关系。

7. 简述两大法系的发展趋势及其对国际商法的影响。

8. 简述我国的国际商事法律制度。

二、判断题

1. 德国和法国都是民商合一国家。

2. 国际商法起源于商事习惯性规则。

3. 商事关系是一种纵向的经济关系。

4. 《美国统一商法典》适用于美国境内所有的州。

5. 在"国际商法"中的"国际"意为"国家与国家之间"。

6. 是否具有营利性是区分民事行为和商事行为的重要标准。

7. 由于历史传统的影响，中西方的法律情感存在着明显的差异。

8. 当国际商事条约与国内商事法律发生冲突时应采纳"条约优先适用"原则。

9. 与大陆法在结构上有公法和私法之分相对应，英美法有普通法和衡平法之分。

10. 我国《最高人民法院公报》公布的典型案件判决，对同类案件具有法律约束力或指导意义，说明我国是判例法国家之一。

三、单项选择题

1. 国际商法的调整对象是（　　）。

A. 国际贸易关系　　B. 国际商事关系

C. 国际经济关系　　D. 国际投资关系

2. 国际商法最重要的渊源是（　　）。

A. 国际商事条约　　B. 国际商事惯例

C. 各国国内商事法律　　　　　　　　D. 国际公法

3. 标志着我国对外商贸法律体系初步形成的法律是（　　）。

A. 中外合资经营企业法　　　　　　　B. 涉外经济合同法

C. 对外贸易法　　　　　　　　　　　D. 海商法

4. 大陆法国家法律往往依据（　　）不同，划分出不同的法律部门。

A. 调整手段　　　　　　　　　　　　B. 强制约束力大小

C. 所调整的经济关系　　　　　　　　D. 所调整的社会关系

四、多项选择题

1. 国际商法属于（　　）范畴。

A. 民商法　　B. 私法　　C. 公法　　D. 国际法

2. 下列属于英美法系的国家是（　　）。

A. 加拿大　　B. 新西兰　　C. 巴西　　D. 新加坡

3. 我国已经加入的国际商事条约有（　　）。

A. 联合国国际货物销售合同公约　　　B. 华沙—牛津规则

C. 日内瓦统一票据法公约　　　　　　D. 承认及执行外国仲裁裁决公约

4. 对国际商事活动有约束力的国际商事惯例，一般应具备的基本构成要件有（　　）。

A. 内容约定性　　B. 普遍遵守性　　C. 反复使用性　　D. 效力强制性

5. 下列哪些属于国际商事关系？（　　）

A. 中国一家汽车生产商企业向法国大众银行借款

B. 两家中国企业签订了购销协议，买卖标的仍在新加坡国内生产

C. 英国某公司在国内销售自己制造的一款新型手机，该手机使用了美国商标

D. 加拿大企业在德国申请专利

五、案例分析题

中国向日葵玩具有限公司与法国喜乐年华有限公司（以下分别简称向日葵公司和喜乐公司）签署了一份儿童玩具销售合同，由向日葵公司出口一批儿童玩具给喜乐公司。50天后，喜乐公司如数收到向日葵公司运抵目的港的货物。根据双方销售合同约定，喜乐公司应以T/T的方式付款，但向日葵公司并未如期收到款项。向日葵公司虽多次去函催款，但不仅未收到任何货款，而且甚至没有收到任何回复。于是向日葵公司再次发函表明，如7日内仍未收到货款，将根据合同有关条款追究喜乐公司的赔偿责任。喜乐公司此时才回函辩称不付款的原因是，根据法国国内分销商的反映，向日葵公司出售的儿童玩具存在着严重的安全隐患，并已有分销商向其索赔。为此，喜乐公司表示，如果分销商的索赔请求得到法院支持，其损失应由向日葵公司来承担。

问题：(1) 本案中合同双方争议的焦点是什么？(2) 该销售合同存在什么法律缺陷？请从国际商事活动中法律意识的角度剖析其原因。

第二章　国际商事代理法律实务

【学习要点】

1. 国际商事代理的内涵、类型及其法律规范
2. 国际商事代理权的取得与行使
3. 理清国际商事代理法律关系
4. 如何实施国际商事代理活动
5. 国际商事代理事务争议及其处理规则

【案例导入】

中国野狼男装有限公司打算从德国凯马机械制造公司进口一批缝制设备，委托中国南方进出口公司代理进口事宜。野狼公司与凯马公司驻深圳代表处先就设备买卖合同中的标的、价款、数量、技术标准、交货时间、售后服务等主要条款达成一致意见后，三方共同签署了缝制设备买卖合同，其中，凯马公司为卖方，南方公司为买方，野狼公司为缝制设备的用户方。随后，南方公司又与凯马公司签订了委托代理进口合同。南方公司按期开立了信用证，在收到凯马公司提交的信用证下的单据后，野狼公司如约向南方公司支付了80%的货款并由南方公司通过信用证转付给凯马公司。缝制设备到货后，野狼公司与凯马公司驻深圳代表处共同进行了验收，并签署了验收证明。此后，野狼公司却以设备在验收后频频出现故障为由拒付20%的余款。凯马公司多次催讨无果后，遂以南方公司为被申请人向中国国际经济贸易仲裁委员会华南分会提起仲裁。南方公司在答辩书中辩称自己是代理人，不应承担履行合同的义务。仲裁机构应如何处理这起涉及国际商事代理的纠纷呢?

早期的商贸方式多为当事人直接接触，买卖双方对具体事务亲力亲为。随着商品经济的发展与市场经济的推进，商贸活动日益多样化、复杂化，从事商贸活动的主体既不可能也无必要事必躬亲，于是代理制度在国内外商贸活动中应运而生。在西方国家，代理人已成立了专门的组织机构，如果离开了这些代理人，现代意义上的国际商贸活动则难以顺利进行，可见代理在当代国际经济生活中的作用不可小觑。因此，外贸从业人员应对代理法律规则有所了解，并在国际商贸活动中灵活运用。

第一节 代理及其法律规范

代理制度克服了从事商事主体在知识素养、技能水平、工作经验、社会关系等方面的局限性，增强了其活动范围和竞争能力。正因如此，在现代国际商贸活动中，许多交易都是通过代理人完成的。学习国际商事代理法律制度，我们首先要对代理的内涵、类型及其法律规范进行必要的了解。

一、代理的内涵与类型

（一）代理的内涵

由于两大法系对代理的理解存在差异，导致关于代理的内涵界定也难以统一。根据1983年《国际货物销售代理公约》和代理实践，我们可以给代理（Agency）下一个一般性的定义：所谓代理是指代理人依照本人的授权，代表本人同第三人实施法律行为，由此产生的权利义务对本人发生效力的法律制度。在代理法律关系中，至少有三方当事人，即本人（Principal）、代理人（Agent）和第三人（Third Party）。本人即委托人、被代理人，代理人就是受本人委托替本人办事的人，第三人是泛指代理人为完成代理任务而与之打交道的一切人。

由此可以看出，代理制度具有以下几个特征：

第一，代理的本质性特征——代理是一种法律行为。从代理的定义来看，代理是代理人与第三人之间发生的法律行为，它以设立、变更、终止权利义务关系为目的。所以，它在性质上属于法律行为。

第二，代理的权利性特征——代理权源于本人的委托。如果没有本人的授权而进行的代理，属于无权代理，不是严格意义上的代理。

第三，代理的效力性特征——代理的法律后果归属于本人。无论这种行为后果是有利的还是不利的，均由本人对代理人的行为负责。

案例2-1：

浙江新田园农贸有限公司派业务员小李到泰国采购一批热带水果及果制品，小李与曼谷果业集团公司商洽并签订了购销合同，采购了榴梿、菠萝、番石榴、香水芒果、山竹、莲雾、香蕉、香青椰、柚子、龙眼等十多个品种的新鲜水果、干果及水果饮品等，总价值8万美元。在这个国际商事代理法律关系中，浙江新田园农贸公司是委托人，也称本人或被代理人；业务员小李是代理人；曼谷果业集团公司是第三人。浙江新田园农贸有限公司与小李之间是代理关系。

需要指出的是，代理适用的范围虽然很广，但并非所有具有法律意义的行为都可由他人代理。我国《民法通则》第63条明确规定："依照法律规定或者按照双方当事人约定，应当由本人实施的民事法律行为，不得代理。"一般来说，以下行为不能代理：一是具有人身性质的行为或债务不能代理，如订立遗嘱、结婚登记、离婚登记、收养子女、演员演出、书法创作等；二是侵权和违法行为不得代理，如非法买卖黄金、走私物品等。就国际商事活动而言，本人委托的事项在法律上也必须具有可代理性，才能产生合法的代理关系。

（二）代理的类型

代理有多种分类方法，两大法系的分类标准以及具体类型的划分各不相同。大陆法系根据代理人以谁的名称行事将代理分为直接代理（Direct Agent）和间接代理（Indirect Agent）两种类型，而英美法系根据是否披露本人将代理分为显名代理、隐名代理（Undisclosed Agency）、未披露代理关系的代理三种类型。在商贸实践活动中还有一些特殊的分类，如承担特别责任的代理、独家代理、总代理等，将在后文中进行介绍。常见的代理分类如表2－1所示：

表2－1　代理的常见类型

分类依据	类型	内涵理解	举例
行事名义	直接代理	代理人以本人名义行事且其效力直接及于本人的代理	律师代理商事仲裁
	间接代理	代理人以自己名义行事且其效力间接归于本人的代理	间接代理进口报关
披露本人	显名代理	代理人表明本人存在并公开本人姓名的代理	代理商标国际注册
	隐名代理	代理人仅表明自己的代理身份但未公开本人姓名的代理	
	未披露代理关系的代理	代理人虽有本人授权但并未向第三人披露存在代理关系的代理	代理出境购物

此外，根据代理业务的内容不同，还可将代理分为商业代理、房地产代理、保险代理、货运代理、诉讼代理、税务代理等。

二、国际商事代理法律规范

国际商事代理法主要是调整国际商事代理关系的各种法律规范的总称。长期以来，国际商事代理并未形成得到广泛认可的国际统一法规范，实践中所发生的代理行为通常由各国国内法进行调整。

（一）调整国际商事代理关系的国际法律规范

因政治、历史、经济及代理理论的不同，各国有关代理制度的法律规定差别较大，给国际商事交易和处理国际商事代理纠纷带来了诸多不便。为了适应国际贸易的迅速发展对统一代理法规范的要求，国际上做了一些有益的尝试。

1. 商事代理国际公约

（1）欧盟《关于协调成员国自营商业代理人指令》。欧共体（欧盟的前身）1986 年 12 月 18 日制定的《关于协调成员国自营商业代理人指令》，是具有统一各成员商事代理法作用的公约。该指令规定，从 1994 年 1 月 1 日开始，欧盟成员国有关自营商业代理人与本人之间关系的法律规则，都必须符合指令要求。

（2）国际统一私法协会制定的有关代理公约。国际统一私法协会先后制定了《国际私法关系中的代理统一法公约》、《国际贸易买卖代理合同统一法公约》、《国际货物销售代理公约》，这三大公约尽管目前尚未生效，但日益受到国际商法学界的重视，尤其是《国际货物销售代理公约》更具代表性，可适用于直接和间接的销售代理关系，依该公约规定，经 10 个国家核准一年后即可生效，目前已有智利、摩洛哥、瑞士、意大利、法国、南非等 6 个国家加入。

（3）海牙国际私法会议《代理法律适用公约》。1978 年海牙国际私法会议制定的《代理法律适用公约》，1992 年 5 月 1 日生效，是目前仅有的一个全面规范代理法律适用的国际公约。该公约调和了两大法系关于国际代理法律适用的分歧，为国际代理法律适用问题提供了具有实际操作性的统一规则，对直接代理与间接代理准据法的确定、代理内部关系与代理外部关系的法律适用等均作出了具体规定。

2. 商事代理国际惯例

国际商会《商业代理合同起草指南》。国际商会 1960 年制定的《商业代理合同起草指南》已提到广泛认可和应用。该指南仅适用于调整直接代理关系，旨在推动代理合同的标准化建设，对合同书面形式、代理法律冲突、意思自治原则等方面提出一些咨询建议，并不能从实质意义上统一国际代理法，但它已在促进国际商事代理实践活动中发挥了积极作用（见表 2－2）。

表 2－2　有关商事代理的主要国际法律规范

名称	制定时间	制定机构	主要特点	效力现状
关于协调成员国自营商业代理人指令	1986 年	欧洲共同体	调整欧盟成员国自营商业本人与代理人之间的关系	已在欧盟范围内生效
国际私法关系中的代理统一法公约	1961 年	国际统一私法协会	以大陆法为基础，规范直接代理，主要规定了多数国家代理制度中没有争议的规则	因难以协调两大法系分歧而未被广泛采纳

续表

名称	制定时间	制定机构	主要特点	效力现状
国际贸易买卖代理合同统一法公约	1961 年	国际统一私法协会	以大陆法为基础，规范间接代理，针对一些难以解决和有争议的问题试图提出应对方案	因难以协调两大法系分歧而未被广泛采纳
国际货物销售代理公约	1983 年	国际统一私法协会	与联合国《国际货物销售合同公约》有密切联系，是有关代理方面最为成功、完备的国际公约	因加入国不足尚未生效
代理法律适用公约	1978 年	海牙国际私法会议	是一部全面规范代理法律适用的国际公约，很好地协调了两大法系不同国家代理制度的差异	1992 年 5 月 1 日生效
商业代理合同起草指南	1960 年	国际商会	虽然仅试图实现代理合同的标准化，并不能从真正上统一国际代理法，但其提供的咨询意见对国际商事代理产生了重要影响	已在国际商业界得到广泛应用

（二）调整国际商事代理关系的国内法律规范

因为国际商事代理制度在国际商事活动中起到举足轻重的作用，又因为调整国际商事代理方面的国际法律规范十分有限，所以，各国无不重视国内立法来调整国际商事代理关系。在大陆法系国家，法典是其主要渊源，所以这些国家调整国际商事代理关系的法律规范主要表现在民商法典中，有些国家还专门制定过调整商事代理关系的单行法，如德国就在 1953 年通过了《商业代理法》。在英美法系国家，判例是主要渊源，所以判例是调整这些国家国际商事关系的主要法律工具，然而英国和美国尤其是英国，也将其重要的典型判例成文化，来调整国际商事代理关系，如英国在 20 世纪 70 年代先后制定了《不动产及商业代理人法》、《代理权利法》、《不动产代理人法》等，美国法律协会主编的《代理法重述》经常被法官援引，可视为其代理法的重要辅助渊源。

我国没有专门的调整民商事代理关系的法律规范，其有关规定主要散见于《民法通则》、《合同法》等民商事法律当中，其中有关代理的规定也适用于国际商事代理。此外，还有我国原对外经济贸易部 1991 年制定的行政规章《关于外贸代理制的暂行规定》，目前仍然有效。最高人民法院的司法解释《最高人民法院关于贯彻执行民法通则的若干意见》当中，也有关于民商事代理的有关规定。

第二节 取得与行使国际商事代理权

在当今的国际商贸活动中，随着专业化程度及社会化分工日益提高，商事代理制度得以普遍应用，使商事主体能将触角伸及国际经济活动的各个领域和更广阔的地域范围，而代理制度的核心内容则是代理权的取得与行使。

一、依法取得代理权

代理权是代理人能够据此实施代理行为并将行为结果归属于本人的一种资格。对于如何取得代理权，大陆法国家与英美法国家的规定各有不同。

（一）在大陆法国家取得代理权

在大陆法国家通过本人委托和法律规定两种方式取得代理权。

第一，依据本人委托取得代理权。代理人通过本人的委托意思表示而取得代理权的代理，被称为委托代理，也可称为意定代理（Appointed Agency）。本人的这种意思表示可采取书面的方式，也可以采取口头的方式；可以向代理人表示，也可向同代理人打交道的第三人表示。在国际商贸实践中，委托代理一般都是由本人与代理人双方达成合意签订代理合同而确立的，而并非基于本人的单方授权。

第二，依据法律规定取得代理权。代理人以法律规定为根据而取得代理权的代理，被称为法定代理（Statutory Agency）。法定代理权的产生主要有以下几种途径：一是基于法律的直接规定而取得代理权，如公司的董事长作为公司法人而取得法定代理权；二是基于法院的指定而取得代理权，如破产企业的清算人因法院指定而取得代理权；三是基于私人的选任而取得代理权，如遗产管理人因亲属的选任而取得代理权。

（二）在英美法国家取得代理权

在英美法国家通过本人授权与追认或者根据客观需要等方式取得代理权。

第一，依据明示授权取得代理权。它是指本人以口头或书面明示的方式指定某人为其代理人，这是取得代理权的最基本途径。通常情况下，口头授权、书面授权均为有效，但如果本人要求代理人同第三人签订某种签字蜡封合同，则此时必须采用签字蜡封的形式授予代理权，如在处置不动产时，则必须采用签字蜡封的形式授予代理权。

小贴士 2－1：

在现行的英美合同法中，其普通法把合同分为两类：一类是签字蜡封的合同，这种合同是由当事人们签字、加盖印鉴并把它交给对方而形成的，其有效性完全是由于它所采用的形式决定的，不要求任何“对价”。这种合同，类似于我国的“要式合同”。另一类是简式合同，它包括口头合同和非以签字蜡封式作成的一般的书面合同。类似于我国的“非要式合同”。

——刘卫东：《英美合同法“对价”原则探讨》，载《西安财经学院学报》2003 年第 6 期。

第二，依据默示授权取得代理权。它是指本人的授权意图，虽未通过书面或口头等明示方式表达出来，但其行为或言词使另一人推断自己有代理权，也使第三人相信代理人有代理权。默示方式取得的代理权就像明示取得的代理权一样，对本人具有约束力。

第三，依据客观需要取得代理权。它是指一个人受托照管另一个人的财产，为了保存这种财产而必须采取某种行动时产生的代理权。在这种情况下，虽然受托管理财产的人并没有得到采取此种行动的明示授权，但由于客观情况的需要而视为获得了授权。例如国际海上货物运输中，承运人在遇到紧急情况时，为了保存托运的货物有权采取超越其通常权限的必要措施。但要取得此种代理权是相当困难的，英美法院一般不愿意不适当地承认这种代理权。根据英美法判例，行使这种代理权应具备以下条件：①情况紧急，即行使代理权时必须面对真实而明确地紧急情况；②无法联系，即在行使代理权前代理人无法联系本人；③善意行为，即代理人的行为必须是善意的，并且已考虑到各方当事人的利益。

案例 2－2：

在英国 1921 年“斯波林格诉铁路公司案”中，原告（斯波林格）委托被告（铁路公司）将一批西红柿运至伦敦，但在运输过程中遇到工人罢工，被告遂自行决定就地售卖以免西红柿腐烂。在此案的判决时，法院认为，虽然被告是出于善意的，且保护了原告的利益，但是被告出卖西红柿时有充分的时间和条件将情况告知原告，而却擅自处理他人货物，因此，被告应对原告的损失承担责任。

——论卫星：《国际商法》，浙江大学出版社 2004 年版，第 96 页。

第四，依据事后追认取得代理权。如果代理人未经授权或超出了授权范围而以本人的名义与第三人实施法律行为，由此而产生的后果对本人是没有约束力的。但是如果本人事后追认，无权代理行为可产生与有权代理相同的法律效果。但英美法判例认为追认通常应具备以下条件：①无权代理人在同第三人订立合同时，必须明示他是作为代理人而代订合同的；②无权代理人在同第三人订立合同时，已经指明了委托人的姓名或本人的姓名可以确定；③追认该合同的本人在合同订立时必须具有法律上的订约能力。

二、正确行使代理权

（一）行使权限——代理人须在本人的授权范围内实施代理行为

代理人在本人的授权范围内实施代理行为，这样才能达到代理的目的。代理人在本人的授权范围内行事，他的行为就对本人具有约束力，本人既取得由此产生的权利，也必须承担由此产生的义务，而代理人一般不承担个人责任。如代理人根据本人的授权，代表本人与第三人签订合同后，代理人便可退出，该合同的权利义务则直接由本人承担，本人与第三人直接发生关系。如果发生有关纷争，则本人可以直接向第三人提起诉讼，第三人也可直接向本人提起诉讼。代理人没有代理权或超越代理权限的行为，则由行为人自己承担，本人不承担责任。即使是默示授权所签订的合同，对本人也同样具有约束力。

（二）行使名义——代理人须以本人名义或为本人利益以自己名义实施代理行为

这是为了使第三人在同代理人进行法律行为时，第三人知道他行为的对方当事人是谁，以保护代理关系中第三人的利益。关于代理人在代理活动中是否公开其作为代理人的身份或公开本人的情况，大陆法与英美法有不同的规定。在大陆法系国家，强调代理的公开性，即代理人必须以被代理人的名义进行活动，这种代理在大陆法中称为直接代理，如《日本民法典》规定，代理人于其权限内明示为本人而进行的意思表示，直接对本人发生法律效力。《德国民法典》也有类似的规定。英美法中代理的范围比大陆法广泛得多，强调代理权的客观性及其内部关系的独立性。如果代理人事实上有代理权，但在同第三人签订合同时，既不披露本人的姓名，也不表明自己是代理人，而是以自己的名义同第三人签订合同，这种情况下，本人和第三人之间仍可直接相互主张权利。即英美法中的代理行为不必以本人名义而为，只要代理人事实上“有权”即可。

（三）行使方式——代理人须独立地进行意思表示

代理是代理本人行使法律行为，而法律行为是以意思表示为要素的。因此，代理人在行使法律行为时，必须向第三人作出意思表示。代理人要根据本人的授权和第三人提出的条件独立决定，拿出自己的主张。例如，代理人代为本人签订合同时，代理人应对合同的标的、价格、交货地点和履行方式等一系列问题，与第三人进行磋商，全面权衡利弊，选择最有利于本人的条件确立合同关系。即代理人在代理活动中，并不是像机器人一样，按照本人的意思机械地办事，而要独立地进行思考，作出明确的意思表示。

小贴士 2 - 2：

代理与传达的区别：在传达行为中，传达人仅须将一方当事人的意思表示真实地传递给另一方当事人；而在代理行为中，代理人则须在本人的授权范围内独立地进行意思表示。

代理与居间的区别：在居间行为中，居间人向委托人报告订立合同的机会或者提供订立合同的媒介服务，充当着“红娘”的角色；而在代理行为中，代理人以代理权为基础代理本人进行民商事法律行为，要独立表达其思想和判断。

（四）行使后果——代理行为的法律后果由本人承担

代理是被代理人在代理权限内通过代理人的活动取得民事权利或履行民事义务的一种方式，因此，代理人在代理权限内所行使的一切行为，其法律后果全部由本人承担，这正是代理的目的之所在。所谓全部，是指不仅包括代理人在代理活动中取得的权利义务，而且包括因代理人过错而造成的违法或不利于本人的后果。除在某些特殊代理的情况下，代理人一般不对第三人承担代理行为的法律后果。

第三节　确定国际商事代理法律关系

在国际商事代理活动中，既要界定本人与代理之间的内部法律关系，又要明确本人、代理人与第三人之间的外部法律关系，从而各方当事人即可依法行使权利、履行义务。

一、内部法律关系——本人与代理人的关系

本人与代理人之间的权利义务关系，一般由双方签订代理合同来确定。本人与代理人之间的义务是相互的，代理人的义务即本人的权利，本人的义务即代理人的权利。代理的内部法律关系作用于代理人与被代理人，一般不对外公示，也不对第三人产生法律拘束力。归纳起来，本人与代理人的义务主要如下：

1. 代理人的义务

第一，勤勉履行职责。代理人应勤勉地履行其代理职责，如按代理合同约定，在国际商贸活动中积极开展寻找客户、推销商品、签订协议、开拓市场等有利于本人的工作。如果代理人因过失造成本人损失，应向本人承担赔偿责任。

第二，忠实本人委托。代理人应忠实于本人的委托，向本人公开他所掌握的客户资料以供其参考，不得进行自己代理、双方代理、受贿或图谋私利、与第三人恶意串通等损害本人利益的行为。否则，本人不仅有权解除代理关系和撤销已实施的

法律行为，并且有权要求赔偿损失，甚至可以追究其刑事责任。

小贴士2-3：

自己代理指代理人以本人的名义与代理人自己实施法律行为，如业务员小李代表A公司向自己采购一批自制的教学仪器。双方代理是指代理人就同一法律行为同时为本人和第三人的代理人，收取双方的佣金，如同一个律师既代理原告又代理被告。因为合同是双方的法律行为，订立合同必须有双方当事人参加，而自己代理或双方代理是代理人一个人意志的产物，而非合同双方当事人意思表示一致的结果。这样的代理不仅违反了代理的本质，而且可能会损害本人的利益，是对代理权的滥用。但如经本人同意，代理人可以进行自己代理。

第三，亲自实施代理。代理关系是基于人身信任而产生的，代理人的信用、知识和能力是他取得代理权的前提条件，也是实现本人利益的保证。因此，在一般情况下，代理人不得把他的代理权再转让给他人。但在紧急情况下，为保护本人的利益而转委托或已征得本人的同意或贸易习惯允许转委托，则不受上述规定限制。

第四，依照授权行事。代理人履行职责必须与本人的授权相一致，即代理人必须遵守明示授权范围的指令，或在默示授权的情况下代理人应在他经常或传统的授权范围内行事，否则本人对其代理的行为不承担责任。

第五，不得泄露秘密。本人的商业秘密或技术秘密通常是具有经济价值的信息，代理人在代理协议有效期或代理协议终止后的法定时间内，不得把在代理活动中获得的需要保密的商业秘密和技术秘密泄露给第三人，也不得由自己利用这些秘密同本人进行不正当的竞争。

第六，如实申报账目。代理活动所形成的账目是代理人有义务对一切代理交易保留完整的账目，并应根据代理合同的规定或在本人提出要求时如实申报账目。

2. 本人的义务

第一，支付佣金报酬。本人必须根据代理合同的规定支付给代理人报酬，这是本人最基本的义务。代理合同中双方应就佣金支付的条件、佣金支付率及支付方法等作出明确约定。如果本人欠付代理人的佣金或其他费用时，代理人可以对他占有本人的货物行使留置权或以掌握属于本人的金钱抵消欠款。

第二，偿还特别费用。一般说来，除合同另有约定外，代理人因代理活动的正常业务支出，应由代理人自行承担，本人无须偿还其履行代理职责时所开支的费用。但代理人因执行本人的特别指示而支出的费用或遭受的损失，本人有偿还义务。这种特别指示应是代理活动正常业务之外的任务，如服装外贸代理人因对方拒绝付款，根据本人指示出国商谈所需的差旅费。

第三，提供信息资料。为了便于代理人开展工作，本人应向代理人提供为开展代理业务所必需的一切业务资料和信息，如样品、模型、价目表、广告资料及交易条件等。

第四，允许核查账目。通常情况下，本人的账目是代理人代理活动效果的直接体现。允许核查账目主要是大陆法系国家的规定，即本人有义务向代理人提供具体明细的账目，以备代理人审核查对，确定本人支付的佣金或报酬是否准确无误。

二、外部法律关系——本人、代理人与第三人的关系

本人与代理人对第三人的关系构成了代理的外部法律关系，包括代理人与第三人之间的契约签署关系、本人与第三人之间因代理而产生的权利义务归属关系。两大法系由于对代理的不同分类，对代理的外部法律关系有不同的处理方式。

1. 大陆法的规定

大陆法根据代理人以谁的名义行使代理权这个标准，将代理分为直接代理和间接代理，并对两者的外部法律关系作了不同的规定。

第一，直接代理的外部法律关系。大陆法中的直接代理即代理人以本人的名义与第三人签订合同，该合同所产生的权利义务由本人来行使和承担。因此，在直接代理中，第三人是与本人签订了合同。

第二，间接代理的外部法律关系。在间接代理中，代理人是以自己的身份与第三人签订合同，无论代理人事先是否得到本人的授权，这个合同的当事人被认为是代理人与第三人，该合同的权利义务由代理人享有和承担，本人原则上同第三人没有法律上的联系，本人不能仅凭该合同就直接对第三人主张权利。只有当代理人把合同中的权利转让给本人之后，本人才能对第三人主张权利。因此，在间接代理的情况下，本人要经过两项合同才能取得或主张合同的权利：一个是间接代理人与第三人之间签订的合同，另一个是间接代理人将前项合同权利义务转让给本人的合同。《德国商法典》对动产和有价证券的处理所规定的行纪人交易制度，即具有间接代理的性质。根据该法规定，由行纪人交易行为所发生的债权必须移转于委托人之后，委托人才能向债务人主张权利。

2. 英美法的规定

英美法中无大陆法的直接代理与间接代理之分，而是将代理分为显名代理、隐名代理、未披露代理关系的代理三种情形，并据此规定了不同的外部法律关系处理方式。

第一，显名代理的外部法律关系。显名代理是指代理人表明本人存在并公开本人姓名的代理，如代理商标国际注册即为显名代理，通常要明确表示谁是注册商标的申请人和权利人。此时，代理人的代理行为所产生的法律后果直接由本人和第三人承受，代理人完成代理行为后即退出，既不享有权利也不承担义务。

第二，隐名代理的外部法律关系。隐名代理是指代理人仅表明自己的代理身份但未公开本人姓名的代理。隐名代理与显名代理一样，合同后果归属于本人与第三人，代理人不承担个人责任。但在英美法国家的实践中，代理人一定要明示本人存

在及其作为代理人的身份，如英国判例即要求代理人在与第三人订约的信函上写明“卖方代理人”或“买方代理人”等字样，否则不得视为隐名代理。

第三，未披露代理关系代理的外部法律关系。未披露代理关系的代理是指代理人虽有本人授权但并未向第三人披露存在代理关系的代理，如我国公民出境旅游代理他人购物时，通常不会向销货方表明货物是受他人委托代为购买的。此时代理人实际上将其自身置于本人的位置，因此理所当然由代理人与第三人共同承担合同后果。但根据英美法的规定，如果本人或第三人发现了对方的存在且更愿意直接向对方主张权利时，可分别行使“介入权”和“选择权”：①本人可行使“介入权”，即本人可介入代理人与第三人所确立的合同关系，直接代替代理人而成为合同权利义务的主体；②第三人可行使“选择权”，即第三人也可选择本人或要代理人作为合同权利义务的相对方，不过一旦选定则不能更改。

第四节　国际商事代理活动的实施

基于本人的精力、能力所限以及节约交易成本、扩大活动范围的需要，当今的国际商事活动事实上绝大多数是通过各种代理人来实施的，代理人因此也被誉为本人的“延长手臂”。

一、国际商事代理的意义与特征

（一）国际商事代理的重要意义

代理制度在现代国际商事活动中日益发挥着越来越重要的作用，甚至可以说，如果离开了代理人，国际商事活动将无法有效地进行。一方面，代理制度可以扩张主体的商事能力。国际商事活动既可以由本人亲自实施，也可以通过代理人实施。然而，随着经济全球化的发展，国际商事活动中的技术性要求、能力要求、专业性要求等越来越高，这使得商事主体越来越感觉到力不从心，事必躬亲日益困难。而代理制度正好破解了这一困境，大大扩张了国际商事主体的行为能力。另一方面，代理制度可以节约交易的运行成本。国际商事活动双方主体一般分处不同的国家，通过代理人的专业化代理活动，不仅可以显著扩张本人的经营活动半径，还可以大大降低交通差旅、商业联络、沟通磋商等交易成本。正因如此，当今的国际商事代理业务范围极广，基本涵盖了所有的国际商事活动。

（二）国际商事代理的法律特征

商事代理是从民事代理中衍生出来的特殊形式，因此，有关民事代理的一般原则与法律规则通常也适用于商事代理。但商事代理也有其区别于民事代理的不同特征：①商事代理的当事人必须为商人。商事代理关系的被代理人和代理人必须是商人，包括商法人和个体商人，而且对代理人往往还有特定的资格要求，如运输代理人、商标代理人、保险经纪人、保付代理人等均须取得一定的经营资格。②商事代理均属于有偿代理。这是由商事活动的营利性所决定，一方面被代理人从代理人所实施的商事代理行为中获取利益，另一方面代理人通过代理行为取得佣金是其“商人”价值的重要体现。③商事代理权仅来源于委托。与民事代理权来源于法定规定、当事人委托或有关机关指定有所不同，商事代理权因当事人的委托而产生。④商事代理不以“显名”为必要。通常的民事代理须采用显名的直接代理方式，而商事代理并不以是否“显名”为必要，其核心在于代理行为是否在授权范围内进行，这一点在我国的外贸代理制中尤为明显，大多属于以不“显名”的间接代理。以上商事代理不同于民事代理的特征，也均是国际商事代理所具备的特征。当然，国际商事代理还有一个重要特征就是其具有涉外因素，即国际商事代理中的主体、代理行为或者结果中至少有一项在国外。这是国际商事代理有别于国内商事代理的最显著特征。

二、不同授权类型的国际商事代理

（一）独家代理与一般代理

根据代理人的数目多少，可将代理分为独家代理和一般代理。独家代理（Sole Agency）是指代理人在约定的地区和期限内对指定商品享有唯一的、专有的代理权的代理。一般代理（Ordinary Agency）又称佣金代理，是指在同一地区、同一时期内，委托人可以选定多个代理商，根据推销商品的实际金额付给佣金，或者根据协议规定的办法和百分率支付佣金。独家代理建立在一般代理基础之上，是否享有独家专营权和承担特别义务是两者的最大区别，独家代理商在享有专营权的同时，还要对委托人承担特别的义务。当然，独家代理的委托人也会产生与独家代理人相对应的特别权利和义务。我国的出口业务中一般代理商较多，但因一般代理的理论与实践已在本章其他部分进行了详细的介绍，所以在此仅介绍独家代理。

1. 明确独家代理当事人的权利义务

独家代理双方当事人的权利义务是对应的，本人义务即代理人的权利，代理人的义务即本人的权利。

（1）独家代理中本人的义务

在国际贸易代理活动中，本人对独家代理人应承担以下义务：第一，禁止直销的义务，即本人不得向指定地区的第三者直接销售指定商品，如指定地区的第三者直接向本人询购或订购，本人应将询购或订购情况转告独家代理人；第二，独家委托的义务，即在指定的地区本人只能委托一名代理人，这样可避免在同一地域销售同类产品的代理人之间的竞争；第三，支付佣金的义务，即本人应依照代理合同向独家代理人支付佣金，而代理人则不负担经营活动的盈亏，即使从独家代理指定地区达成的交易未经独家代理人中介，本人也须向独家代理人支付相应的佣金；第四，提供最优交易条件的义务，即本人提供给代理人获得订单的交易条件应是最优惠的。

（2）独家代理中代理人的义务

国际贸易独家代理人要承担以下义务：第一，竭力推销的义务，即代理人应在指定地区代表本人与客户开展活动、进行广告宣传、为本人征集订单，尽最大的努力促销所代理的商品；第二，承担费用的义务，即代理人应承担推销商品的一切费用，如广告费、电信费、差旅费、劳务费等；第三，禁止同业竞争的义务，即除征得本人同意外，代理人不得在指定的地区内制造、买卖、再经营或代理其他厂商生产的、与指定的商品同类或相竞争的商品；第四，提供市场报告的义务，即代理人应定期向本人提供指定地区有关代理商品的市场报告。

2. 依据独家代理合同开展代理业务

国际贸易独家代理合同是代理人开展独家代理业务的基本依据，独家代理合同应对双方的权利义务及有关代理事项等作出明确的规定。国际贸易独家代理合同一般应包括以下 16 项内容：双方当事人、独家代理的委任、代理商品、代理区域、最低业务量要求、价格与支付、独家代理权、商情报告、广告及费用、佣金、政府部门间的交易、工业产权、协议有效期、协议的终止、不可抗力、仲裁条款。其中，价格与支付是指出口商品价格的确定及货款支付方式；独家代理权一般包括本人禁止直销、代理人禁止同业竞争等内容；商情报告是指代理人向本人提供市场报告；政府部门间的交易是指本人与代理人双方政府部门之间达成的交易是否受代理合同的限制，以及该交易是否计入代理人的最低业务量；工业产权是指有关专利、商标、版权等的使用与保护；不可抗力是指约定不可抗力的类型、免责及通知义务；仲裁条款是指双方将争议提交仲裁裁决的约定。

此外，还应注意，独家代理合同是否违反某些国家的反垄断法规定。因为在有些国家，独家代理可能被认为带有垄断性，有碍自由竞争。

（二）总代理与分代理

总代理（General Agency）是委托人在代理协议中指定产品、指定地域、一定时间内的全权代表。除有权代表委托人签订买卖合同、处理货物等商务活动外，也可以进行一些非商业性的活动，而且还有权指派分代理，并可享有分代理的佣金。因此，总代理人具有很大的代理权限。我国涉外企业在海外的总代理通常由我驻外贸易机构担任，不委托外商。

分代理（Subagent）是指由总代理人任命的代理人。分代理不直接与作为委托人的厂家或出口商联系，而只是同总代理人打交道。总代理制度下，代理层次更为复杂，因而，常常称总代理商为一级代理商，分代理商则为二级或三级代理商。分代理商也有由原厂家直接指定的，但是大多数分代理商由总代理商选择，并上报给厂家批准，分代理商受总代理的指挥。因此总代理制度下，代理层次更为复杂，采用总代理制的优点是可以利用代理商拓展市场，缺点是代理层次增多，易造成管理不善。

（三）佣金代理与买断代理

根据代理人取得收益的方式，可将代理分为佣金代理和买断代理。买断代理指代理商先购得厂家产品后再售给客户，买断代理商与厂家是一种完全的“买断”的关系。他们先自己掏钱向厂家进货再销售，而买卖关系的佣金代理商则是先从厂家进货，若收不到货款时，再承担“坏账”的损失。因此，买断代理商风险更大，他们对产品的销售价格拥有完全决定权，其收入来自买卖的差价，而不是佣金。其实买断代理商不是真正意义上的代理，他介于代理与销售之间，其特点有：①买断代理商资金雄厚，销售能力一般来说较强；②产品价格无法统一；③买断代理商所承担的风险较大。

佣金代理与买断代理的选择：

就产品内容，企业产品若处于投入期或成长期时，还是采取佣金代理方式为好。因为这时企业急需找到代理商，打开市场。若企业采用买断代理方式，让代理商承担买卖中的风险，代理商一般不乐意。买断代理方式一般适用于成熟期的产品或是名牌产品，尤其是名牌的消费品。

就代理商而言，企业若选用买断代理方式则要求该“代表商”有较为雄厚的资本、较大的影响、较好的商誉。采取买断代理方式，企业的营销基本上由买断代理商接手过去，这时代理商的能力就决定了厂家的生死存亡，因此采用买断代理时，厂商更应注重代理商的能力，若没有合适的代理商，绝不能勉强采用此方式。

就价格策略而言，厂家若是十分重视统一价格策略，最好还是采用佣金代表方式。低价竞争导向强的产品采用佣金代理方式更佳。高价高促销的产品，如名牌的产品、高档、奢侈消费品则可考虑采用买断代理的方式。

三、承担特别责任的国际商事代理

（一）承担特别责任代理的合同关系

根据各国法律的一般原则，代理人在授权范围内与第三人签订合同后，该合同的权利义务全部由本人对第三人承担，代理人不必对第三人承担个人责任。但是在实践中，为了保证本人与第三人的交易安全和加强代理人的责任，各国法律和商业习惯还承认某些代理人在一定的条件下须对本人或对第三人承担个人责任，这种代理就是承担特别责任的代理。而代理人承担了特别责任的同时，也获得了更多的佣金或报酬。从法律上来看，无论是对本人承担特别责任还是对第三人承担特别责任，承担特别责任的代理实际上均包含了代理与担保两个合同，即本人与代理人之间的普通代理合同，以及代理人据以向本人或第三人承担个人责任的担保合同。承担特别责任的代理人既可由法律予以规定，也可由合同约定，还可依贸易惯例产生。这些为适应国际贸易发展新形势需要的新的代理概念丰富和发展了传统的代理理论，代理人承担双重责任的情况将对本人或第三人有更大的保障。

（二）对本人承担特别责任的代理

在国际商贸实践中，对本人要承担特别责任的代理主要是信用担保代理。信用担保代理是指代理人充当他所介绍的买方（即第三人）的信用担保人，当买方不付款时，由代理人赔偿卖方（即本人）因此而遭受的损失的代理。在对外出口贸易中推行信用担保代理至少有两大益处：

第一，减少本人的风险。通常情况下，作为卖方的本人对代理人所在地区的市场行情和买方资信状况的了解少于代理人，而且因竞争的需要往往要用赊销方式销售货物，一旦买方破产或赖账，本人就会遭到重大损失，如果代理人同意为国外的买方担保付款，则可大大减少本人的风险。

第二，增强代理人的责任心。由于代理人对本人承担了信用担保责任，他就不会因为贪图多得佣金或报酬而在替本人兜揽订单时，只顾数量而忽视所在地区的市场行情和买方的资信能力。

目前，许多国家由政府设立的出口信贷保险机构充当信用担保代理人，专门承担买方（即第三人）无清偿能力的保险业务。

（三）对第三人承担特别责任的代理

在国际商贸实践中，对第三人要承担特别责任的代理主要有保付代理、保险代理、银行保兑、货运代理等。

1. 保付代理

保付代理（Confirming Agency）与信用担保代理的本人是国内的卖方正好相反，保付代理的本人是国外的买方。具体来说，保付代理是指代理人代理国外的买方（本人），向本国的卖方（第三人）订货，并在订单上提供保证，当国外的买方不履行合同或拒付货款时，由保付代理人负责向本国的卖方支付货款的代理。

2. 保险代理

保险代理（Insurance Agency）通常又称保险经纪，是指经纪人代被保险人（本人）与保险人（第三人，如保险公司）签订货物保险合同生效后，经纪人应对保险费直接负责，当本人不交保险费时，经纪人须直接对保险人交纳保险费的代理。根据保险行业的惯例，订立保险合同必须由保险经纪人代为办理，经纪人的佣金由保险人支付而不是本人支付。被保险人发生承保范围的损失时，由保险人直接承担赔偿责任。

3. 银行保兑

在国际商贸实践中，跟单信用证支付方式被广泛应用。出口商为了保证收款安全，通常要求进口商所在国的银行（开证行），向出口商所在国的往来银行（保兑行）开出一份不可撤销的信用证，委托保兑行对该信用证加上“保兑”字样后通知出口商。在银行保兑（Bank Confirmation）法律关系中，进口商为本人，开证行和保兑行为代理人，出口商为第三人。图 2 – 1 中的编号表明银行保兑工作流程的先后次序。

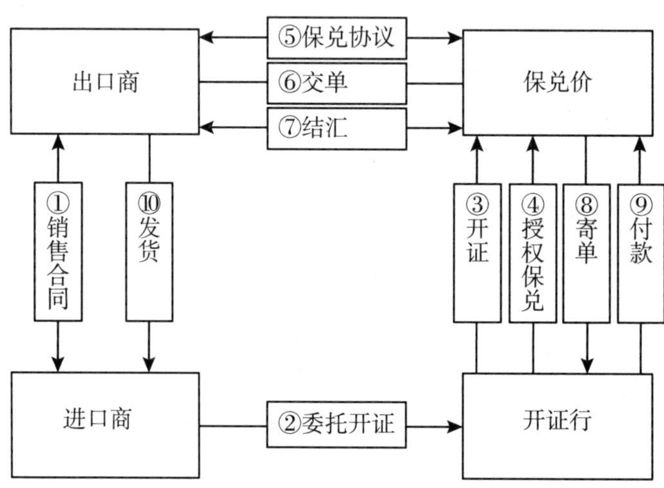

图 2 – 1 银行保兑工作流程

4. 运输代理

国际货物运输实务中，运输代理（Forwarding Agency）是指国际货运代理企业接受进出口货物收货人、发货人或其代理人的委托，以委托人或自己的名义与船公司办理有关业务，并收取代理费的法律行为。依据各国的行业惯例，如委托人未及时装运货物，则代理人应向作为第三人的船公司承担特别责任，支付空舱费。货物运输代理在国际商贸活动中很受欢迎，货运代理人具有较强的专业知识，精通国内外的有关货运的海关手续、产品包装、操作规则、运费惯例等，有时还承担代验商品和催收债款的业务。

四、我国外贸代理法律实务

（一）理清外贸代理关系

我国外贸代理包括外贸直接代理、外贸间接代理两种类型，在我国对外贸易实践中，大量的外贸代理是间接代理。

1. 外贸直接代理

我国外贸直接代理类似于大陆法的直接代理制度在我国外贸代理领域的运用，其有关法律规定主要见于《中华人民共和国民法通则》第4章第2节。《民法通则》第63条第2款规定："代理人在代理权限内，以被代理人的名义实施民事法律行为。被代理人对代理人的代理行为，承担民事责任。"此处所规定的民事代理亦在广义上理解为民商事代理。要进一步理解外贸直接代理，还须明确以下事项：①只有有外贸经营权的企业才能成为外贸直接代理的委托人。我国对外贸实行统一管理，只有通过国家主管部门及其授权机关的批准，取得外贸经营权的外贸企业才有权签订进出口合同，没有外贸经营权的企业无权以自己的名义签订进出口合同，所以当以委托人名义签订外贸合同时，这个委托人应是有外贸经营权的企业。②外贸直接代理的代理人并不像其他直接代理那样，合同签订后就置身事外，而是还要在委托授权范围内代理本人办理履行进出口合同的有关事项。

2. 外贸间接代理

所谓外贸间接代理，是指有外贸经营权的企业以自己的名义，代理国内其他企业或经营主体开展进出口业务，所产生的合同责任由代理人直接承担，第三人和委托人均不得向对方直接主张权利的代理制度。在我国外贸间接代理关系中，本人为我国国内委托企业，代理人为我国外贸企业，第三人为外商。我国有关外贸间接代理的制度主要见于1991年《关于外贸代理制的暂行规定》、1994年《对外贸易法》和1999年《合同法》。与一般贸易代理行为相比我国的外贸间接代理具有如下特征：①外贸企业是贸易合同的签约主体，以其自身名义签订、变更、解除合同或从事其他相关国际商贸活动；②外贸企业也是贸易合同的责任主体，作为本人的国内委托企业与作为第三人的外商任何一方违约，外贸企业都要向另一方承担违约责任；③就当事人的法律关系而言，虽然国内委托企业与外商之间没有直接签订外贸合同，但外贸合同的权利义务最终归属于国内委托企业（见表2－3）。

表2－3　我国对外贸易间接代理与一般贸易代理的比较比较

比较内容	一般贸易代理	对外贸易代理
贸易合同的签约主体	本人与第三人	代理人与第三人
贸易合同的违约责任	由本人与第三人承担	由代理人与第三人承担
贸易合同的法律关系	本人与第三人形成直接的合同关系，本人直接享有和承担贸易合同的权利和义务	本人与第三人没有直接的合同关系，但通过代理人的转让，本人最终享有和承担外贸合同的权利和义务

（二）外贸代理实务操作

1. 签订外贸代理合同

外贸代理合同是划分委托人和代理人双方权利义务的基本依据。委托人和代理人应根据平等互利、协商一致的原则订立外贸代理合同。委托协议不得违反国家有关法律法规，并不得损害社会公共利益。无代理权、超越代理权或代理权终止后的行为，如未经委托人追认，由行为人自行承担责任。外贸代理合同应采取书面形式，一般应包括以下内容：①委托进口或出口商品的名称、范围、内容、价格幅度、支付方式、货币种类以及其他需要明确的条件；②委托方对受托方的授权范围；③双方权利与义务以及应承担的费用；④委托手续费以及其他经济利益的分享规定；⑤争议的解决；⑥委托协议期限；⑦其他。

2. 明确当事人权利义务

国内委托企业（本人）和外贸公司（代理人）作为外贸代理合同的当事人，分别具有不同的权利义务。国内委托企业的权利义务：①依法办理委托进出口商品的有关报批手续，并及时向代理人详细说明委托进出口商品的有关情况；②经代理人同意，委托人可参加谈判，但不得自行对外询价或进行商务谈判，不得自行就合同条款对外作任何形式的承诺，不得自行与外商变更或修改进出口合同；③须按代理合同和外贸合同的规定履行义务，包括及时向受托人提供进口所需要的资金或委托出口的商品；④向代理人支付约定的手续费，并偿付代理人为其垫付的费用、税金及利息。

外贸公司的权利义务：①应根据代理合同以自己的名义与外商签订进出口合同，并及时将合同的副本送交本人，代理人对外商承担合同义务，享有合同权利；②保证外贸合同条款符合我国现行有关法律法规及其他管理制度的规定，并符合国际惯例和能维护本人的利益；③应向本人提供代理商品的国际市场行情，并应及时报告对外开展业务的进度及履行代理人义务的情况；④有义务办理履行外贸合同所需的各项手续。

3. 协调本人介入权和第三人选择权

现行我国《合同法》有关委托合同的规定，借鉴了英美法系中有关未披露代理关系的代理法律制度，对间接代理的本人介入权和第三人选择权作了具体规定，代理人应协调本人和第三人行使各自的权利。就本人的介入权来说，根据我国《合同法》第 402 条的规定，代理人以自己的名义，在本人的授权范围内与第三人订立的合同，第三人在订立合同时知道代理人与本人之间存在代理关系的，该合同直接约束本人和第三人，但有确切证据证明该合同只约束代理人和第三人的除外。就第三人的选择权来说，根据我国《合同法》第 403 条的规定，代理人以自己的名义与第三人订立合同时，第三人不知道代理人与本人之间存在代理关系的，代理人因第三人的原因对本人不履行义务，代理人应当向本人披露第三人，本人因此可以行使代理人对第三人的权利，但第三人与代理人订立合同时如果知道该本人就不会订立合同的除外。代理人因本人的原因对第三人不履行义务，代理人应当向第三人披露委托人，第三人因此可以选择代理人或本人作为相对人主张其权利，但第三人不得变更选定的相对人。

第五节　国际商事代理事务争议及其处理

由于表见代理、无权代理、滥用代理权等情形的存在，甚至代理权终止的处置不当，都可能会导致代理事务的争议。

一、终止代理权的原因与处理

（一）代理权终止的原因

1. 依据当事人的行为终止代理关系

代理关系可以依双方当事人的协议而告终止：一是代理期限届满。代理合同或代理委托书中约定了代理期限的，除非当事人同意变更期限，否则有效期届满代理关系即告终止。二是完成代理事务。如果代理行为要达到特定目标，通常该目标实现时代理权自动终止，甲企业委托王某出国采购原材料，采购完成后王某的代理权就自行解除了。三是解除代理关系。未约定代理期限或者约定代理期限尚未届满的，各国法律原则上都许可双方当事人通过协商来解除代理关系，也允许本人或代理人单方面解除代理关系。

2. 根据法律规定直接终止代理关系

代理关系依法直接终止情形有三种：一是本人死亡、破产或丧失行为能力。出现这种情形，本人实质上已无法再承担代理行为的法律后果，代理权也自然已无实施的必要，但是有些大陆国家认为这项规定仅适用于民事代理，而不适用于商事代理。二是代理人死亡、破产或丧失行为能力。代理行为有很强的人身依附性，代理人死亡、破产或丧失行为能力导致代理行为已不可能实施，鉴于此，无论是大陆法国家还是英美法国家，均认为该种情形下商事代理权即行终止。三是其他特殊法定事由。代理关系可因某些特殊法定事件的发生而终止，如代理购销的标的物灭失、因法律变更使得原本合法的代理成为非法，此时再去行使代理权已变得不可能或违反法律强制性规定。

（二）代理权终止的处理

1. 单方面终止代理权的程序

代理期限届满、完成代理事务、双方达成协议和法定事由出现等原因，可导致代理关系即行终止，而在代理关系存续期间单方面终止代理权虽在原则上为各国法律所允许，但因涉及代理关系相对方的权益保护，各国对这种单方面终止代理权的行为又有所限制。这种限制通常表现在两个方面：一是履行事先通知义务，即单方面提出终止代理关系的一方要向另一方履行事先通知的义务。如法国法律规定，在代为招揽业务的代理合同中未规定期限的，本人在终止合同前须向代理人事先发出通知。事先通知的期限视代理合同存续时间的长短而定，在订约后的第 1 年、第 2 年、第 3 年本人单方面终止代理权的，应分别提前为 1 个月、2 个月、3 个月通知代理人。德国、意大利、瑞士、荷兰、奥地利等其他大陆法国家也有类似规定。二是赔付损失的义务，即在代理关系存续期间单方面不适当地终止代理关系，须赔偿代理关系另一方所遭受的损失，如代理人被本人单方面撤销代理权后的佣金和其他报酬损失。英美法对本人单方面终止代理关系也有一定的限制。根据英美法的判例，如果代理关系的产生是与代理人的利益结合在一起，本人不得单方面撤回代理权。譬如，房主甲欠商人乙 5 万美元，并因此授权乙作为甲的代理人去收取房租以冲抵欠款，在此情形下甲就不能单方面撤回代理权。

2. 代理权终止后的后续义务

代理权终止后本人和代理仍须履行后续相关义务，否则往往会引起争议与纠纷。

（1）本人后续义务

第一，本人对代理人的后续补偿义务。通常情况下，代理关系终止后，本人与代理人之间的权利义务即归于消灭。然而在商事代理中，即使代理关系终止，如本人仍受益于代理人代理期间所建立的良好商业信誉，代理人有权请求本人给予补偿。对此，《德国商法典》第 89 条规定，如本人曾从代理人所介绍的客户的交易中获得重大利益，或代理人如因代理合同终止而失去本应得到的佣金，则本人应根据公平原则给予代理人适当补偿；但对于商业信誉的补偿请求，必须在代理权终止后 3 个月内提出。法国、意大利、瑞士等国对此也有类似规定，而英美法在其判例中也遵循类似的原则。

第二，本人对第三人的后续通知义务。本人与代理人之间的权利义务关系是一种内部法律关系，须对外公示才能产生外部法律效力。因此，本人有义务将代理关系终止的情形及时告知相对第三人，并及时索回代理权的授权文件。否则，一旦不知情的第三人与无权代理人签订了合同，该合同对本人仍有约束力。这种情形，事实上已构成了表见代理。在这个问题的处理上，两大法系的规定基本相同，我国最高人民法院司法解释也作出了类似的原则性规定。譬如，《德国民法典》第 170 条规定，撤销代理权须于本人通知第三人后，才能对第三人生效；《日本民法典》第 112 条也规定，代理权的终止不得对抗善意第三人，除非第三人因过失而不知情。

（2）代理人后续义务

代理人的后续义务主要有两项：一是代理人禁止实施无权代理行为的义务。代理关系终止后，代理人应立即终止代理权，如他仍从事代理活动则属于无权代理。如代理人继续行使代理权，由此给本人及第三人造成损失，应承担相应的责任。二是代理人不得泄露本人合法秘密的义务。代理期间代理人所知晓的本人的商业秘密和技术秘密，即使在代理关系终止后代理人仍负有保守秘密的义务。

（3）违背后续义务的责任

代理权终止后，代理人继续以被代理人的名义行使代理权的，由此所产生的法律后果，应由代理人承担。但如果代理人的代理权期限已到，是由于被代理人本身的失职，没有及时向外部表明作为内部关系的被代理人与代理人之间的代理关系已经终止的，由此而产生的代理权终止后，代理人仍继续使用代理权的情况，责任由代理人和被代理人共同承担。

二、表见代理及其处理

（一）是否构成表见代理

表见代理是大陆法的概念，是指代理人虽然无代理权，但因本人的行为造成了善意第三人在客观上有充分的理由相信代理人具有代理权，并与之为法律行为。当第三人直接向本人主张权利时，则该行为的后果应直接由本人承担，本人不得以未授权为由加以否认。表见代理人本无代理权，其代理行为本应属无权代理，由其自己承担责任，本人不承担责任。但由于表面上存在足以令人相信表见代理人有代理权的情事，为了维护交易安全，或因为善意第三人的利益远较本人的利益更值得保护。于是，许多国家的法律都规定在表见代理的情况下，本人不得以未授权为由对抗善意第三人。

我们可以依据表见代理的三种主要类型来判定一项无权代理是否构成了表见代理：

第一，授权表示型。即本人曾明确表示将代理权授予他人，但事实上并未授权或本人知道他人以自己的代理人身份行事而不作反对表示。

第二，授权不明型。即本人对代理人的授权进行限制或授权不明，但这种限制并不一定为第三人所知晓，不具有对抗相对人的效力。如果第三人并不知道代理人超越代理权而与代理人为法律行为，则可构成表见代理。

第三，权限延续型。即本人与行为人曾有代理关系，但代理权已经撤回或消灭后，本人没有及时向外部公示，第三人并不知情。因此，为保护善意第三人的利益和维护交易安全，其代理权的撤回和消灭不得对抗善意第三人。

（二）表见代理的条件

依照各国代理法的规定，表见代理虽然没有代理人应在代理权限内行事这一特征，但仍需具备以下两个代理的基本特征：一是表见代理人须以本人的名义行事；二是表见代理行为必须是法律行为或具有法律意义的行为。

此外，表见代理的成立还应具备两个条件：第一，客观上须有使第三人相信表见代理人有代理权的情事。所谓“情事”，一般是指本人与代理人存在一定的关系，如本人的明示或默示授权、对代理权进行限制或授权不明等。第二，第三人主观上必须为善意，且无过失。如果第三人明知他人为无权代理而与其订立合同，即第三人出于恶意；或者第三人应当知道他人为无权代理却因过失而不知道并与其订立合同，即第三人有过失，则不能构成表见代理。

小贴士 2－4：

表见代理与默示授权有如下区别：

1. 性质不同。表见代理属于一种特殊的无权代理，本人的授权行为根本不存在，只是本人的不含有默示授权意图的行为造成了善意第三人错误的判断，使其信以为表见代理人有代理权。如本人甲将曾授予乙的代理权撤回后，没有及时通知第三人，善意第三人仍继续将乙作为甲的代理人与之签订合同。此时，乙属无权代理。默示授权属于有权代理，本人的授权行为确实存在，只是本人的授权意图没有用语言表达出来，只能由代理人根据本人的实际及特定情事来推断其有代理权。其法律效力完全等同于有权代理。如甲虽然没有用言语明确表示由乙替其向丙订购货物，但经常让乙替他向丙订购货物，并向丙支付货款。此时，乙便认为具有甲的默示授权，乙属有权代理。

2. 主客观表现不同。表见代理表现为表面有代理权存在的假象，但本人在客观行为上并无授权，如明示将委托某人代理但事实上并未授权，本人知道他人以自己的代理人身份行事而不反对，撤回、限制、消灭代理权而善意第三人并不知道等，这些表见代理中的本人客观上根本无授权，主观上也无授权意图。而在默示授权中，从本人的客观行为上可以推断代理人有代理权，主观上也有授权的意图。

3. 法律后果不同。表见代理属于无权代理，本人不得直接主张权利，其法律后果也并不像在默示授权情况下由本人绝对承担。本人对表见代理有无约束力，取决于第三人是否主张权利。如果第三人直接主张权利时，本人不得以无授权对抗；如果第三人并未向本人直接主张权利，则表见代理的后果并不由本人承担。默示授权的法律后果由本人绝对承担，本人和第三人均可主张权利。

（三）表见代理的处理

对于表见代理，由于发生原因较多，应视具体情况而定。若由于是被代理人的过错的，则根据过错程度承担责任。被代理人以书面或口头形式直接或间接地向第三人表示以他人为自己的代理人，而事实上并未对该他人进行授权；被代理人知道他人以自己的名义进行活动而不表态等，由被代理人承担法律责任。若被代理人和代理人双方都有过错的，应按双方过错的性质和程度分担责任。

三、无权代理的判定与处理

（一）无权代理的判定

无权代理是指在代理权欠缺的情况下进行的代理行为，包括没有代理权、超越代理权或代理权终止等情形。广义上的无权代理包括表见代理，狭义上的无权代理是排除了表见代理的无权代理。在无权代理情形下，本人和第三人都不能直接主张权利，本人对无权代理人的代理行为不负任何责任，只有本人承认时才对本人发生效力，即该无权代理行为的后果在本人和第三人之间处于不确定的状态，有待于本人追认或第三人催告或撤回。在表见代理情形下，本人对无权代理的后果虽不得直接主张权利，但第三人直接主张权利时，本人对无权代理人的代理行为应负责任。

（二）无权代理的处理

1. 大陆法无权代理的处理

（1）无权代理行为的处理

根据德国、日本等大陆法系国家的法律规定，对于无权代理人所作的代理行为，在本人追认之前处于不确定的状态，本人可以追认或不追认，第三人可以催告或撤回。

第一，无权代理行为因本人追认而产生法律效力。一方面，本人可以行使追认权，即本人可以对无权代理人的行为进行追认，使其具有代理效力，如本人予以追认，则等同于有权代理；另一方面，第三人可以行使催告权，即在本人追认前，第三人可以确定一定的期限，催促本人在该期限内作出是否追认的答复。在此尤其值得注意的是，代理人超越代理权形成无权代理的情况下，如果本人在第三人的催告期间保持缄默，则视同无权代理行为得到本人追认。

第二，无权代理行为因本人拒绝追认或第三人撤回而归于无效。由于本人拒绝追认，或本人未在第三人催告期限内答复，或第三人直接行使撤回权等原因，无权代理人所作的代理行为对本人与第三人不发生法律效力。

（2）无权代理责任的处理

第一，无权代理人是否承担责任的确定。如果无权代理行为得到本人追认或者被第三人撤回，无权代理人则无责任可言。但如果无权代理未获本人追认，第三人也未撤回其意思表示，则此时无权代理人是否应对第三人承担责任，主要取决于第三人的“善意”与否。如果第三人不知道该代理人没有代理权而与之签订合同，则无权代理人就要对善意的第三人承担责任；如果第三人明知或由于过失而未知该代理人没有代理权而与之订立了合同，无权代理人就不负责任。

第二，无权代理人承担责任方式的确定。无权代理人对第三人应以何种方面承担责任，大陆法有两种主张：一是德国、日本等国家法律主张的选择责任，即第三人可要求无权代理人赔偿损失，也可以要求无权代理人履行债务，由第三人在两者中进行选择；二是法国、瑞士等国家法律主张的赔偿责任，即善意第三人仅有要求无权代理人赔偿损失的权利。

小贴士 2－5：

所谓“善意第三人”，是指不知情、无过错的第三人。就无权代理法律关系来讲，如果第三人对代理人无代理权不知情且无过错，即为善意第三人；如第三人明知代理人没有代理权，或审核不严而自认为无代理权的人有代理权，而与之实施法律行为，则不是善意第三人。

2. 英美法无权代理的处理

英美法把大陆法上的无权代理称为违反有代理权的默示担保，对其处理按违反默示担保的原则进行。代理人在行使代理权时，实际上意味着他对第三人作出了一项默示担保，即保证他是有代理权的。如果某人冒充代理人或超越代理权行事，则第三人可以违反默示担保责任为由起诉。但这个诉讼只能由第三人提出，而不可由本人提出。无权代理人无论是出于恶意还是出于不知情，他都要承担责任。但是如果由于本人的指示含糊不清，而代理人出于善意并以合理的方式执行了该指示，即使代理人错误地解释了本人的指示，代理人也可以不承担责任。如果第三人知道代理人欠缺代理权，或者知道代理人并没有提供代理权的担保，或者合同中已经排除了代理人的责任，则代理人可以不承担责任。代理人对违反有代理权的默示担保所承担的损害赔偿金额，一般按第三人所遭受的实际损失计算。

四、滥用代理权的判定与处理

所谓滥用代理权，是指代理人行使代理权违背代理的宗旨而实施损害被代理人利益的行为。构成滥用代理权要符合下列三个要件：①代理人拥有代理权；②代理人实施了代理行为；③代理行为损害了被代理人的利益。

滥用代理权有双方代理、自己代理、利己代理和利他代理四种情形。因为合同是双方的法律行为，订立合同必须有双方当事人或代理人参加，如果自己代理或双方代理，该合同就不是双方当事人订立的合同，不是双方当事人意思表示一致的产物，而是代理人一个人意志的产物。在利己代理和利他代理情形下，代理人利用地位之便，实施利于自己却不利于本人的代理行为，或者代理人与第三人恶意串通损害本人利益，而给第三人种种优惠。这些代理行为不仅违反了代理的本质，而且可能会或直接损害本人的利益，是对代理权的滥用。因此，对于这些滥用代理权的行为要依法处置，有的甚至要追究刑事责任，以确实维护本人的利益。

表 2－4　　滥用代理权的四种类型

类型	内涵	处理
双方代理	代理双方当事人实施同一个法律行为。	本人有权随时撤销代理合同或撤回代理权，并有权要求赔偿损失。
自己代理	代理人以本人的名义同代理人自己实施法律行为。	事先经过本人同意有效，否则本人有权随时撤销代理合同或撤回代理权，并有权要求赔偿损失。
利己代理	代理人利用地位之便，实施利于自己却不利于本人的代理行为。	①代理人、第三人要承担连带责任；②如果代理人接受了贿赂订立合同，本人有权向代理人索还；③有权不经事先通知而解除代理关系，或撤销该代理人同第三人订立的合同；④拒绝支付代理人在受贿交易上的佣金；⑤本人还可对受贿人和行贿人起诉，要求赔偿由于受贿或行贿订立合同而使他遭受到的损失；⑥对行贿的第三人或受贿的代理人，情节严重的，可追究刑事责任。
利他代理	代理人与第三人恶意串通损害本人利益，而给第三人种种优惠。	

【总结评价】

代理制度在国际商事活动中日益发挥着越来越重要的作用，不仅可以扩张主体的商事能力，而且可以节约交易的运行成本，因此各种形式的代理在国际商贸实践中广泛应用。然而，长期以来国际商事代理并未形成广泛认可的国际统一法规范，代理行为通常由国内法进行调整。从本质上来讲，代理是一种法律行为，代理人权利源自本人的委托或法律的授给，其行为的法律后果也归属于本人。依据不同的标准，大陆法将代理分为直接代理和间接代理，英美法将代理分为显名代理、隐名代理、未披露代理关系的代理。代理制度的核心是代理权的取得与行使，在大陆法国家通过本人委托和法律规定两种方式取得代理权，而在英美法国家通过本人授权与追认或者根据客观需要等方式取得代理权。代理人在行使代理权时，要正确处理好行使的权限、名义、方式和后果。既要界定本人与代理之间的内部法律关系，又要明确本人、代理人与第三人之间的外部法律关系，唯有如此，国际商事代理各方当事人才可依法正确地行使权利、履行义务。在国际商事代理活动中，既要区分独家代理与一般代理、总代理与分代理、佣金代理与买断代理，又要熟悉信用担保代理、保付代理、保险代理、银行保兑、运输代理等承担特别责任代理的运作程序，还要注意我国外贸代理制度的特殊性。由于代理权终止、表见代理、无权代理、滥用代理权等情形的存在，代理事务争议有时在所难免。

【主要概念】

国际商事代理　本人　代理人　第三人　代理权　直接代理　间接代理　显名代理　隐名代理　未披露代理关系的代理　独家代理　承担特别责任的代理　意定

代理　法定代理　明示授权　默示授权　传达　居间　代理内部法律关系　代理外部法律关系　独家代理　总代理　分代理　佣金代理　买断代理　信用担保代理　保付代理　保险代理　银行保兑　运输代理　表见代理　无权代理　双方代理　自己代理　利己代理　利他代理

【任务实施】

1. 请草拟一份商品国际销售代理合同，可以通过网络等方式去寻找相应的合同范本，但至少应包括委托人与代理人、代理的商品、报酬或佣金、代理的时间期限、代理的地域范围、委托人的权利与职责、代理人的权限与责任、争议的解决方式等内容。

2. 运用现实事例或案例，举例说明在国际商事代理活动中的善意第三人的构成要素，并分析法律对善意第三人的权利是如何保护的。

【复习思考题】

一、简答题

1. 简述代理及其主要特征。
2. 简述两大法系取得代理权的方式。
3. 在一般代理关系中，代理人和本人应该履行哪些义务?
4. 与民事代理相比，商事代理有哪些特征?
5. 简述独家代理中本人和代理人的特殊义务。
6. 什么是承担特别责任的代理? 在国际贸易哪些代理需承担特别责任?
7. 简述我国外贸代理的类型及当事人的权利义务。
8. 何谓表见代理? 判断表见代理的标准是什么?
9. 代理权终止后本人和代理人还应履行哪些后续义务?

二、判断题

1. 代理成文法是英国代理制度的一个重要渊源。
2. 在英美法国家代理人通过本人委托和法律规定两种方式取得代理权。
3. 代理人的违法行为产生的法律后果也应由委托人承担。
4. 无权代理被本人追认后其法律效力等同于事前授权的有权代理。
5. 当终止代理关系时，必须通知第三人，否则不对第三人发生效力。
6. 我国的外贸代理多属于间接代理。

三、单项选择题

1. 依德国商法典的规定，代理关系终止后，代理人对于他在代理期间为本人建立的商业信誉，有权请求本人赔偿。该请求必须在代理合同终止后一定期限内提出，该期限为（　　）。

A. 2 个月　　B. 3 个月　　C. 4 个月　　D. 6 个月

2. 在代理制度中，行为人的行为对本人具有拘束力的情况为（　　）。

A. 行为人是在本人的授权范围内行事

B. 行为人可以不在本人的授权范围内行事

C. 行为人是以本人的名义实施的一切行为

D. 行为人代理权终止后实施的代理行为

3. 张三经常让李四替他向王五订货并如数支付货款，在这种情况下李四便认为是具有（　　）。

A. 明示代理权　　B. 默示代理权

C. 客观必需的代理权　　D. 追认代理

4.《日本民法典》第112条规定：“代理权的消灭，不得以之对抗善意第三人，但第三人因过失不知其事实，不在此限。”此项规定中，如代理人在代理权消灭后仍然与该不知情的第三人实施的代理行为，则该代理行为对于第三人而言属于（　　）。

A. 无权代理　　B. 自己代理　　C. 表见代理　　D. 间接代理

四、多项选择题

1. 根据英美法，代理权产生的原因有（　　）。

A. 本人明示指定　　B. 本人默示授权

C. 客观必需　　D. 本人追认

2. 承担特别责任的代理人有（　　）。

A. 保付代理人　　B. 证券经纪人

C. 运输代理人　　D. 无权代理人

3. 国际贸易代理中独家代理本人的义务有（　　）。

A. 禁止直销　　B. 承担产品推销费用

C. 给代理人最优交易条件　　D. 支付代理人佣金

五、案例分析题

1. 德国某一商人根据当地市场销售情况，建议德国JT公司生产一种玩具，条件是要求作为销售该货物的独家代理人，JT公司同意并订立合同。后来，JT公司与当地某一公司直接签署了订货合同，没有经过代理人，该商人向JT公司索要佣金，JT公司以合同没有通过代理人为由，拒不支付佣金。问：MT公司是否要给代理商佣金？为什么？

（资料来源：国际商法之代理法案例分析，圣才学习网 www.100xuexi.com）

2. 甲长期担任A公司的业务主管，在A公司有很大的代理权限。在甲的努力下，A公司生意兴隆，新老客户遍及世界。由于A公司的新任董事长嫉妒甲的才能，无理解雇了甲。甲怀恨在心，于是在遭解雇一个月后，继续假冒A公司的名义从老客户B公司处骗得货物，逃之夭夭。B公司要求A公司付款，A公司则以甲假冒公司名义为由拒绝付款。B公司坚持认为在与甲做生意期间，对甲已被A公司解雇并不知情，并且也未收到关于A公司已解雇甲的任何通知，故B公司是不知情的善意第三人，A公司仍应对甲的无权代理行为负责。双方相持不下，诉至法院。请问：（1）按照国际商法的代理法原则，A公司是否要为甲的无权代理行为负责？（2）甲是否也要承担责任？

（资料来源：2012年国际商务师考试代理法案例解析，网址 http：//www. exam8. com）

第三章 国际商事合同法律实务

【学习要点】

1. 国际商事合同的协商与订立
2. 国际商事合同的成立与效力
3. 国际商事合同的履行与消灭
4. 国际商事合同的违约与救济

【案例导入】

据“新华网”报道，2014 年 8 月 14 日，在厦门海关的全程监管下，来自美国的 1313.3 吨转基因玉米装载于 75 个集装箱内，在厦门港海润码头装船退运出境。2013 年 12 月，中国某公司向厦门海关申报进口 1467.4 吨饲料用的美国玉米，检测部门从中检出转基因成分 MIR162（一种新型抗虫蛋白）。虽然含有 MIR162 成分的转基因玉米已获准在美国、加拿大、阿根廷、巴西等极少数国家进行商业化种植，甚至通过了加拿大食品检疫部门的安全性审批，但这种玉米并未取得我国农业部进境销售和使用的许可。国家质检总局还多次通报美方，要求美方加强对输华玉米的管控，避免未经我国农业部批准的转基因玉米输入我国。契约自由虽为合同法的基本原则，但各国法律均规定合同不得违背法律法规的强制性规定和公共利益，此处作为合同标的的含有转基因成分 MIR162 的玉米是我国禁止进口商品，因此当事人所订立的合同因不满足生效要件而属于无效合同。该合同自始无效，对合同双方均不产生法律约束力。

在现代商事活动中，无论是商品买卖、资金借贷、货物运输、设备租赁，还是商业保险、权利转让、委托代理，合同的使用已经相当普遍。可以说，合同是现代商事活动必不可少的法律工具，发挥着无法替代的重要作用。在一国之内如此，而在国际商事活动中也不例外。因此，世界各国均将国际商事合同关系纳入本国法律调整范围之内，并积极加入有关国际条约或公约，遵循有关国际惯例，以确保国际商事活动公平、安全、有序、高效地进行。长期以来人们正是不断借助于国际商事合同这一工具，才使得商品价值和使用价值在国际间的转换得以实现，从而起到推动国际经济发展的积极作用。

第一节 国际商事合同及其法律规范

国际商事合同是各国之间商贸交往所采用的基本法律形式，而调整国际商事合同关系的合同法则是民商法律体系的重要组成部分。本书所涉及的国际商事代理、国际货物买卖、国际货运与保险、国际贸易支付、国际技术转让，乃至国际商事纠纷解决的约定，无不涉及合同的运用。

一、国际商事合同的内涵

各国法律对合同内涵的理解不尽相同，其主要区别在于：大陆法系国家把合同视作一种关于债务的合意，而英美法系国家则认为合同是当事人所作出的具有法律约束力的允诺。《法国民法典》第 1101 条规定：“合同是一种合意，依此合意，一人或数人对于其他一人或数人负担给付、作为或不作为的债务。”美国《合同法重述Ⅱ》将合同定义为：“合同是一个允诺或一系列的允诺，对于违反这种允诺，法律将给其补偿或将强制其得到实际执行。”而根据我国《合同法》第 2 条的规定，“合同是平等主体的自然人、法人、其他组织之间设立、变更、终止民事权利义务关系的协议。”可见，以上有关合同内涵的界定其文字表述上的差异是明显的，但“合意”与“协议”均含有当事人达成一致之意，而“允诺”也是当事人一方向另一方的意思表示，只有双方均一致认同的“允诺”才有履行的必要。因此，尽管各国对合同的定义表述有别，但均认为如果当事人不能达成一致合同即不存在。据此，我们给出如下界定，国际商事合同是指两个及两个以上商事主体就依法设立、变更、终止具有跨国因素的权利义务关系达成一致意思的协议或合意。

二、国际商事合同法的基本原则

合同法的基本原则是贯穿于整个合同法律制度的纲领性指导思想，它对合同当事人如何解释合同条款、立法工作者如何制订具体规定、司法审判人员如何适用合同法均具有指导意义。无论是国内商事合同还是国际商事合同，均须遵循这些基本原则。

（一）契约自由原则

当事人在订立合同时意思自治，依法享有一定的自由权。对于是否订立合同、选择何人订立合同、合同规定哪些条款、合同采取哪种形式等，各商事主体在法律规定的范围内享有自主权。即便对于已经成立生效的合同，当事人协商一致还可以予以变更或解除。但合同自由原则也受到一定的限制，一方面体现在大量格式合同的使用，使得至少一方合同当事人对合同的具体内容在某种程度上丧失了自由选择的权利；另一方面体现为法律对缔约的强制，如专利实施强制许可所签订的合同。

（二）公平诚信原则

一方面，合同是平等主体之间所达成的某种协议，合同规定的权利义务是否公正合理是当事人关注的焦点；另一方面，“诚信”原本是人们道德上应遵循的规范，现在已被尊为法律上的“帝王条款”。公平诚信贯穿着对合同行为全过程的规制，要求当事人无论在合同的订立、变更，还是在合同履行、终止等各个环节，都应本着公正和善意行事，相互间不得欺诈、胁迫或以强凌弱。正鉴于此，因当事人欺诈、胁迫或乘人之危所订立的合同，往往被认定为无效合同或可变更可撤销合同。法官还可本着公平诚信的法律价值判断，依法自由裁量商事合同纠纷案件。

（三）法律约束力原则

只要是依照国际商事规则或有关国家法律成立的国际商事合同，就要受到法律保护。当事人各方应严格按照合同约定履行各自所承担的义务，以保证对方依据合同而产生的权利的实现。非依法律规定或经当事人协商达成一致意见，不得单方面修改或终止原定的合同义务，否则即应依法承担相应的违约责任。

（四）公共利益原则

当事人不得以协议形式，违反具有强制通行效力而不能由当事人协议排除的国家和国际法律规范。对于损害国家、社会或他人利益，或者违反强制法规定的义务的合同行为，要追究有关当事人的法律责任。这一原则的实质，是为了保护国家或社会公共利益而对当事人意思自治权利的约束和限制。

三、国际商事合同法律渊源

国际商事合同法（International Commercial Contract Law）是指调整国际商事合同关系的法律规范的总称，包括国际法规范和国内法规范两个方面。

（一）调整国际商事合同关系的国际法渊源

当前世界各国合同法的内容相差很大，这种现状给国际经济交往带来了诸多不便，阻碍了世界经济的发展。然而，目前尚未形成具有一般法性质而广泛适用于国际商事合同各领域的综合性的国际条约或公约。但在货物买卖、销售代理、货物运输、票据支付等合同领域中都出现了国际性公约，成为国际商事合同当事人之间权利与义务确定的依据。由联合国国际贸易法委员会制定并于1988年生效的《联合国国际货物销售合同公约》（英文缩写 CISG），就是调整国际货物买卖合同关系的一个非常重要的法律规范，将在本书下一章重点阐述。

在有关合同的统一性国际条约缺失的前提下，一些具有普遍影响力的国际惯例和示范法在调整国际商事合同关系方面的作用也不容忽视，如《国际贸易术语解释通则》、《国际商事合同通则》等。《国际商事合同通则》（英文缩写 PICC）由统一国际私法协会于1994年制定，现为2010年版本，主要内容涵盖了合同的订立与代理人的权限、合同的效力、合同的解释、合同的内容、合同的履行、不履行、抵消、权利的转让、债务的转移与合同的转让、时效期间等。PICC 致力于弥补 CISG 仅适用于有形货物贸易的局限，将其适用范围扩展至无形的服务贸易和知识产权转让等领域，从而形成了规范国际商事合同关系的一般规则。虽然 PICC 并非国际条约，而属于不具有强制约束力的示范性规则，但由于它尽可能地兼容了两大法系的一些通用法律规定，同时还总结和吸收了国际商事活动中广为适用的惯例和规则，因而对于规范和指导国际商事活动产生了很大的影响力。PICC 既可以作为一国在制定或修订合同法的范本，也可以由当事人选择适用，甚至法院或仲裁庭还可在法律欠缺时援引其条文处理纠纷。

（二）调整国际商事合同关系的国内法渊源

虽然有关合同的国际公约、国际惯例及示范法对国际商事活动的影响日趋增强，但各国国内合同法律制度仍发挥着重要作用。大陆法系国家规范国内外商事合同关系的法律一般以成文法形式出现，其规定严谨而系统，相关条款大多见于民法典或债务法典之中，如《法国民法典》第三编的“合同或合意之债的一般规定”、《德国民法典》第二编“债务关系法”。有些大陆法国家也出台了有关合同的单行法，如德国1976年的《普通合同条款法》。除印度制定了一套系统成文的合同法之外，英美法系国家大多以判例法或不成文法规范国内外商事合同关系。但有些国家也制定了一些成文的合同法规范，其中英国《货物买卖法》（1995年最新版）和美国《统一商法典》最具代表性。此外，美国法律协会主持编撰的《合同法重述Ⅱ》虽然没有任何强制约束力，但其内容也经常被法院援引或参考。

我国与涉外商事合同有关的法律制度主要由三个部分构成：一是1986年的《民法通则》，其中包含了合同债权、合同责任、涉外合同及民事权利能力、民事行为能力、民事代理行为等与合同法相关的一般原则性规定；二是1999年的《合同法》及其司法解释，总则规定了合同的一般原则，合同的订立、效力、履行，合同的变更与转让，合同权利义务终止及违约责任等，分则具体规定了15种有名合同；三是与合同有关的单行法，如我国的《海商法》、《担保法》、《保险法》等单行法中均包含了有关合同某方面或某种类型合同的法律规定。

第二节　国际商事合同的协商与订立

合同是当事人双方意思达成一致的结果，要达成一致，当事人双方就必然要围绕合同具体内容交换意见、充分协商。一项国际商事合同的订立，通常也同样需要经历商事主体之间交换意见、充分协商的过程。在国际商事合同谈判过程中当事人应遵循法律规定，并有意识地依法采取各种措施，在保护自身利益的同时积极促成合同的顺利签订，甚至在必要的时候委托律师直接参与谈判过程。

一、合同协商过程中注意的法律问题

从国际商事合同谈判的时间进程来看，大致经历谈判开局、实质磋商、达成一致、起草合同、签订合同五个阶段，每个阶段当事人都应慎重处理相关法律问题。

（一）谈判开局阶段的法律问题

进行国际商事谈判，需要做好一定的先期法律准备，有效地维护己方当事人利益。一般来说，应考虑以下相关法律问题：①审核谈判主体的法律权限，即对方谈判代表是否依法获得处理该事务的权利以及权限的大小；②审查谈判客体的法律性质，即谈判所涉及的客体在法律上是否存在权利争议，如买卖标的的产权是否完整清晰、是否存在专利侵权或其他第三方利益；③各方所争取的利益是否合法，如货物买卖合同的标的物是否为对方所在国法律禁止进出口的商品；④要依法保护自己的商业秘密，要采取有效措施防范对方用非法手段窃取商业秘密，给谈判造成被动局面或带来不必要的损失。

（二）实质磋商阶段的法律问题

在实质磋商阶段，谈判人员要基于谈判形势的分析，针对争论焦点提出解决方案并充分交流，努力达成一致意见。除了价格、数量、交货、付款等实质商务问题外，一些法律问题也应纳入磋商，如侵权及违约的处理、保密、争议的解决等。这些法律磋商通常备而不用，只有当将来合同履行出现非预料情况时才会发挥作用，这既是对谈判双方的一种威慑，也是对意外情况解决方案的指导。此外，利益让步是否与法律相抵触、解决方案是否符合法律规定也应是谈判者应当考虑的。在双方各不让步的情况下，谈判者还可以试着从法律法规中寻找客观标准来公平的划分权益。磋商时一定要明确双方的权利义务，以免给以后的合同履行埋下不必要的争议。

（三）达成一致阶段的法律问题

谈判人员应当用书面合同的形式将谈判成果固定下来。此时，保证合同条款的

严密性与准确性就成为头等重要的大事，因为合同是使双方利益获得法律保障的前提。任何一个谈判人员都必须明白：合同是以法律形式对谈判结果的记录和确认，它们之间应该完全一致；合同一经双方签章生效后就与以前的谈判无关，双方的交易关系均以合同条款为准。价格通常是国际商事谈判的重心，而质量、数量、期限、履行方式等其他方面一般均可以用价格来调整。双方不断通过报价比价、讨价还价、提价压价，达成一致意见。

（四）起草合同阶段的法律问题

在起草合同时应注意以下法律问题：①合同内容应该符合法律规定。国际商事合同的内容不仅要符合我国的法律规定，而且要符合外方当事人所在国家法律及有关国际公约或惯例的规定。②要充分评估合同的法律风险。对国际商事合同的法律风险必须进行认真评估，在双方协商一致的情况下载明担保条款和仲裁条款，以减少风险可能带来的损失。③注重合同条款的准确性和严密性。国际商事合同的条款必须齐备，文字表达也应准确无误，尤其是合同的中外文不同文本所表达的意思应追求完全一致。

（五）签订合同阶段的法律问题

合同起草完毕后就应及时固化谈判成果，签订国际商事合同是涉外谈判双方合意的最终确定。在签订合同时须进行以下三个确认：①确认签约方是合同权利义务主体。签约方是合同权利义务的承受者，要确认合同签约主体与前期洽谈主体是否完全一致，尤其要注意不要混淆了母公司与子公司、总公司与分公司。②确认签约人是否具有法律上的签约资格。无权签约人即使在合同书上签了字，也不具有法律效力。签约应该要求对该当事人出具有关法律文件，证明其合法签约资格。一般来讲，重要合同的签约人应为法人或高层管理人员；如果由代理人签署合同，须审查代理人的书面授权证明，以确认其合法身份与权限范围。③确认最后定稿的合同文本。在正式落笔签署之前，应再一次仔细阅读合同文本，确认合同不产生歧义或未遗漏应该规定的事项。

小贴士 3 - 1：

合同的具体内容和条款由各方当事人协商确定，但为防止出现歧义或遗漏，在正式签署前应该认真审查。依据我国《合同法》第 12 条的规定，合同通常包括以下条款：①当事人的名称或者姓名和住所；②标的；③数量；④质量；⑤价款或者报酬；⑥履行期限、地点和方式；⑦违约责任；⑧解决争议的方法。在国际贸易实践中，双方还应该在合同中约定货物包装方式、产品质量检验、货款结算方式、使用文字及其效力、法律适用等。

二、合同订立的一般程序

合同不是单方的民商事行为，是两个或两个以上的当事人通过协商达成的意思表示一致的结果。法律上把合同的意思表示一致称为要约与承诺，即如果一方当事人向对方提出一项要约，而对方对该要约表示承诺，那么，在双方当事人之间就达成了一项具有法律约束力的合同。虽说国际商事谈判所适用的法律关系要比国内商事活动更为复杂，但其所涉及的法律进程还是基本一致的，主要包括要约和承诺两个阶段，期间通常还有多次往复的类似过程。

（一）要约

要约是指国际商事合同成立前一方当事人希望与他人订立合同的一种建议或意思表示。提出要约的一方称为要约人，其相对方称为受要约人。要约既可以采用书面形式也可以采用口头形式，既可以应对方询问而发出也可以自己主动发出。

小贴士 3－2：

在国际贸易中，要约也称为发盘（Offers），有实盘（Firm Offer）、虚盘（Non-firm Offer）之分，两者在内容和效力上有明显差异。就内容而言，一个完整的实盘应包括明确而肯定的交易条件，如标的物名称、数量、价格、规格、包装、付款、运输、交货期等，受盘人一旦在发盘人规定的有效期内表示接受，这些内容即为合同的组成部分；而虚盘通常既没有如此详尽的内容及交易条件，甚至也不注明有效期。就效力而言，实盘具有较强的法律拘束力，不仅发盘人在一定期限内非经受盘人许可不得随意变更和撤回发盘内容，而且一旦受盘人在有效期内表示接受则合同即告成立，发盘内容作为合同的组成部分对双方均具有法律约束力；然而发出虚盘时，发盘人有保留地表示愿意按一定条件达成交易，不受发盘内容约束，不作任何具体性的承诺，通常使用“有权先售”、“须经我最后确认方为有效”等词语，以示保留其权利。因此，具有要约意义的发盘通常指的是实盘，而虚盘在法律上则被称为要约邀请。

1. 要约的成立要件

要约具有法律约束力，有效成立的要约不得随意反悔，而且一旦受盘人接受要约，要约人就应按照要约条件与对方达成相关合同。要约的有效成立一般须同时具备以下四个要件：

（1）要约是特定人的意思表示

这一点既体现在要约人的可确定性上，又体现在对要约人法律能力的限定要求上。一方面，要约人须明确具体，通常来说，向他人发出要约目的是为了缔结合同以促成双方的交易，因此，要约人必须是特定的人并要标明自己的联系方式，这样才便于受盘人回复，否则将无法达成要约的目的。另一方面，要约人还必须具有相应法律能力，要约人既可以是自然人也可以是法人或其他组织，既可以是本人，也可以是代理人，但都必须具备相应的民事权利能力和民事行为能力，否则其行为无法产生预期的法律效力。

（2）要约相对人一般为特定的人

这就是说要约一般要向特定相对人或其代理人表示，而不能向社会公众发出。面向公众寄送的商品价目表、拍卖公告、招标公告、招股说明书、商业广告等因其没有特定的对象，一般不能构成有效的要约，而只能视为要约引诱（亦称为“要约邀请”）。但英美法系国家认为，只要内容明确并肯定足以构成一项许诺，即便是向公众派送的普通商业广告也可视为要约。《联合国国际货物销售合同公约》持折中态度，如带有“本广告构成要约”或“将售予最先支付货款的公司”等字样可视为要约。对于悬赏广告，各国法律通常都将其当作要约看待，我国也不例外。

案例3－1：

在英国的“卡利尔诉布利克公司”案中，被告是一种新发明的名叫“喷气球”药的制药公司。被告通过广告大力宣扬该新药对治疗流行性感冒有奇效，并宣称愿意向任何根据该新药的使用说明书使用喷气球后又患上流行性感冒的人支付100英镑的赔款。为证明他的诚意，被告还声称，他曾在某开户银行存入1000英镑，准备支付可能的赔款。本案原告按照说明使用该新药，但又得了流行性感冒，为此，她诉求得到100英镑的赔款。被告在法庭上辩称其原先的允诺是向不特定的社会公众发布的广告，不是一项要约，因而拒绝支付赔款。被告的要求最终被法院拒绝，法庭随即判令被告必须支付赔款。这项判决表明，特定的广告，可视为一项要约。

——陈慧芳、陈笑影：《国际商法》，格致出版社、上海人民出版社2011年版，第106页。

（3）要约必须以缔结合同为目的

要约应明确表示要约人打算按所提条件同受要约人订立合同的意思表示，如使用了表示要约的术语“发盘”、“报盘”、“订购”、“定货”等。要约一旦经过受要约人有效承诺，要约人就必须受其约束，国际商事合同也因此宣告成立，要约人不得反悔对其加以否认。因此，凡不是以订立合同为目的的意思表示，都不能称之为要约。但并非所有以订立合同为目的的意思表示都构成有效要约，这还要涉及该意思表示的具体内容。

（4）要约的内容必须具体明确

要约的内容必须明确、具体、全面，基本涵盖了未来将要订立的合同的主要条款，如标的、价款、数量、质量、履行的时间、地点、方式等。但《美国统一商法典》对此要件作了灵活规定：货物买卖合同的要约须明确货物的数量或计量方法，其他可以日后确定，发生争议后由法院依所谓合理的依据确定。CISG 第 14 条也规定"一个建议如果表明货物并且明示或暗示地规定数量和价格或规定如何确定数量和价格，即为十分确定。"也就是说，要约的内容至少要包括标的、数量、价格这三个基本条件。

2. 要约的消灭

要约的消灭，是指要约丧失了法律效力，即不再对要约人和受要约人具有法律约束力。一项要约的消灭通常由下列四个方面的原因造成的：

（1）因要约人撤回或撤销而消灭

撤回要约，是指要约被要约人发出后至受要约人收到前，即在要约生效之前将要约收回，使其不发生法律效力。撤销要约，是指要约已经送达受要约人之后即在要约已生效之后消灭要约的效力的行为。要约一旦被撤回或撤销即告消灭。

（2）因要约规定期限已满而消灭

规定了承诺期限的要约，在该期限终了时仍未获承诺，则其效力即自行消灭。没有规定承诺期限的要约，如果当事人以面对面或电话商谈等对话方式进行交易磋商的，要约没有获得即时承诺就失去约束力；如果当事人以异地函电等非对话方式发出要约，则各国的法律有不同的规定。许多大陆法国家，如德国、瑞士与日本等国家的民法典都有一个要"合理期限"的规定，即受要约人未在"合理期限"内表示承诺，要约即告失效，要约人不再受要约的约束。一般来说，这个"合理期限"应包括要约到达受要约人的时间、受要约人考虑承诺的时间以及承诺到达要约人的时间。这段时间究竟以多长为适当，属于事实问题，应由法院根据两地相隔的远近，以及要约与承诺所采取的传递方式决定。

（3）因受要约人的拒绝而消灭

这是指受要约人将拒绝要约的明确意思表示通知要约人而使要约失效。虽然一般情况下受要约人并没有通知拒绝要约的法定义务，但在拒绝通知送达要约人时要约即告失效。若受盘人在拒绝后又在有效期内表示接受，要约人也不再受其约束。

（4）因受要约人对要约内容作实质性变更而消灭

如果受要约人在承诺中对要约的条款作了扩充、限制或变更，在法律上视同受要约人向要约人发出的一项新要约，而原要约人发出的要约即已丧失法律效力。新要约必须经原要约人承诺后，国际商事合同才能正式成立。

除以上常见的四种原因之外，要约还可能因有关国家突然颁布所涉商品进出口的禁令而失效，也可能因在要约接受前当事人丧失了行为能力、死亡或破产而失效，不论哪种情形导致要约的失效，此后要约人均不再受其约束。

小贴士3－3：

要约有效期是要约人受其要约约束的时间界限。国际商贸实务中，要约有效期通常有两种表现形式：明确规定有效期限、采用合理期限。两者各有利弊，采用何种形式应视具体情况而定，前者不易发生争议，但一旦发出则要约人不能撤销；后者易生争端，但在对方接受前要约人可撤销。明确规定有限期的要把握期限的长短，期限太长要约人要承受较大的风险，期限过短又不利于受盘人承诺答复。要约人应根据标的物、市场行情、距离远近以及通讯方式的不同，合理确定要约的有效期，一般以3～5天为宜，并明确规定有效期的具体起止日期。

（二）承诺

承诺是指受要约人以成立合同为目的，对要约人提出的要约表示同意的意思表示。在国际贸易实务中，通常将“承诺”称为“接盘”，将“承诺人”称为“接盘人”。承诺可以采用书面、口头形式，也可以用行动作出。要约一经承诺，合同即告成立。

1. 承诺成立的要件

如果要使一项承诺有效成立，必须具备下列四个要件：

（1）承诺须由受要约人向要约人表示

作出承诺的行为主体必须是受要约人或其授权的代理人，除此之外的任何人即使对要约的内容作出同意的意思表示，也无法构成有效的承诺，而只能被视作一项新的要约。承诺行为作出的对象必须是要约人或其授权的代理人，而不能是任何其他第三人。

（2）承诺须在要约有效期限内作出

根据国际公约及各国法律的规定，承诺的有效期通常有如下规定：①如果要约明确规定了有效期，就必须在该期限内作出承诺。②如果要约未规定有效期，对口头要约除另有约定一般应即时承诺，对非口头要约应在合理期间内承诺，而合理期间可参照交易习惯、交易性质及要约通迅速度等因素予以确定。③对于超过有限期的承诺，通常将其看做新的要约。

（3）承诺与要约的内容必须一致

承诺不能附带任何条件，只能就原要约的主要条款毫无保留地表示同意，如果对原要约内容有所扩大、限制或变更，都被认为是对原要约的拒绝并作为新要约的提出。但随着世界各国贸易的发展，该要件已有所松动。根据美国《统一商法典》规定，承诺“即使与原要约或原同意的条款有所不同或对其有所补充，仍具有承诺的效力。”又如，我国《合同法》第31条规定：“承诺对要约的内容作出非实质性变更的，除要约人及时表示反对或者要约表明承诺不得对要约的内容作出任何变更以外，该承诺有效，合同的内容以承诺的内容为准。”CISG与PICC也有类似条款。

（4）承诺必须有订立合同的明确意思表示

受要约人的承诺必须清楚明确，不能模棱两可，要确切地表示出订约的意图。

2. 承诺生效的时间

承诺一旦生效，合同即告成立。因此，承诺何时生效对合同当事人具有至关重要的意义。但对此并未形成的法律主张，存在着到达主义与发信主义的分歧。

（1）承诺到达时生效

以德国为主的大多数大陆法系国家认为，承诺必须到达要约人时才能发生法律效力，此即所谓的到达主义。但通常情况下，承诺通知只要到达要约人支配范围即告生效，不论其是否知悉其内容。也就是说，要约人即使没有阅读载有承诺内容的电子邮件、书面信函等，该项承诺也对其产生了法律效力。如要约人的营业场所、信箱、电子邮箱等。CISG、PICC 及大多数大陆法国家和我国基本上采取这一规则。如《德国民法典》第 130 条规定："对于相对人以非对话方式所作的意思表示，于意思表示到达相对人时发生效力。"在这里虽未明确指出承诺的生效时间，但承诺也是一种意思表示，当然适用这一规定。我国《合同法》第 26 条规定："承诺通知到达要约人时生效。承诺不需要通知的，根据交易习惯或者要约的要求作出承诺的行为时生效。"

（2）承诺发出时生效

以英美法系国家主张，在以书信或电报作出承诺时，承诺一经投邮立即发生法律效力，此即为发信主义或投邮主义。采用发信主义，即使承诺函在邮局传递时丢失，只要受要约人能证明自己对承诺函的投邮行为确实存在而且无误，合同仍可以成立。虽然看起来这项规定对要约人有失公允，但英美法认为要约人曾默示地指定邮局为其接受承诺的代理人，故一旦受要约人把承诺函交至邮局，等同于交给要约人，即使邮局不慎将承诺函丢失，也应当由要约人负责，而不能影响承诺的有效成立。如此规定，其实质是为了缩短要约人能够撤销要约的时间。但是，在英美法系国家以非邮电的其他方式发出承诺通知的，则采用到达主义。

3. 承诺的迟延与撤回

受要约人在承诺期限届满之后以订立合同为目的发出对要约表示同意的意思表示，为承诺迟延。承诺迟延会产生两种法律后果：一种是该承诺被要约人认可为有效，从而使合同成立；另一种是该承诺未被要约人明示有效，即视为一项新要约。如我国《合同法》第 28 条规定："受要约人超过承诺期限作出承诺的，除要约人及时通知受要约人该承诺有效的以外，为新要约。"

承诺撤回，是承诺人阻止承诺发生法律效力的一种意思表示。承诺撤回的意思表示必须在其承诺生效之前作出，才能产生使承诺消灭的法律效果。据此，采取到达主义的方式确认承诺生效时间的，撤回通知须早于承诺通知送达要约人，才能产生承诺撤回的效果。如以平邮方式发出的承诺函，可用更为快捷的电报方式将其撤回。而采取发信主义的方式确认承诺生效时间的，其承诺函一经投邮就立即生效，故而承诺一旦投邮后即无法撤回。

第三节　国际商事合同的成立与效力

国际商事合同是一种协议，但并非所有的协议都具有合同效力，只有具备了当事人意思表示一致、合同必须有对价或合法的约因、当事人具有签订合同的行为能力、合同内容必须合法、合同必须符合法律规定的形式要求、当事人的意思表示必须真实等基本要求的协议，才能使合同有效成立。

一、国际商事合同的成立

所谓国际商事合同的成立，是指商事主体就具有涉外因素的合同主要条款达成一致意见。具体来说，合同成立须具备以下三个要件：

（一）存在双方或多方缔约主体

国际商事合同不是单方面的国际商事行为，而是两个或两个以上的缔约主体通过协商达成的意思表示一致的结果。因此，国际商事合同的成立离不开缔约主体的参与。所谓缔约主体，是指实际参加合同的磋商、草拟、签署等活动的人，他们既可以是未来合同权利义务的主体，也可以是其代理人。因此，缔结合同必须有代表不同利益的双方甚至多方缔约人的参与，仅有一方缔约人无法缔结合同，合同成立更是无从谈起。

（二）就合同主要条款达成合意

国际商事合同的条款尤其是主要条款，往往是当事人关注的焦点问题。然而在国际商事合同谈判过程中，由于时间紧急、距离遥远、能力欠缺、操作失误等原因，可能会造成合同某些条款甚至是主要条款规定不明确或缺失。而合同的主要条款是合同的核心内容和必备条款，如果缺少这些条款合同的目的就无法达成，合同也就无法成立。何谓主要条款呢？依据 CISG 的规定，在国际货物买卖合同中，当事人达成合意的合同中必须包含具备标的、价格和数量条款，否则该合同并未成立。除此之外的其他条款如履行方式、违约责任、争议解决办法等，如果合同中没有约定或约定不明确，可以根据有关规定加以解释或补充，但并不妨碍买卖合同的成立。

（三）经历要约和承诺两个阶段

法律上把合同的意思表示一致称为要约与承诺，即如果一方当事人向对方提出一项要约，而对方对该要约表示接受，那么，在双方当事人之间就达成了一项具有法律约束力的合同。如果仅仅停留在要约阶段，受要约人并没有在有效期限内承诺或者明确表示拒绝要约，那么双方就根本没有构成合意，合同也就根本没有成立。譬如，外商向中方公司询价，而中方公司直接将货物快递给外商。外商完全可以拒绝收货，因为该买卖合同并未成立，因为外商此时仅仅是发出了要约邀请。

二、国际商事合同的效力

合同的效力即合同的法律效力，指用法律的标准来确认已成立的合同能否对当事人乃至第三人产生法律拘束力的效果。

（一）合同的效力状态

根据合同的效力状态可将合同分为有效合同、无效合同、可撤销或可变更合同、效力待定合同、附条件或附期限的合同等（见表3－1）。无论其效力状态如何，这些合同均已经由当事人就其内容达成一致而成立。

表3－1　合同效力状态的主要类型

合同效力类型	基本含义	认定要件	效力状态
有效合同	能够依法在当事人之间产生法律拘束力的合同	①当事人具有缔约能力；②当事人意思表示真实；③合同内容合法；④合同形式符合法律和约定	对当事人产生法律拘束力
无效合同	因欠缺合同生效要件而不能在当事人之间产生预期的法律拘束力的合同	①当事人无缔约能力；②合同内容违法；③合同形式不符合法律和约定	不对当事人产生法律效力
可撤销可变更合同	因当事人意思表示存在瑕疵而赋予遭受损失的一方当事人撤销或变更权利的合同	当事人意思表示不真实	①行使撤销权合同自始无效；②可变更合同内容；③否则合同自始有效
效力待定合同	因不完全符合有效合同的要件而产生的法律效力尚未确定的合同	①签约人为限制行为能力人；②签约人为无权代理人；③无处分权人签约处分他人财产	①第三人追认合同有效；②第三人不追认合同无效
附条件或附期限的合同	当事人以附加某种条件或时间期限作为合同效力产生或消灭依据的合同	①条件成立时生效或失效；②期限达到时生效或失效	①生效时产生法律拘束力；②失效时终止法律拘束力

对处于不同效力状态的合同，我们要注意以下情形：

第一，对于有效合同，要注意合同成立与合同生效的区别，合同成立是生效的前提，但成立的合同不一定会发生法律效力。

第二，无效合同违反了法律的强制性规定或损害社会公共利益，导致其当事人一致的意思表示不被法律认可，自始不能产生法律效力，对无效合同已经履行的部分应恢复原状。

第三，可撤销可变更合同一般因当事人意思表示不真实而产生，如在重大误解、显失公平、受欺诈、受胁迫或对方乘人之危情形下所签订的合同。受损害方只有在一定期限内（我国为一年）经法院或仲裁机构裁定，才能撤销或变更已成立的合同，此前该合同仍是有效合同。

第四，效力待定合同一般因合同缔约主体不合格而造成，如缔约人为限制行为能力人、无权代理人或无权处分他人财产者，但该类合同经合格主体追认后即为有效合同，否则不发生法律效力。

第五，对于附条件或附期限的合同，尽管条件与期限均在将来发生或可能发生，但所附条件必须是将来客观上不确定的事实，而所附期限则是将来确定的事实。根据当事人的约定，当所附条件或期限达到时，合同产生或消灭法律效力。

（二）合同生效的要件

当事人之间意思达成一致而成立的合同要发生法律约束力，须具备以下要件：

1. 当事人具有缔约能力

订立国际商事合同的能力包括权利能力和行为能力。权利能力是指当事人或代理人订立国际商事合同的资格，行为能力则是指当事人或代理人以自己的行为订立国际商事合同的资格。订立国际商事合同的当事人有自然人和商事组织，他们缔约能力又有所差异。

（1）自然人的缔约能力

自然人依法可以具有缔约权利能力，无民事行为能力人和限制行为能力人的该项权利必须由其监护人代为行使。各国法律对自然人的缔约行为能力，都作出了具体的规定。一般而言，只有完全民事行为能力人才有订约能力，无民事行为能力人所订立的合同不发生任何法律效力，限制民事行为能力人所订立的合同须取得法定代理人的追认，否则可被撤销。各国对民事行为能力的规定又存在差异，如德国法律规定未满七岁的儿童、精神错乱者、禁治产人为无行为能力与限制行为能力的人，英美法规定未成年人、精神病人、酗酒者等为缺乏行为能力的人。

小贴士 3 -4：

禁治产人是大陆法概念，是指对于无民事行为能力人和限制民事能力人或有酗酒、吸毒、赌博和胡乱奢侈消费等恶习的人，经其亲属向法院提出请求，由法院宣告禁止其管理和处分自己的财产，而由监护人代为治理。

（2）商事组织的缔约能力

商事组织是依法成立的法律实体，享有缔约的权利能力和行为能力。通常情况下，商事组织缔约能力的实现要符合以下规定：一是须依据组织章程缔约，各国法律一般规定，商事组织的缔约能力须受其章程的支配，不得超出章程所规定的经营范围签订合同；二是须由代理人来实施缔约行为，商事组织必须通过它授权的代理人才能订立合同，如法定代表人、负责人或者工作人员。

2. 当事人意思表示真实

合同当事人意思表示一致是建立在意思表示真实的基础之上的，如果由于错误、欺诈、胁迫等原因造成当事人意思表示不真实，即使达成了协议受损害方也可主张合同无效、撤销或变更。

（1）错误

错误（Mistake）是指在合同订立时对已经存在的事实或法律产生了误解。错误有大小之分、有共同错误与单方面错误之分，只有重大错误或实质性错误才会产生合同无效、可撤销、可变更的法律后果，英美法有时还要求这种错误是合同双方的共同错误。对于什么样的错误才能视为重大错误或实质性错误，PICC 的解释是："此错误在订立合同时如此之重大，以至于一个通情达理的人处在与犯错误之当事人的相同情况下，如果知道事实真相，就会按实质不同的条款订立合同，或根本不会订立合同。"此外，各国通常将影响合同效力的错误，限定为对标的物或当事人的错误认识。

（2）欺诈

在协商过程中，一方当事人故意实施了欺骗他人的某种行为，并使他人因此陷入错误判断而订立合同，即为欺诈（Fraud）。但仅仅是对没有义务说明的事项保持沉默，一般并不构成欺诈。欺诈是行为人意欲诱导对方犯错误并从中获益的行为，因此，如果一方当事人因对方当事人欺诈而订立了合同，受欺诈方可以宣告合同无效或撤销合同，英国法甚至规定，受欺诈方可以要求获得损害赔偿或直接拒绝履行合同义务。

（3）胁迫（Duress）

胁迫（Duress）是指为使相对人陷于恐怖而预告危害的违法行为。人们受胁迫时所作的意思表示属于一种非自由的表达，不能产生法律上的意思表示的效果。因此，当事人一方因受另一方胁迫而订立的合同，受胁迫方可主张合同无效或撤销合同。《德国民法典》第 138 条规定，受胁迫表意人得撤销其意思表示。《法国民法典》第 1111 条明确规定，因胁迫而签订的合同无效。英美法认为，受胁迫者不仅包括订约者本人，还包括订约者的丈夫、妻子或近亲属。PICC 认为，导致宣告合同无效的胁迫必须具有急迫性和严重性，此种胁迫致使受胁迫人没有其他合理选择余地。

3. 具有合法的对价或约因

英美法系将对价、法国法将约因作为合同生效的要件，而 CISG、PICC 以及我国《合同法》没有对价或约因的要求或相关规定，只是在我国《合同法》有关可撤销可变更合同的规定中包含了对价与约因原则的某些因素。

（1）英美法系的对价

对价（Consideration）是英美法系的概念，它是指合同一方为了从另一方得到某种权利、利益、利润或好处而付出的具有法律价值的代价，包括积极的作为和消极的不作为。通俗地讲，对价是对履行义务当事人一方的某种回报，强调当事人之间必须存在“我给你是为了你给我”的关系。根据合同形式的不同英美法系将合同分为两类：一是签字蜡封合同（Contract Under Seal），由当事人签章并交付给对方即生效，无须对价；二是简式合同（Simple Contract），包括一般书面合同及口头合同，这类合同必须要有对价。有效对价应具备以下要件：①合法性，即法律所禁止的物和行为不能作为对价；②适时性，即对价必须是将要履行的对价或是已履行的对价，而不是过去的对价；③价值性，即对价必须真实、有价，但多少价值为适当对价一般由当事人自行确定；④对象性，即对价必须来自受允诺人，其实质是受允诺人对允诺人履行义务的回报；⑤约定性，即已存在的合同义务及法定义务不能作为对价。

小思考 3－1：

下列对价能否作为合同生效的要件？

1. 英国某金矿公司允诺工人用黄金支付薪水。
2. Baron 许诺以一幢别墅交换 Joan 的一辆普通轿车。
3. 律师同意为 Amy 提供法律援助，帮助其获得工伤赔偿。
4. 船公司答应 Jack 想办法将装有象牙的集装箱运到悉尼。

（2）法国法的约因

约因是法国合同法所特有的，即使是同属大陆法系的德国法也没有约因的相关规则。所谓约因（Cause）即原因，是指当事人通过合同想要达到的最直接和最接近的目的。如买卖合同中，一方约因是以商品换取价款，另一方约因则是以价款换取商品；在运输合同中，一方约因是以运费换取运输服务，另一方约因则是以运输服务换取运费。《法国民法典》第 1131 条规定：“凡属无约因的债，基于错误约因或不法的约因的债，都不发生任何效力。”如果一项债的产生没有约因，或者其约因为法律所禁止，或者其约因违反善良风俗或公共秩序，都不能发生任何效力。法国把约因作为合同生效的要件之一，但经公证的赠与合同无须约因。

4. 合同的内容和形式合法

虽然契约自由是合同法的基本原则，但为了维护应有的经济社会秩序，各国法律均要求当事人订立合同的内容和形式必须符合规定。

（1）合同内容符合法定要求

订立国际商事合同的目的是为了产生某种商事法律上的效果，因此合同不能包含法律禁止的内容，否则合同不能成立并产生法律效力。通常情况下，合同不得含有以下内容：一是违反法律强制性规定。一般是指合同的标的或合同所追求的目标违反法律强制性规定，如合同的标的是受国家法律保护禁止出口的文物，或者合同所追求的目标是窃取他人的商业秘密。二是合同违反善良风俗和公共秩序或公共政策。合同违反善良风俗和公共秩序，是大陆法国家的概念，即订立合同所追求的目标违背了道德准则和社会公共秩序。对此，一般由法院通过审判实践来确定，如泄露个人隐私的合同。违反公共政策的合同，是英美法国家的概念，是指损害公共利益，违反法律明确规定的政策或目标，或旨在妨碍公共健康、安全、道德以及一般社会福利的合同。如限制贸易合同、进口不符合标准的电子洋垃圾合同等。

（2）合同形式符合法定要求

合同的形式即合同的具体表现形式，据此可将合同分为不要式合同和要式合同。一般情况下多为不要式合同，即各国法律并不干涉当事人对各种合同具体形式的自由选择。但为了严肃某些重要的社会关系，确保公正或防止欺诈，某些特殊类型的合同必须采用相应的特殊形式，否则无效或不能强制执行，此即为要式合同。如对于不动产交易所签订的合同，一般都必须采用书面形式，有些国家还规定了公证和过户程序，否则买方永远无法取得该项不动产的产权。书面合同在国际商事活动中使用最为普遍，合同书、信件、数据电文等能够有形地表现所载内容的，均认定为书面形式合同（见表3－2）。

表3－2　各国关于要式合同的基本规定

国别	具体规定	法律效力认定
英国	①船舶转让、地产或地产权益转让、抵押等三种合同必须采用签字蜡封形式；②票据合同、海上保险合同、债务承认合同、转让公司股权合同、消费者信贷合同等必须采用书面形式	无相应形式的合同无效
美国	证券买卖合同、不动产买卖合同、无形动产买卖合同、价款500美元以上的货物买卖合同、不在一年内履行的合同须采用书面形式	无书面形式的合同无强制执行力
法国	①赠与合同、夫妻财产制合同、抵押合同须作成公证人文书形式，否则无效；②价款50法郎以上的合同须作成公证人证书或私证书形式，否则无强制执行力；③商事合同为不要式合同	无相应形式的合同无效或无强制执行力
德国	①转让土地所有权合同须采用登记形式；②赠与合同须采用公证人证明形式；③买卖合同为不要式合同	无相应形式的合同无效
中国	①国际货物买卖合同、抵押合同须采用书面形式；②标的为不动产或视为不动产（如轮船）的买卖合同须采用登记形式；③国际商事合同自愿采用公证、鉴证形式，其中某些类别合同须采用批准形式	无相应形式的合同无效

第四节　国际商事合同的变更与转让

一、国际商事合同的变更

合同的变更，是指合同的主体不变，当事人双方在合同成立之后，完全履行合同之前改变原合同权利义务关系，形成新的权利义务关系。改变原债权债务关系的内容的一种方式。合同的变更应具备三项条件：第一，当事人之间应当存在有效的合同关系；第二，当事人之间须就合同关系的变更达成合意；第三，须有合同关系变更的作为发生。

根据合同变更的内容，可将合同变更分为要素变更和非要素变更，前者是指合同标的物的变更，后者是指标的之外的变更。如在借款合同中，借款数目的变更为要素的变更，付款时间、地点、方式的变更为非要素变更。合同变更的方式原则上应同于原合同成立和生效的方式，如需对经登记生效的房屋买卖合同进行变更，也必须经过相同的登记程序才能生效。合同的变更既可用新的合同完全取代旧的合同，也可以在保留旧合同效力的基础上，就某些条款进行修改和补充，原合同和补充条款一并成立有效。当事人对合同变更的内容约定不明确的，推定为未变更。

二、国际商事合同的转让

国际商事合同的转让是指国际商事合同当事人一方在不变更合同内容的前提下，将自己所享有的权利或应承担的义务，转让给第三人的行为。从国际商事合同的转让的定义中我们可以看出，合同转让有权利转让、义务转让及概括转让三种方式。

（一）国际商事合同权利的转让

合同权利的转让，又称合同债权的转让，是指在债的内容不变更的情况下，债权人将自己所享有的合同权利转让给第三人的行为。合同权利转让有自由主义、通知主义和同意主义三种法律规程。美国和德国采取自由主义，转让合同债权时只须转让人与权利人双方合意即可，无须征得债务人的同意，甚至不必通知债务人。法国和日本采纳通知主义，转让合同债权时亦无须征得债务人的同意，但必须告知债务人权利转让的事实。同意主义，指债权转让债权时，以取得债务人的同意为前提条件。这一规程为我国《民法通则》所采纳，但我国《合同法》第 80 条却采纳了通知主义，规定：“债权人转让权利的，应当通知债务人。未经通知，该转让对债务人不发生效力。”另外，有些合同权利是禁止转让的，如提供个人劳务的合同因其具有高度个体特色而被很多国家禁止转让。

（二）国际商事合同义务的转让

合同义务的转让，又称债务承担，是指在债的内容不变更的情况下，合同债务人经债权人同意将合同义务转让给第三人承担的行为，包括全部转让和部分转让。在合同义务全部转让时，新的债务人即替代原债务人而成为合同的当事人，原债务人即退出合同关系。在合同义务部分转让时，原合同债务人与受让债务的第三人共同对债权人承担按份或连带债务。债务转让后，新债务人应承担除专属于原债务人之外的从债务，但同时新债务人取得原债务人对债权人的抗辩权。

（三）合同的概括转让

合同权利义务的概括转让，是指原合同当事人一方经对方同意将自己在合同中的权利和义务一并转让给第三人，由第三人概括地继受原合同的全部权利义务的行为。如甲乙公司签订一份建筑合同后，甲公司分立为 A、B 两公司，甲公司经乙合同同意可将该建筑合同权利义务一并转让给 A 公司。

第五节 国际商事合同的履行与消灭

当事人之间签订合同，其核心目的就是要实现合同中所设定的各项权利义务，即履行合同。正因如此，世界各国合同法及国际有关合同法律规则都明确规定，合同成立生效后，当事人即有正确适当地履行合同的义务。国际商事合同可因履行而消灭，也可由于其他原因而终止。

一、国际商事合同的履行

国际商事合同的履行，是指国际商事合同债务人全面、适当地完成其合同义务，债权人的合同债权得到完全实现的行为。各国法律都认为，合同当事人在订立合同之后都有履行合同的义务，如果违反应履行的合同义务，就要承担相应的法律责任。

（一）履行合同的基本原则

履行合同的原则是指合同各方当事人在履行合同义务的过程中应遵守的基本原则。

1. 全面履行原则

全面履行，也称适当履行，要求当事人根据合同所约定的标的、数量、质量、期限、地点和方式，全面完成合同义务。如我国《民法通则》第 88 条规定："当事人应当按照合同的约定，全部履行自己的义务。"

2. 合作履行原则

当事人不仅适当地履行自己的义务，而且应当根据诚实信用原则协助对方当事人履行其义务。在商事活动中，一方当事人在很多情况下只有靠对方当事人的合作才能履行自己的义务。如卖方完成交付货物的义务需要买方接受货物并及时进行验收，否则卖方的交付就难以适当地完成。如我国《合同法》第60条规定："当事人应当遵循诚实信用原则，根据合同的性质、目的和交易习惯履行通知、协助、保密等义务。"

3. 经济履行原则

当事人在履行合同义务时，应当讲求经济效益，力争付出最小的成本，获取最大的合同利益。

（二）约定不明合同的履行

在合同实务中，经常遇到对合同的质量、价格或履行时间、地点、方式等没有约定或约定不明确的情况。为使合同得到顺利履行，很多国家规定当事人可以协议补充相关条款，也可根据交易习惯或法律强行规定来履行。但法律规定有许多不同之处，在此以PICC为例，对约定不明合同的履行加以说明。PICC规定：①履行质量不明的，规定所履行标的物的质量应达到合理的标准，并且不得低于此情况下的平均水平；②履行价格不明的，采用订约时可比较的通常价格或合理的价格；③履行时间不明的，合同可由任何一方当事人作出合理期限的通知而终止；④履行地点不明的，金钱给付的履行地为债权人的营业地，其他义务的履行地为债务人的营业地，在合同订立后当事人改变营业地而使履行增加的费用，应由改变营业地的当事人承担；⑤履行费用不明的，由义务方承担。

（三）合同履行中的抗辩权

抗辩权又称异议权，是指对抗请求权或者否认对方权利主张的权利。

1. 同时履行抗辩权

这是指双务合同的当事人一方，在对方没有为对待给付前，可拒绝履行自己的合同义务的权利。无论是大陆法还是英美法均规定只有对方发生重大违约时才能行使同时履行抗辩权。

2. 后履行抗辩权

这是指双务合同当事人约定先后履行顺序的，后履行当事人在对方未履行之前，可拒绝履行自己的合同义务的权利。

3. 履行瑕疵抗辩权

这是指双务合同一方当事人在对方履行不符合约定时，可拒绝其履行要求的权利。

4. 不安抗辩权

在双务合同中，应先履行义务的一方当事人，订约后发现对方财产、商业信誉或其他履约能力等发生重大变化可能危及债权实现时，在对方未恢复履约能力或提供担保前，有拒绝履行自己合同义务的权利。当事人在行使不安抗辩权时应注意以下事项：①必须有确切的证据，如有证据证明对方存在经营状况严重恶化、转移财产或抽逃资金以逃避债务、丧失商业信誉、丧失或可能丧失履约能力的其他情形；②应将中止履行的情况及时通知对方；③对方提供适当担保之后，应恢复履行自己的合同义务；④在对方未在合理期限内恢复履约能力且未提供适当担保时，可解除合同。

小案例3－2：

中国某大型民营企业为纪念公司创建25周年，决定给每位员工发放一个从泰国进口的鳄鱼皮包作为福利。于是，与位于曼谷的泰国一家皮具公司签订了购销合同，订购男式皮包4000个、女工皮包2000个，价款共计90万美元。不料，该皮具公司遭遇台风侵袭，部分厂房和机器设备被毁。中方企业通过询问得知，泰方皮具公司有按时交付货物的可能，但机器设备损坏严重，修复存在困难，也不排除到期日交付不了鳄鱼皮包从而影响公司纪念活动的顺利开展。基于上述情况，中方企业向泰方皮具公司发出通知，主张暂不支付10万美元的预付款。中方企业的行为属于行使何种类型的抗辩权？

二、国际商事合同的消灭

国际商事合同的消灭，指当事人之间所确立的国际商事合同关系因某一法律事实的发生而不复存在，即当事人权利义务的终止。合同关系消灭，其效力不仅及于合同主债权，也及于合同从债权。下面对两大法系的相关立法分别加以阐述。

（一）大陆法系合同消灭的原因

在大陆法系国家，合同可因清偿（Payment）、抵销（Set-off）、提存（Deposit）、免除（Release）、混同（Merger）等原因而消灭。我国《合同法》合同消灭的相关规定与此类似（见表3－3）。

表3－3　　大陆法系合同消灭的原因

原因	内涵释义	备注
清偿	债务人已按合同的约定履行了义务	是合同消灭的主要原因
抵销	合同双方互负债务时，各以其债权充当债务之清偿而使等额内的相互债务归于消灭	在德国和瑞士抵销只需单方意思表示即生效；在法国抵销条件成就时自动产生抵销效力，但所抵销的债务须为已到期、可抵销、同类的互负之债

续表

原因	内涵释义	备注
提存	由于债权人的原因而使债务人无法交付合同标的物，债务人可将该标的物交给提存部门而使合同消灭	提存由下列原因引起：①债权人下落不明；②债权人无正当理由拒绝受领标的物；③债权人死亡未确定继承人或丧失行为能力未确定监护人
免除	债权人免除债务人的债务，可使合同关系归于消灭	日本等认为免除是无须债务人同意的单方法律行为；法国、德国、瑞士等认为免除是须经债务人同意的双方法律行为
混同	合同关系因债权与债务同归于一人而消灭	商事法上的继受如公司合并可导致债权人与债务人同归于一人

（二）英美法的相关规定

在英美法国家，履行、协议、受挫、违约、法定事由等原因可导致合同当事人权利义务的消灭（见表3－4）。

表3－4　　英美法系合同消灭的原因

原因	内涵释义	具体情形
履行	当事人完全正确履行合同义务	①履行了明示义务；②履行了默示义务
协议	双方当事人通过协议彼此免除各自尚待履行的合同义务	①以新合同替代旧合同；②实质性变更合同内容；③出现约定的终止条件；④权利方弃权
受挫	合同因非法、不可能、实质性差异而消灭	
违约	合同一方严重违约，另一方可以解除合同而使合同归于消灭	①完全不履约；②拒绝履约；③不完全履约
法定事由	当出现擅自修改书面合同、合并、破产或合同落空时，可导致合同权利义务的终止	①擅自对书面合同作重大修改；②合同双方合并；③当事人破产；④合同落空

第六节　国际商事合同的违约与救济

各国法律以及国际立法、国际惯例都认为，合同一经依法订立，对双方当事人都具有法律约束力，任何一方都必须严格按合同规定全面、适当地履行义务，否则即构成违约，并承担相应的法律责任，以便使非违约方得到适当的救济。违约包含当事人对各种法定的、约定的以及根据诚信原则所遵循的各种义务的违反。

一、违约

违约，是指合同当事人一方无合法理由不履行或不完全履行具有合法性和强制性的合同义务的行为。

（一）违约的确认

对于违约的确认两大法系存在不同之处：大陆法采用过错责任原则认定是否违约，这里所说的过错包括故意与过失；而英美法依照严格责任原则认定是否违约。所谓过错责任原则，即只有在当事人因自身过错没有履行合同时，才构成违约。所谓严格责任原则，指无论当事人有无过失，只要其未按合同约定履行合同义务，即构成违约。

（二）违约的形式

各国法律根据违约的性质不同，对违约形式作了相应的划分，在此我们不逐一进行介绍，将其主要情形归纳如下。

第一，拒绝履行。债务人在合同之债成立后履行期届满之前，能履行而明示不履行合同义务。

第二，不能履行。债务人由于客观上的原因无法履行合同所规定的义务，而不是指有可能履行合同而不去履行，包括自始不能履行和嗣后不能履行两种情形。如约翰与詹姆斯约定，约翰支付300美元购买詹姆斯的一只花瓶，但在交付之前花瓶不慎落地破碎，致使詹姆斯无法提供合同标的物。

第三，不当履行。德国法称为“积极违约”或“不良给付”，指当事人一方虽已履行合同义务，但其履行存在瑕疵而给对方造成损害。如在买卖合同中，虽然卖方已按期交货，但所交货物不符合合同约定的品质，致使买方遭受了损失。

第四，迟延履行。是指债务已届履行期，而且是可能履行的，但债务人没有按期完成自己应承担的合同义务。

第五，不完全履行。也称“部分履行”，指当事人只履行了合同中约定的部分义务。

这种划分并没有涵盖对违约形式的所有分类。比如，在美国违约还有重大违约和轻微违约之分；我国《合同法》将违约分为不履行合同义务、履行合同义务不符合约定及预期违约等形式。

二、违约救济措施

任何违反合同的行为，都是违约，都要承担违约责任。根据各国合同法的相关规定，在当事人一方违约后，受损害一方的当事人有权采取法律上的违约的救济措施，包括实际履行、赔偿损失、诉请法院发布禁令、解除合同、行使法定或约定的担保权，等等。

（一）实际履行

实际履行，是指在一方不履行合同义务时，另一方当事人有权要求违约方仍按合同约定履行义务。大陆法国家一般都将实际履行作为救济方法之一，如德国法将实际履行视为不履行合同的一种主要的救济手段，法国法规定债务人不履行合同时，债权人可以在请求实际履行或请求解除合同并要求损害赔偿二者之中任选其一。英美法对待实际履行的态度与大陆法有所不同，英美衡平法认为在采用损害赔偿的救济措施不能补偿一方所受损失时，则可使用实际履行作为补充救济办法；英美普通法就根本不承认实际履行这种救济方法。

我国《合同法》不仅将实际履行列为违约的救济方法之一，而且对金钱债务和非金钱债务作了区别规定，对非金钱债务的实际履行有除外规定：①法律上或者事实上不能履行；②债务的标的不适于强制履行或者履行费用过高；③债权人在合理期限内未要求履行。虽然大陆法国家和我国都承认实际履行的救济手段，但在实践中却很少作实际履行的判决。

但在特殊的情况下，当实际履行不必要和不可能时，当事人可不以合同规定的标的履行。所谓不必要是指将合同规定的标的交付级对方已经没有实际意义，或者履行不但不能达到预期目的，反而会使对方扩大损失。所谓不可能是反映合同所规定的标的已经灭失，而这种标的又是特定的，不可能用其他标的来代替。因此当上述两种情况出现时，可以免除当事人实际履行的义务。

（二）损害赔偿

损害赔偿是指一方因违约行为而致使另一方遭受损害的，应依法律规定或合同约定对另一方的损害承担赔偿责任，损害赔偿是违约的救济措施之一。它是最常见的合同违约救济措施。

大陆法认为损害赔偿的成立，须满足三个条件：损害事宜、归责于债务人的原因、损害发生的原因与损害之间的因果关系。关于损害赔偿的方法，德国法是以恢复原状为原则，以金钱赔偿为例外；而法国法恰恰相反，以金钱赔偿为原则，恢复原状为例外。关于损害赔偿的范围，德、法两国法律规定基本一致，包括实际损失和预期利益的损失。实际损失是现实财产的减少，也称直接损失；预期利益是指缔约时可以预见到的履行利益，也称可得利益或间接利益。英美法认为损害赔偿的成立，无须以违约一方有过失或发生实际损失为前提，只要当事人一方违反合同，对方就可以提起损害赔偿之诉，对损害采取金钱赔偿的方法。赔偿范围以使由于债务人违约而蒙受损害的一方，在经济上能处于该合同得到履行时同等的利益。

一般来说，损害赔偿的预期利益不得超过违约人缔约时预见到或可能预见到违约可能造成的损失。在我国，在当事人违约行为侵害对方人身或财产时，对方有请求违约损害赔偿或侵权损害赔偿的选择权。例如承租人损毁租赁物，既是违约行为，又是侵害他人财产所有权的行为，因而发生两个损害赔偿请求权的竞合，出租人可择一行使。

（三）禁令

禁令是指由法院发出的禁止当事人在一定时期内做某种行为的判决或命令，它是英美衡平法上的一种特有的违约救济方法。如法院发布的禁止当事人在诉讼期间处分资产的命令，这样就可以使胜诉方在诉讼结束时能顺利执行判决。一般来说，英美法院只有在采取一般损害赔偿的救济方法不足以补偿债权人所受的损失，或者在确信发出禁令符合公平合理原则的情形下，才会给予这种救济。在我国，虽然出现过法院向银行发布禁止付款禁令的现象，但禁令并不是我国《合同法》明文规定的一种违约救济措施。

（四）解除合同

解除合同是指由于某种原因使已经成立的合同归于消灭。合同解除有多种原因，其中违约是合同解除的原因之一。

1. 解除权的发生

大陆法认为当双务合同的一方当事人不履行合同时，对方就有解除合同的权利；而在英美法中，只有对违反条件（即违反合同中重要条款）或重大违约行为才可行使合同解除权，对违反担保（即违反合同中次要条款）或轻微违约行为就只能请求损害赔偿。

2. 解除权的行使

行使合同解除权的方法主要有两种：一是由一方当事人向法院起诉，由法院作出解除合同的判决；一是无须经过法院，只需向对方表示解除合同的意思表示即可。法国采取第一种办法，德国、英美法系国家及我国采取第二种办法。但我国《合同法》还规定，对解除合同有异议的，“可以请求人民法院或仲裁机构确认解除合同的效力。”“法律、行政法规规定解除合同应当办理批准、登记等手续的，依照其规定。”否则即不发生合同解除的效力。

3. 解除权与损害求偿权可否并存

德国法认为债权人只能在解除权与损害求偿权中两者择其一；而法、日、英、美等国法律认为解除权和损害求偿权可同时并存。

4. 解除合同的后果

解除合同的法律后果是使合同效力归于消灭，但这种消灭时间界定，各国法律规定有所不同。法、德、美等国法律规定基本相似，都认为合同的解除，其效力可以溯及到订立的时候，即自始无效。而英国法则认为合同无效仅指向未来，即只是在解除合同时还没有履行的债务不再履行。

小贴士 3－5：

解除合同与撤销合同都是合同消灭的制度，但两者又有所不同。合同解除，是指在合同有效成立后，当解除合同的条件具备时，因当事人一方或双方意思表示，使合同自始或仅向将来消灭的行为。合意解除和法定解除。我国《合同法》第 94 条规定了一般法定解除条件有：①因不可抗力致使不能实现合同目的；②在履行期限届满之前，当事人一方明确表示或者以自己的行为表明不履行主要债务；③当事人一方迟延履行主要债务，经催告后在合理期限内仍未履行；④当事人一方迟延履行债务或者有其他违约行为致使不能实现合同目的；⑤法律规定的其他情形”。可撤销合同，是指当事人在订立合同时，因意思表示不真实，法律允许撤销权人通过行使撤销权而使已经生效的合同归于无效。我国《合同法》第 54 条规定：下列合同，当事人一方有权请求人民法院或者仲裁机构变更或者撤销：①因重大误解订立的；②在订立合同时显失公平的。一方以欺诈、胁迫的手段或者乘人之危，使对方在违背真实意思的情况下订立的合同，受损害方有权请求人民法院或者仲裁机构变更或者撤销。

合同的解除和撤销主要区别在于：其一，从适用范围来看，撤销的适用范围比较广泛，不仅适用于欠缺有效要件的合同领域，而且适用于有瑕疵的意思表示及民事行为场合；而解除仅仅适用于有效成立的合同提前消灭的情况。其二，从发生原因来看，撤销的原因由法律直接规定；而解除的原因既有法律规定的，也有当事人约定的。其三，从发生的效力看，撤销都有溯及力，被撤销的民事行为从开始起无效；而解除则往往无溯及力，只有在当事人有特别约定或者法律有特别规定及违约解除非继续合同时，才有溯及力。

（五）行使法定或约定的担保权

各国法律都赋予合同当事人在对方违约时行使法定或约定的担保权。该担保权一般包括抵押权、质押权、违约金、定金、留置权等。

1. 抵押权

当一方当事人不履行合同义务时，另一方对他或第三人提供的担保财产或财产权，享有变价优先受偿的权利。抵押权以不动产为客体，一般不转移占有。

2. 质押权

当合同的目的无法实现时，质权人有依法以质物变价优先受偿的权利。质押权以动产和权利为客体，并以客体的转移占有为特点。

3. 违约金

为了保证合同得以履行，当事人在合同中约定或法律规定的一方违约后应向另一方支付的金额，即为违约金。违约金有惩罚性和补偿性两种性质界定。在德国，违约金具有惩罚性，债权人可同时要求违约方进行损害赔偿和支付违约金；英美法国家和除德国以外的大陆法国家认为违约金应属补偿性，违约金和损害赔偿不能同时执行。我国《合同法》规定的违约金以补偿性为主，并兼有一定的惩罚性。

4. 定金

为了保证合同的履行，债务人按约定预先给付债权人的一定数额的金钱。债务人履行债务后，定金应当抵作价款或收回。给付定金的一方不履行约定的债务的，无权要求返还定金；收受定金的一方不履行约定的债务的，应当双倍返还定金。

5. 留置权

合同债务人完全不履行或不适当履行债务时，债权人有权扣留按合同已占有的债务的财产。债务人不履行债务已届满一定期间，债权人有权变卖扣留，实现违约救济。如在买方不足额付款时，卖方可以对所有权已经转移给买方但买方尚未提走的货物实行留置。

【总结评价】

国际商事合同是现代国际商事活动必不可少的法律工具，我们应该遵循契约自由、公平诚信、法律约束力、公共利益等合同法基本原则。在谈判开局、实质磋商、达成一致、起草合同、签订合同等合同协商的不同阶段，应注意相应的法律问题。同时通过要约和承诺达成一致意见，推进国际商事合同的成立。然而，合同成立并不意味着一定生效，可能出现无效合同、可撤销或可变更合同、效力待定合同、附条件或附期限的合同等。要使合同产生法律效力，还必须具备当事人具有缔约能力、当事人意思表示真实、具有合法的对价或约因、合同的内容和形式合法等要件。订立合同其意图在于通过全面履行而达到合同的目的，然而，情况可能随时发生变化，既有可能出现合同变更和转让的情形，还有可能因当事人行使同时履行抗辩权、后履行抗辩权、履行瑕疵抗辩权、不安抗辩权等抗辩权影响合同的履行，甚至因拒绝履行、不能履行、不当履行、迟延履行、不完全履行等构成对合同的违背。此时，受损害一方当事人有权采取包括实际履行、赔偿损失、诉请法院发布禁令、解除合同、行使法定或约定的担保权等在内的救济措施。合同的债权债务可由于履行而消灭，也可由于其他原因而终止。

【主要概念】

合同　合同法　国际商事合同　要约　要约邀请　要约撤回　要约撤销　承诺

到达主义　发出主义　合成订立　合同成立　合同生效　合同效力　对价　约因　合同变更　合同转让　违约　预期违约　违约救济　禁治产人　清偿　抵销　提存　免除　混同　违约　实际履行　履行不能　抵押　质押　违约金　留置　定金

【任务实施】

1. 模拟以电子邮件的方式与外商交流，选定某种具体的产品，给外商发一份出售该产品的要约，该要约内容要基本涵盖合同的主要条款。

2. 搜集在订立合同时当事人意思表示不真实的一些情形，这些情形既可以来源于国际贸易交往的实例或案例，也可以来源于国内经济活动或日常生活，并分析其对合同效力的影响。

【复习思考题】

一、简答题

1. 国际商事合同谈判协商过程中应注意哪些法律问题？

2. 合同成立后可能有哪几种效力状态？如何认定？

3. 各主要国家对要式合同有哪些具体规定？

4. 国际商事合同违约有哪些类型？请至少举两例说明。

二、判断题

1. 当事人可依据合同自由原则自主协商国际货物买卖合同的具体条款。

2. 美国《合同法重述Ⅱ》虽无强制约束力但常被法官援引审理案件。

3. 英美法系国家对于承诺生效时间采用发邮主义的认定方法。

4. 受法律保护的合同对价必须在价值上基本相当。

5. 国际商事合同的解除和撤销其效果基本是一样的

三、单项选择题

1. 德国A公司接受中国B公司某项要约的通知于6月1日从德国发出，6月7日到达B公司所在地城市，6月8日下午到达B公司传达室，6月9日上午B公司总经理阅知该承诺通知。依《国际货物销售合同公约》，该承诺的生效时间是（　　）。

A. 6月1日　　B. 6月7日　　C. 6月8日　　D. 6月9日

2. 在订立合同时，下列不属于当事人意思表示不真实的情形是（　　）。

A. 错误　　B. 遗忘　　C. 胁迫　　D. 欺诈

3. 日本某汽车配件公司对美国某汽车制造公司负有合同债务，此时前者被后者收购，致使该债务归于消灭，从而使原合同关系亦不复存在。这种合同消灭的方式被称为（　　）。

A. 抵消　　B. 免除　　C. 混同　　D. 混合

四、多项选择题

1. 以下可依法认定为无效合同的有（　　）。

A. 商场营业员错将一块价值10万元的手表以1万元价格卖给了外宾

B. 本人默示授权

C. 客观必需

D. 本人追认

2. 英国人Jason与某服装厂约定，去美国纽约为服装厂采购A品牌西服1万套，服装厂许诺支付给他3000英镑酬金。在Jason完成西服采购后发现有一种棉布物美价廉，遂擅自决定为服装厂再购10万元的布匹，请问（　　）。

A. 服装厂可以拒收棉布　　B. 服装厂收取棉布后应支付酬金

C. 服装厂不得拒收西服　　D. 服装厂收取棉布后可不付酬金

3. 中国某乐团赴美国演出，与美国某剧院签订为期5天的租赁协议举办音乐会，但在举办了第二场演出后剧院被火灾烧毁，导致合同无法继续履行。下列哪些说法符合法律规定？（　　）

A. 乐团有权索回租金　　B. 剧院应赔偿乐团因此遭受的损失

C. 合同因受挫而终止　　D. 剧院有义务为乐团提供新的演出场所

五、案例分析题

1. A国某玻璃公司向B国某百货商场发出售卖500件价值50万元的玻璃工艺品的要约，其要约内容完整，形式合法，并注明对方应在2个月内承诺，且承诺时应表示违约者需支付5万元违约金。百货商场在收到要约后第10天，发回承诺表示购买该工艺品并表示同意违约金条款，但承诺中添加了包装方面的条件。玻璃公司接到百货商场承诺后称："货物已售他人，无货供应。"百货商场以玻璃公司对承诺未表示异议，双方合同关系已建立，玻璃公司将该工艺品售与第三者构成违法为由，起诉要求赔偿因玻璃公司违约造成的损失并支付违约金。玻璃公司则辩称百货商场在答复中附有条件，已构成反要约，合同并未订立，玻璃公司不承担任何责任。

请回答下列问题：

（1）A国某玻璃公司与B国某百货商场之间的购售合同是否成立？为什么？

（2）B国某百货商场的诉求是否会得到法院支持？如果法院依德国法判决其结果如何？

2. Mary是澳大利亚人，一次到中国景德镇旅游，发现当地某陶瓷厂会议室内放置的两个完全一样的龙图花瓶十分漂亮，决定买下1只带回国内。经商谈双方签订合同如下：花瓶售价为人民币1万元，由Mary先带回澳大利亚；因Mary身边没有足够支付的现金，可先以其一只价值2万元人民币的纯金钻石手表作为质物，价款回国后再付，如一个月没有收到Mary的汇款，则将该手表抵作货款。

请回答下列问题：

（1）如后经专家对剩下的另一只花瓶鉴定发现该花瓶为清朝乾隆年间制造，做工精细，其价值至少为5万元人民币。此时，陶瓷厂以显失公平为由要求撤销该合同，是否合法？为什么？

（2）该案中关于质押的规定是否正确？为什么？

（3）如第一只花瓶货款支付完毕后，双方又商定 Mary 再以 1.2 万元价格购买另一只花瓶并先支付 6000 元定金，货到后再支付另一半货款。结果花瓶在陶瓷厂包装时被工人不慎打碎。请问：双方的商定是否合法？对花瓶被打破致使合同无法继续履行的类似情况法理上是何称谓？该合同应如何处理？

3. 2007 年 7 月 20 日，香港甲公司给厦门乙公司发出要约称："鳗鱼饲料数量 180 吨，单价 CIF 厦门 1520 美元，总值 273600 美元，合同订立后三个月装船，不可撤销即期信用证付款，请电复。"厦门乙公司还盘："接受你方发盘，在订立合同后请立即装船。"对此香港甲公司没有回音，也一直没有装船。厦门乙公司认为香港甲公司公司违约，并要求甲公司承担损害赔偿责任，法院应否支持这一诉求？

（资料来源：胡晓红等：《国际商法理论与案例》，清华大学出版社 2012 年版，第 147 页）

第四章　国际货物买卖与产品责任法律实务

【学习要点】

1. 国际货物买卖双方的权利与义务
2. 国际货物买卖合同违约及其救济方法
3. 货物风险与所有权转移的法律原则
4. 国际货物买卖产品责任的认定与承担

【案例导入】

2013年6月，中国A公司向澳大利亚B公司出售钢材，约定最迟装船时间为2013年9月5日，买方以信用证方式付款，价格条款是CFR。合同签订后，B公司依约开立了信用证，A公司根据合同约定备妥货物运抵港口。但在装船日前B公司以经济状况不佳为由数次要求A公司延期装船，最终双方达成一致延期发货。随后全球经济危机发生，该货物价格大幅下跌，B公司要求在货物降价的情况下才能修改信用证。双方谈判一直持续到2013年11月底，此间货物市场价格下降60%。A公司宣告解除合同，依法将货物转售后向B公司提出索赔。但B公司认为合同约定的价格条款是CFR，A公司作为卖方应租船订舱装运货物，因货物未交付导致的损失由A公司自行承担。但A公司认为B公司构成预期违约，A公司中止履行合同合法。那么，依据《联合国国际货物销售合同公约》如何认定双方的行为呢？

在当今国际商事交往中，尽管由于服务贸易、技术贸易的快速发展，使得国际贸易已远远超越了传统的货物买卖范畴，但有形货物的买卖仍在现代国际贸易体系中占据举足轻重的地位。正因如此，国际货物买卖相关的国际公约、国际惯例及各国买卖法，也是国际贸易法律体系不可或缺的重要组成部分。本章以《联合国国际货物销售合同公约》为基本内容，结合具有典型意义的各国买卖法及国际惯例，介绍国际货物买卖的相关规则。

第一节 国际货物买卖及其法律规范

随着全球经济一体化的迅猛发展，货物在国际间的流动越来越频繁，交易规模也呈现出日益扩大之势。为此，必须建立和完善调整这种跨越国界的货物买卖关系的法律规范，促进国际货物贸易市场的高效运行与安全稳定。

一、国际货物买卖的内涵

国际货物买卖通常是指营业地处于不同国家或地区的当事人之间，依据所订立的合同进行的有形货物购销行为。国际货物买卖具有以下特点：

（一）买卖标的是有形货物

国际货物买卖一般要通过买卖合同来确定当事人之间的权利义务关系，而作为合同标的的货物一般仅指有形动产。进一步来说，买卖的标的一般不包括：①不动产，如房屋、土地；②股票、债券、流通票据、货币；③其他权利财产，如专利权、商标权、专有技术、软件著作权；④劳务。但具体到各国买卖法及有关国际公约，它们对国际货物买卖的标的认定又有所差别。

（二）当事人分处不同国家

《联合国国际货物销售合同公约》对一份货物买卖合同是否具有国际性，采用“营业地”标准进行判断。根据这一标准，买卖双方当事人的营业地分别处于不同的国家和地区即具有国际性，而对当事人的国籍在所不问。与营业地的跨国性相匹配，一项货物买卖能否被认定为国际货物买卖，还要看货物运输是否跨越了国境。如中美两国公司签订协议，中方向美方采购一批机器设备用于美国本土投资设厂或转卖，该批设备的买卖则不具有国际性。

（三）比国内货物买卖更复杂

与发生在一国之内的货物买卖相比，国际货物买卖显得更为复杂。一方面，因当事人及货物分处于不同国家，导致国际货物买卖当事人之间的了解和信任相对缺乏，交易风险随着远距离运输和非即期付款而增大，各国法律制度的差异也增加了纠纷解决的难度；另一方面，在国际货物买卖的合同协商与签订、货物运输与保险、货物交付与验收、货款支付与收受、争端认定与处理等各个环节，其参与人更多、程序更复杂、耗时也更长。

二、国际货物买卖主要公约

由于各国在货物买卖立法方面存在着不少分歧，在国际经济交往中不可避免地会引起法律冲突，不利于全球化背景下国际贸易的发展。为此，一些国际组织试图拟定具有广泛适用性的国际货物买卖公约，使得国际公约成为国际货物买卖法的重要渊源。

（一）联合国国际货物销售合同公约

1980 年 4 月，由联合国国际贸易法委员会起草的《联合国国际货物销售合同公约》（英文编写 CISG）在维也纳外交会议上通过，1988 年 1 月 1 日生效，现已成为影响最大的国际货物买卖公约，其成员国的货物贸易量占全球的 2/3 以上，我国也于 1986 年成为 CISG 的成员国，但至今仍有英国、日本等经济大国未签署该公约。

1. CISG 的主要内容

CISG 是迄今为止有关国际货物买卖合同的一项最为重要的国际条约，共 101 条，主要有 4 部分构成：①公约的适用范围和总则；②合同订立程序和规则；③货物买卖的一般规则、买卖双方的权利义务、风险的转移等；④公约的保管、签字、加入、保留、生效、退出等。CISG 并非规定了货物贸易的所有方面，而只涉及合同的成立、买卖双方的权利义务、违约、违约救济以及风险转移，但对合同的效力、货物所有权的转移、产品责任等并未作出规定。

2. CISG 的适用范围

第一，成员国保留适用。CISG 允许成员国对公约的适用提出保留，我国 1986 年 12 月向联合国秘书长递交公约核准书时，即提出了 2 项重要保留：一是关于合同形式的保留。CISG 第 11 条规定买卖合同无须以书面形式订立或者书面证明，但为交易安全起见，我国只认可书面形式的国际货物买卖合同。虽然我国 1999 年《合同法》已经采取不要式原则，但对于国际货物买卖合同，在司法及贸易实践中仍须书面形式。二是关于适用范围的保留。公约旨在统一国际货物买卖法，故尽可能扩大适用范围，在第 1 条第 1 款规定：（a）营业地处在缔约国的当事人之间订立的买卖合同适用于该公约；（b）营业地处于非缔约国的当事人之间所订立的买卖合同，如果依据国际私法的规则导致该合同适用某一缔约国的法律[①]，则买卖合同亦可适用于该公约。对于（b）项规定，我国提出了保留，即我国只承认中国商事主体与缔约国商事主体所订立的合同适用于该公约，或者双方当事人营业地均为公约缔约国。作为公约 12 个最早缔约国的美国，也作了同样的保留，不受（b）项拘束，通常适用美国的国内法《统一商法典》。但也有些国家未行使任何保留权，如法国。

---

① 例如，依照合同的订立地或履行地法，而导致所订立的国际货物买卖合同适用于某一缔约国的法律。

第二，“货物”范围适用。并非所有的“货物”均是 CISG 规范的对象，其第 2 条明确规定不适用于下列“货物”的买卖：①供私人和家庭使用的买卖合同；②以拍卖方式进行的买卖；③根据法律执行令状或其他令状进行的买卖；④股票、投资证券、流通票据或货币的买卖；⑤船舶或飞机的买卖；⑥电力的买卖。

第三，当事人排除适用。CISG 的适用不具有强制性，即使按公约第 1 条规定应适用公约，但双方当事人亦可在合同中排除公约的适用，而选择其他法律作为合同的准据法。但当事人在合同中所选用的贸易术语并不认为排除公约的适用，因为贸易术语并未规定合同的成立、违约、违约救济等方面的内容，两者具有互补性。

（二）关于国际货物买卖的其他公约

除 1980 年《联合国国际货物销售合同公约》之外，在其前后也有一些有关国际货物买卖法的国际公约相继问世。

1. 海牙两大公约

1964 年 4 月 25 日，国际统一私法协会在海牙外交会议上通过了《国际货物买卖统一法公约》和《国际货物买卖合同成立统一法公约》，分别被称为《海牙第一公约》和《海牙第二公约》，并于 1972 年 8 月 18 日起正式生效。海牙两大公约旨在解决各国在货物买卖法方面存在的分歧，减少和避免法律冲突，但只有荷兰、比利时、德国、意大利、英国和卢森堡等少数的欧洲国家加入，未能达到统一国际货物买卖法的预期目的。不过，后来具有广泛影响的 1980 年《联合国国际货物销售合同公约》即在此基础上草拟而成的。

2. 国际货物买卖合同时效公约

1974 年 6 月，在联合国总部召开的外交会议上通过《国际货物买卖时效期限公约》（简称《时效公约》），其适用范围与 CISG 相同。《时效公约》共四部分 46 条，主要规定了与国际货物买卖合同有关的权利消灭期限，对时效期限的定义、期间、起算和计算、停止和延长，以及时效期限届满的后果作了具体规定，并将时效期限统一规定为 4 年。目前，我国尚未加入该公约，但我国《合同法》规定的国际货物买卖合同争议提起诉讼或申请仲裁的期限为 4 年。

3. 国际货物销售合同法律适用公约

《国际货物销售合同法律适用公约》是一项解决各国货物买卖法律冲突的统一冲突法公约，1986 年 12 月 22 日在海牙国际私法会议正式获得通过。该公约草拟过程中充分考虑与 CISG 的匹配，因此与 CISG 的适用范围保持一致。该公约确定了适用法律的基本规则有：①依双方当事人的选择的法律；②依合同订立时卖方设有营业所的国家的法律；③依买方在合同订立时设有营业所的国家的法律；④最密切联系原则；⑤拍卖依拍卖举行地国家的法律；⑥商品交易所或其他交易所的货物买卖依交易所所在地国的法律。

三、国际货物买卖主要惯例

国际贸易惯例是国际货物买卖法的另一个重要渊源。与国际货物买卖相关的国际惯例主要有1932年《华沙—牛津规则》、1941年《美国对外贸易定义修订本》和《国际贸易术语解释通则2010》。这些惯例在风险转移、买卖双方的义务、责任等方面亦有相应规定，尤其是《国际贸易术语解释通则2010》，它不但是国际商法的一个主要渊源，而且已在国际贸易中被广泛承认和采用，我国在外贸业务中也大量使用。1932年《华沙—牛津规则》对CIF合同中买卖双方所应承担的责任、风险与费用做了详细的规定，在国际货物贸易中有相当大的影响。尽管这些惯例本身并不是法律，但是双方当事人将其订入合同，即具有法律约束力，理应按其解释界定双方的义务、责任和风险。在发生争议时，法院和仲裁机构也可以参照国际贸易惯例来确定当事人的权利与义务。

四、国内货物买卖法

各国货物买卖法因不同的法系传统导致在立法体例、具体内容上均有一定的差别。

（一）大陆法系国家买卖法

大陆法国家的买卖法分布于其民商法典之中。在法国、日本、德国等“民商分离”国家，除民法典中规定买卖法内容外，在商法典中也包含了商事买卖的规范；民法为普通法，商法为特别法，优先适用商法规定。而在意大利、瑞士等“民商合一”国家，在其相应的民法典（意）、债务法典（瑞）中规定了与买卖相关的法律。

（二）英美法系国家买卖法

英美法系国家以判例法为主，买卖法既体现在判例形成的普通法中，也有关于买卖的单行法规，英国1893年的《货物买卖法》（1994年修改为《货物提供与销售法》），即是英美法系最具影响力的买卖法单行法规。1906年，美国以该法为蓝本制定了《统一买卖法》，后又于1952年起草新的《统一商法典》并在第二篇专门规定买卖法律。但美国各州享有广泛的立法权，故该法典仅有示范性质，供各州自由采用。到目前为止，除属大陆法系的路易斯安那州外，其他州均已立法采用该法，该法在美国国内货物买卖及国际货物买卖领域影响巨大。

（三）中国买卖法

中国的情况较为特殊，因中国民法制度不健全，目前仍没有《民法典》，而且并无真正意义上的商法。关于买卖的法律散见于《民法通则》及《合同法》第九章

《买卖合同》。

第二节　国际货物买卖当事人的权利义务

买卖双方的权利义务是国际货物买卖合同及买卖法中的核心内容，当事人一般在合同中已有约定，但也有一些合同中并未约定或约定的不明确，此时应依据有关货物买卖法对双方权利义务进行确定。目前国际货物买卖中适用最广泛的应是CISG，而CISG中对买卖双方权利义务的规定多属任意性规范，其作用主要是弥补买卖合同中的漏洞。因此，除CISG中的强制性规范之外，当买卖合同与CISG规定不符时，应优先适用买卖合同约定的条款。

一、卖方的义务

国际货物买卖中一方当事人的义务即是另一方当事人的权利，卖方主要有4项义务，即交付货物、移交单据、品质担保、权利担保等。

（一）交付货物

1. 确定交货的时间和地点

各国法律及CISG均规定，卖方必须依据国际货物买卖合同中约定的时间和地点交货。如果在国际货物买卖合同中未明确约定交货的时间和地点，则只能适用于合同准据法的相关规定确定交货时间（见表4－1）与交货地点（见表4－2）。

表4－1　　买卖合同未约定情形下交货时间的法律规定

交货时间	主要适用法律	适用具体情形
一段时间	CISG	如依据合同约定，交货应在一段时间内进行，除情况表明具体交货日应由买方选定外，卖方有权选择这段时间内的任何日期交货
合理时间	英美法国家、CISG	合理时间的判断主要视交易情况而定
即时	大陆法国家	如合同未约定具体交货时间，买方有权要求即时交货，卖方也有权在合同成立后即时交货
随时	中国	履行期限不明确的，债务人可以随时履行，债权人也可以随时要求履行，但应当给对方必要的准备时间

此外，德国等国家法律还规定，合同有履行期限的，债权人不得要求债务人提

前履行，而债务人可提前履行，但不得使债权人因受领货物而遭受不便或承担额外费用。

表4－2　　买卖合同未约定情形下交货地点的法律规定

交货地点	主要适用法律	适用具体情形
第一承运人起运地	CISG、中国	买卖合同涉及货物运输
特定物所在地	CISG、中国、法国、日本、瑞士、英国、美国	①不涉及货物运输；②标的物为特定物；③买卖双方知悉标的物所在地
卖方营业地	CISG、中国、法国、德国、瑞士、英国、美国	①买卖合同标的物为非特定物；②卖方已完成交货一切准备
买方营业地	日本	买卖合同标的物为非特定物

各国法律通常将买卖的货物分为特定物和非特定物区别对待。所谓特定物，是指依当事人的意思具体指定的标的物，如发生毁损或灭失则不能以他物替代；而非特定物也称为种类物，是指仅依抽象的种类、品质、数量加以限定的物，非特定物具有可替代性。买卖标的是否为特定物或者是否被特定化，会对交货地点的确定、货物所有权及风险的转移产生影响。

小思考4－1：

以下哪些是法律意义上的特定物？（1）鲁迅先生的手稿；（2）存放于某一号仓库的杂交水稻大米；（3）提供材料在厂家定做的成套家具；（4）一等品“红丰9号”东北大豆。

2. 安排运输与通知交货

除确定交货时间和地点之外，卖方交货还需要完成以下事项：①使货物处于可交付状态，如将货物划归合同项下、进行货物包装和刷唛；②向买方发出发货通知并根据要求将货物运至指定地点，或通知买方到卖方营业地提货；③协助买方办理货物运输保险，如卖方对货物没有投保义务（如在FOB或CFR交货条件下），应向买方提供相关资料以便于其办理货运保险，否则由卖方承担不利后果，乃至承担因买方未能及时投保可能带来的风险。

（二）移交单据

根据合同履行的全面履行原则，在国际贸易中移交货物相关单据自然也构成了卖方的一项基本义务。然而，各国国内法对卖方的交单义务一般没有作出具体的规定，这是因为各国的买卖法主要是针对国内交易制定的，而在国内交易中单据的作用不像在国际贸易中那样显得突出和重要。不过，CISG及相关国际贸易惯例将移交与货物相关的有关单据，作为卖方的一项重要义务加以规定。

1. 为何移交单据

在国际货物买卖中，卖方向买方移交与货物有关的单据具有非常重要的现实意义：第一，这些单据是买方借以提取货物、办理报关手续、转售货物、向相关责任人索赔的必备文件；第二，在象征性交货中，卖方向买方移交单据就意味着向买方移转货物所有权；第三，当买卖合同采用跟单信用证或交单付款（D/P）的支付方式时，都是以卖方交单（特别是提单）作为买方支付货款的对应条件。

2. 移交何种单据

虽然 CISG 规定了卖方移交单据的义务，但并未对移交哪些单据作出具体规定，这个问题只能由买卖合同约定或根据有关国际贸易惯例来确定。例如，根据《2010 年国际贸易术语解释通则》的规定，如果买卖双方是采用 CIF 条件订立货物买卖合同，则卖方应向买方提供下列单据：商业发票、保险单或保险凭证、运输单证（如可转让的提单、不可转让的海运单等）、货物符合合同的证明（如商品质量检验证书）以及由装运地国或原产地国签发的其他单据（如原产地证书）、领事发票，等等。

3. 如何移交单据

根据 CISG 第 34 条的规定，如果卖方有义务移交与货物有关的单据，他必须按照合同所规定的时间、地点和方式移交这些单据。如果合同对卖方交单的时间、地点和方式没有作出明确约定，那就只能按照惯例和诚信原则来处理。值得注意的是，CISG 还规定，如果卖方在合同规定的时间以前已经移交了单据，他可以在这个时间到临之前对单据中任何不符合同之处加以修改。但卖方在行使这项权利时不得使买方遭受不合理的不便，或承担不合理的开支，而且买方保留向卖方主张因此项义务的不适当履行的损害赔偿请求权。

（三）品质担保

卖方的品质担保义务是指卖方对其所出售的货物的品质、规格、性能、用途及特征等所应承担的保证义务。若合同已有约定则适用合同约定，否则适用相关的法律规定。CISG 及各国国内法，尤其是英国《货物买卖法》和美国《统一商法典》等对卖方的此项义务均作了详细规定。

1. 品质担保义务的确认

大陆法将卖方对货物的品质担保义务称为物的瑕疵担保责任，即卖方应保证货物在风险转移至买方之前没有瑕疵。英美法基于判例法的传统，对卖方的货物品质担保义务作了较为详尽的规定。CISG 及各国相关国内法都对卖方的品质担保义务进行了确认。CISG 卖方品质担保义务的条款，在很大程度上吸纳了英美法的相关规定。现以大陆法系的德国法、英美法系的英国法和美国法及 CISG 的相关规定，介绍卖方品质担保义务（见表 4－3）。

表 4－3　　　　　国际货物买卖中卖方品质担保义务的有关法律规定

法律	品质担保	内涵说明
德国法	物的瑕疵担保责任	卖方应保证所售货物在风险、责任移转于买方时，不存在失去或减少其价值，或降低其通常用途或合同约定的使用价值的瑕疵，但有两种情形除外：①买方在订约时已知货物有瑕疵；②根据质权以公开拍卖方式出售的货物。
英国法	符合说明	对于凭说明的交易，卖方所交货物须与说明相符。
	符合样品	凭样品买卖符合下列默示条件：①货物品质须与样品相符；②买方应有合理机会对样品与整批货物进行比较；③货物应没有任何对样品进行检验时所不能发现的、不合商销的缺陷。
	适于商销	卖方应保证在营业中出售货物具有商销品质，但下列情况除外：①货物缺陷在订约前已特别提醒买方；②买方在订约前已验货且本应发现缺陷。
	适于特定用途	如卖方已知买方购货的特定用途，则其供货应合理地适用于这种特定用途，但有证据表明买方不依赖卖方技能或判断的情形除外。
美国法	明示担保	卖方明确地、直接地对货物所作出的保证，如合同约定的担保，商品标签、说明、目录、样品或模型等表明的担保。
	默示担保	①商销性，即卖方如果是经营某种商品的商人，则须保证所售商品具有适合商销的品质；②适合特定用途，即如果卖方在订约时有理由知道货物将用于特定用途，且买方相信卖方具有挑选或提供适合该用途商品的能力，则卖方所售货物须适合这种特定用途。
CISG	适于通常用途	货物适合于同一规格货物通常用途。
	适于特定用途	货物适合于订约时曾明示或默示地通知卖方的特定用途，除非情况表明买方并不依赖卖方的技能和判断力，或者这种依赖对卖方不合理。
	符合样品或模型	货物质量与卖方提供的货物样品或模型相同，并保证货物不存在对样品正常检验时不可能发现的潜在或隐蔽瑕疵。
	符合通用包装	货物按照同类货物通用方式装箱或包装，或者按照足以保全和保护货物的方式装箱或包装。

美国《统一商法典》将卖方的品质担保义务分为明示担保和默示担保。所谓默示担保义务，双方未在合同或交易中明确约定或表示，但依据法律规定卖方应承担的关于货物品质的保证义务。默示担保又分为商销性默示担保和适合特定用途默示担保，美国《统一商法典》第 2～314 条对于商销性作出了如下一般性理解：①合同项下的货物在该行业中可无异议地通过检查；②如果出售货物是种类物，则应在该规格内达到良好的平均品质；③货物应适合其一般用途；④除合同允许有差异外，

所有货物的每一单位在品种、品质和数量方面都应相同；⑤应按合同要求把货物适当地装入容器，并加上包装、贴上标签；⑥货物须与容器或标签上所许诺或确认的事实相符。美国《统一商法典》第 2～315 条对适合特定用途的默示担保作出了规定，具体内容请见表 4－3 的相关部分。

2. 品质担保义务的排除

卖方违反货物品质担保义务要承担相应的违约责任，但国际货物买卖合同当事人可以在合同中明确约定，对货物品质担保义务予以排除（见表 4－4）。然而，依据美国法律或判例，卖方不能在买卖合同中预先排除具有侵权性质的产品责任，这一点与我国合同法的规定有相似之处。

表 4－4　　国际货物买卖中卖方品质担保义务的排除

法律	担保排除的内容和方式	
英国法	当事人可以在国际贸易合同中约定排除法律规定的默示品质担保义务。	
美国法	明示担保的排除	排除较为困难；如果担保的言辞或行为与否定担保的言辞或行为之间互相矛盾，则须承担明示担保义务。
	默示担保的排除	形式要求：书写醒目、显眼，采用大号字、黑体字或不同颜色书写。 排除方式：①依词语排除，即在交易时卖方使用了“依现状”（As is）、“含有各种残缺”（With all faults）、适销性（Merchantability）或其他能引起买方注意的词语；②已检或拒检排除，即买方在订约前已检验了货物或样品、模型等，或买方拒绝检验，则卖方对通过此项检验本应能发现的缺陷不承担保证义务；③依习惯或惯例排除，即根据交易习惯或行业惯例。
CISG	排除超过期限担保	货物风险转移于买方之后卖方一般不承担品质担保义务，除非卖方对品质保证期有特别约定，或者买方能证明货物损失是因货物在风险转移前即已存在隐蔽的瑕疵所致。
	免除交货不符责任	①买方在订立合同时知道或不可能不知道货物与合同不符；②买方未在合理时间或约定时间内验货；③买方未在发现或理应发现货物不符情形后一段合理时间内通知卖方，或者任何情况下买方未在实际收到货物之日起 2 年内将货物不符合同情形通知卖方，除非合同规定的保证期超过 2 年。
	不得免责	卖方交货时已知道或不可能不知道所交货物与合同不符，且没有将这一事实告知买方时，卖方就不能援引以上后两点免除责任。

（四）权利担保

各国法律都普遍认为，卖方对货物的权利担保义务是一项法定义务，它是指卖方对所售货物保证享有合法权利，不仅没有侵犯任何第三人的权利，甚至保证买方不受任何第三人干扰而获得货物所有权。有关卖方对货物的权利担保义务各国法律规定较为一致，现根据 CISG 的有关规定对此加以阐述。

1. 物权担保义务

取得货物的完整所有权是买方订立国际货物买卖合同所追求的最重要的目的，卖方应保证对所售货物享有合法权利，不存在因权利瑕疵而影响买方获取完整的所有权，或造成买方为获取该项权利而受到损失或承担额外费用。因此，CISG 第 41 条明确规定："卖方所交付的货物，必须是第三方不能提出任何权利或要求的货物，除非买方同意在这种权利或要求的条件下，收取货物。"此处的"权利或请求"是指对货物的所有权或担保物权。在国际货物买卖中要求卖方做到：①卖方是对所售货物拥有处分权的所有权人或代理人；②卖方保证所售货物不存在未曾向买方透露的抵押权、留置权等担保物权。

2. 知识产权担保义务

CISG 第 42 条第 1 款规定"卖方所交付的货物，必须是第三方不能根据工业产权或其他知识产权主张任何权利或要求的货物。"虽然卖方对所售货物有义务保证未侵犯他人的知识产权，但这种保证是相对的，只有在下列情况下卖方才承担此项责任：①订约时卖方已知第三方会对其货物提出知识产权的权利请求；②订约时双方已知买方打算将货物转售他国，第三方依据该国法律提出了知识产权的权利请求；③第三方依据买方营业地所在国法律提出知识产权的权利请求。同时，CISG 还规定了卖方排除知识产权担保义务的两种情形：一是订约时买方已知第三方会对其所购货物提出知识产权的权利请求；二是第三方提出有关知识产权的权利请求，是因卖方按照买方提供的技术图纸、图案或其他规格为其制造产品而引起的。

二、买方义务

在国际货物贸易中买方主要义务主要有两项，即支付货款和收取货物。CISG 对买方义务的规定较为详尽，下文依据该公约进行阐述。

（一）支付货款

取得货款是卖方订立买卖合同目的之所在，因此，国际货物买卖合同通常不仅对货物的价格，而且对付款的时间、地点乃至一些具体的付款手续，均有明确的规定。但如果当事人对付款有关事项约定不明或没有约定，应依据法律规定办理。

1. 确定付款时间

如果买卖合同没有约定付款时间或约定不明，应根据以下规则确定买方的付款时间：①在卖方移交货物或所有权单据时付款；②在需要运输的货物发货或移交所有权单据之前付款；③买方在未有机会验货之前可拒绝付款，除非这种检验机会与双方约定的交货或付款程序相抵触，如依据 CFR、CIF、FOB 等贸易术语象征性交货时买方在付款前并没有检验的机会。此外，CISG 还规定，买方应按合同约定和 CISG 确定的日期付款，无须卖方提出任何要求或办理任何手续，如买方不按时付款就应承担延迟付款的责任。

2. 确定付款地点

当国际货物买卖合同未约定付款地点或约定不清晰时，通常情况下应在卖方营业地付款，但若以提交单据作为付款条件的则应在交单地付款。以信用证和托收两种付款方式为例，采用议付信用证方式付款的，则卖方在出口地银行交单时，由该议付行完成相应付款；采用托收方式的，则进口地代收行向买方提交单据，买方向代收行完成相应付款。可见，两者均将卖方的交单地作为买方付款地点，有所不同的是，付款地点分别为出口地和进口地。

3. 确定货物价格

合同未规定货物具体价格时，买方如何履行付款义务呢？根据 CISG 规定，买方应按照订约时的通常价格支付货款，即按合同成立时货物在类似情况下的平均售价付款。价格条款作为买卖合同的重要条款，各国法律对此都作出了相应的规定，但各种规定之间有所不同。如德、法、日等国以按清偿时清偿地的市价为标准支付货款，英、美等国按交货时的合理价格来确定货价，而在中国买方则按照订约时履行地的市场价或政府定价、政府指导价来履行付款义务。

4. 办理付款手续

国际贸易中货款的支付比较复杂，比如在双方约定采用信用证结算时，买方必须按约定向银行申请开立信用证，并按约定将信用证转递给卖方；在托收承兑交单中，还必须按约定对远期汇票进行承兑；在进口国实行外汇管制的情况下，买方还必须申请获得外汇或外汇使用额度。按 CISG 规定，买方为完成付款所必需的相关手续，也是买方的付款义务。

（二）收取货物

根据 CISG 第 60 条的规定，国际贸易中买方收取货物的义务如下：

1. 采取便利卖方交货的措施

这一规定体现了合同的协作履行原则，买方应积极采取行动配合，以使卖方能如约交货，包括及时指定交货地点及按合同约定安排运输事宜，如在 CFR、CIF 术语中买方应及时指定目的港；在 FOB 术语中应及时按约办理运输手续，并给予卖方充分的通知。如果由于买方未尽此项义务致使卖方无法按合同规定交货，买方应承担由此造成的全部损失。

2. 及时收取卖方交付的货物

如果卖方已按合同约定交付货物，买方不得无理拒收，否则应对由此给卖方造成的损失负责，如向承运人支付滞期费等。即使卖方有理由拒收货物，但依合同履行的诚实信用原则，买方也应对已由其支配的货物进行保全，否则，扩大的损失由买方自行承担。

第三节　国际货物买卖纠纷的处理

在国际货物买卖合同执行过程中，往往由于各种原因可能引起纠纷，如卖方不交货或不按合同规定交货、买方无理拒收货物或拒付货款等。当一方当事人违反合同约定使另一方当事人利益受损时，法律规定受损方可以采取相应措施以维护或弥补自己的利益，这些措施就是违约救济措施。以下就各主要国家和 CISG 有关规定，对国际货物买卖纠纷处理法律实务加以阐述。

一、卖方违约引起的纠纷处理

卖方违反国际货物买卖合同主要存在三种情形，即不交货、延迟交货、交付的货物与合同约定不符等。对此，买方可以采取相应的补救措施。

（一）卖方不交货

对于卖方不交货的违约行为，买方可以采取要求实际履行、请求损害赔偿、解除买卖合同等方式予以补救。其中，大陆法系国家以要求实际履行为主要违约救济方法，英美法系国家和 CISG 以请求损害赔偿为主要违约救济方法。

1. 要求实际履行

大陆法系国家大多规定了当卖方不交货时，买方可以直接向卖方要求按约定交货，或者向法院提起实际履行之诉，通过法院的执行命令强制卖方交付合同标的物。英美法通常不采用实际履行作为违约救济方法，只有当买卖标的物为特定物或已经特定化的物，而且金钱赔偿不足以弥补买方的损失时，法院才会做出强制执行命令。根据 CISG 规定，如果卖方不交货，买方可以要求卖方履行交货义务，除非此前买方已采取解除合同等相反的救济措施。但 CISG 又同时指出，具体可否适用要求实际履行的救济方法，取决于法院所在地的法律规定。

2. 请求损害赔偿

对买方请求损害赔偿，在实施中有许多具体的规定：

（1）在措施并行方面，德国法规定，买方只能在解除合同和请求损害赔偿之中选择其一，但不能并行；法国、日本、美国、中国及 CISG 均规定请求损害赔偿可与其他救济措施并行适用。

（2）在赔偿范围方面，各国及 CISG 一般采用完全赔偿原则，即不仅包括买方的直接损失，如买方以市场价重购同种物品时的价格损失，而且还包括可合理预见的间接损失，如因卖方不交货导致的经营损失。

（3）在赔偿方式方面，一般通过补进和市场差价的方式来弥补损失，按美国法规定，补进是指买方在市场购进同样货物替代原应由卖方提供的货物，合同价与补进价之差再加上由此引起的间接损失，由卖方赔偿。所谓市场差价方式的损害赔偿，指买方不进行实际补进，而是按合同价与卖方违约时供货地的市场价之差来确定损害赔偿额。

（4）在赔偿限制方面，CISG 规定了两项限制规则，各国国内法也有类似的规定：一是可预见性规则，即损害赔偿不得超过违约一方当事人在订约时预见或理应预见到因违约可能造成的损失；二是减损规则，即没有违约的一方应采取合理措施，减轻由于对方违约而引起的损失，包括利润方面的损失。否则，违约方有权要求从损害赔偿中扣除原应可以减轻的损失数额。该两项限制规则适用于买方或卖方的各种违约索赔情况。

（5）在归责原则方面。对于行使损害赔偿请求权，大陆法系国家采取过错责任原则，即不履行合同的一方当事人，只有在他因过错而未履行或未按合同约定履行其义务时，才承担违约责任。英美法系国家、我国及 CISG 均采取无过错责任原则，即买方行使此项权利无须证明卖方有过错，只要卖方违约，并给买方造成了损失。

3. 解除买卖合同

各国法律及《公约》均规定了卖方不交货买方可行使合同解除权，但具体规定又有所差异。

（1）在权利行使方式方面，对于卖方不交货时买方解除合同这一权利的行使，德国法规定，买方可以直接向卖方作出解除合同的意思表示，而不必经过法院判决；法国法却规定解除合同必须向法院提出，由法院作出判决方为有效，但若双方在合同中订有明确的解除条款，就无须向法院提出；CISG 对解除合同则有一个宽限期的规定，即当卖方不交货，买方应给予其适当的宽限期，如果卖方仍不履行或声明将不在此期间履行，则买方可以解除合同。

（2）在产生法律后果方面，大陆法系国家均认为合同解除的效力溯及既往，解除合同之后买卖双方负有将已受领给付返还对方，即解除合同产生恢复原状的效果；英美法系中，英国法律认为合同解除的效力仅指向将来，不产生恢复原状的效果，美国法在这一点上与大陆法系国家规定相同。

（二）卖方延迟交货

卖方延迟交货是指卖方未在合同约定或法律规定的时间内向买方交付货物。对此，买方一般采取请求损害赔偿、解除买卖合同等方式予以救济。

1. 请求损害赔偿

无论是大陆法系国家，还是英美法系国家，或是 CISG，均规定了在卖方迟延交货时买方有损害赔偿请求权。根据德国法和法国法规定，卖方延迟交货时，经买方催告或经过一段宽限期后卖方仍不交货，买方即可请求损害赔偿。但如前所述，在法国损害赔偿可以与解除合同并行使用，而德国法规定只能选择其中之一。英美法规定，卖方延迟交货，买方不仅可以请求赔偿损失，还可以同时解除买卖合同。关于卖方迟延交货买方请求赔偿的规定，CISG与大陆法国家的法律规定有相似之处，但又有明显区别。在大陆法系国家法律规定，在催告期间若卖方履行了交货义务则不承担损害赔偿责任；而CISG规定，卖方虽已在宽限期内交货，仍应对买方的损失承担赔偿责任。

2. 解除买卖合同

就大陆法系来说，德国法和法国法均规定，卖方延迟交货时，买方通常应指定一段宽限期催告其履行，而不能直接解除合同，宽限期内仍未履行交货义务，才可以解除合同。在英美法系中，英国法律中的违约形态有违反要件与违反担保之分，在一般商业交易中，交货时间应当推定为合同的要件，如果卖方没有在合同约定的时间或合理时间内交货，应认为是违反要件，买方有权宣告解除合同并要求损害赔偿。按美国《统一商法典》的规定，卖方延迟交货时，买方对该批货物既可接受也可拒收，亦即买方对是否解除买卖合同享有选择权。CISG的规定与大陆法相似：如果卖方延迟交货并未构成根本违约，则买方不能解除合同，但可以指定一段合理的宽限期，让卖方于此期间交货；当卖方表明将不在宽限期内交货或卖方在宽限期内仍未交货时，买方可以解除合同。

（三）卖方交货与合同不符

卖方交货与合同不符主要有货物存在瑕疵、提前交货、交货数量不符等情形。对此，买方可采取要求卖方减价、请求损害赔偿、解除买卖合同、拒绝接受货物、要求实际履行、要求修补货物等多种救济方式。

1. 要求实际履行

美国《统一商法典》规定，买方在接受货物之前发现货物与合同约定不符的，在收下货物并请求损害赔偿，或解除合同并请求损害赔偿之后仍难于弥补损失，买方可向法院提起实际履行之诉，要求判令卖方按合同规定重新交货。与美国法类似，CISG有一个要求卖方交付替代物的规定。CISG第46条第2款规定，只有当卖方所交货物与合同不符构成根本违约时，买方才可以要求卖方交付符合合同约定的替代物。

2. 请求损害赔偿

按照CISG的规定，损害赔偿是卖方违约时，买方可以和任何其他救济方法并行使用的救济方法。卖方交货不符时，买方当然也可以将损害赔偿同其他救济方法并行使用。

3. 解除买卖合同

但对于解除合同，德国民法典规定，只有当卖方由于自己的过失致使所交货物与合同不符，而且这种缺陷的履行对买方无利益时，买方才能解除合同。

4. 拒绝接受货物

拒绝接受货物可分为拒绝接受全部的货物和拒绝接受多交的货物两种情形。一是卖方所交货物数量与合同不符。英国法规定，卖方所交货物多于合同约定的数量，买方可以全部接受或拒收，也可以只收取约定部分；卖方所交货物少于合同约定的数量，买方可接受或拒收，但只要接受货物即应按约定价付款。CISG 规定，若卖方交货数量少于约定数量，须视是否构成根本违约而定，构成根本违约则可拒收货物并解除合同，未构成根本违约则应给予宽限期令其补足数量；若卖方交货数量超过约定数量，则买方可拒收超出部分，或全部接受但应按合同价付款。二是卖方未经买方许可提前交货。

5. 要求卖方减价

减价是大陆法系对卖方违反货物的瑕疵担保责任的一种重要救济方法。根据大陆法相关规定，卖方对所出售的货物的瑕疵担保是一种严格责任，即使卖方对货物的瑕疵没有过错，也应承担责任。法国民法典规定了当卖方所交货物与合同不符时，买方可以选择采取返还原物并要求返还价金，或保留货物要求退回部分价金的救济方法。德国民法典规定，卖方所交货物与合同不符时，买方可请求解除合同、减价或请求不履行的损害赔偿。CISG 第 50 条规定，如果卖方所交货物与合同不符，买方不论是否已支付货款都可要求减价。减价应按实际交货时的价值与符合合同的货物在当时的价值之差来计算。但如果卖方已对货物不符合之处进行补救，或者买方拒绝接受卖方的此项补救，则买方不得要求减价。

6. 要求修补货物

要求卖方对货物不符合同之处进行修补。此种救济方法主要是针对卖方交货不符未严重到根本违约程度的场合适用。按照公约的规定，若买方有能力修理，或卖方同意在第三人进行修补后支付相关费用，则应由买方或第三人进行修补，卖方承担相应费用开支。另外，以时间上来说，买方应在发现或应当发现此项不符后，及时向卖方提出此项请求。

二、买方违约引起的纠纷处理

买方违约通常表现为不付款或不按时付款，不收货或不按时收货。此时卖方可采取的救济方法，我们仍以两大法系及 CISG 相关规定为主进行介绍。

1. 大陆法

（1）解除买卖合同

大陆法系国家中，法国民法典和德国民法典均有规定：如果买方不按合同规定支付货款或接收货物，卖方都有权解除合同。但德国法对于卖方解除合同的权利有一定限制，《德国民法典》第 45 条规定，如果卖方已经履行合同，并同意给买方以相当期限支付价金时，卖方就不能解除合同。而法国民法典则有规定，在买卖合同成立后，如果买方陷于破产状况，致使卖方有丧失价金之虞时，即使卖方曾同意一定期间之后支付价金，卖方也可不负交付买卖标的物的义务，除非买方能提供支付货款的保证，一般指银行担保，或由银行开立的信用证。

（2）要求实行履行

《德国民法典》第 241 条规定：债权人依据债权债务关系，有向债务人要求给付的权利。因此，当买方不付款时，卖方有权要求买方支付货款。

（3）请求损害赔偿

当买方不支付货款或不接受货物构成违约时，卖方有权要求损害赔偿，当买方延迟支付价金或收取货物时，根据德国法，买方支付利息并不影响卖方就除此之外的损害要求赔偿的权利。根据法国法，买方延迟付款的损害赔偿除有关交易和保证的特别规定外，仅判令支付法定利息，只有当买方延迟付款和基于恶意时，卖方才可要求赔偿其他损失。

（4）要求支付利息

法国法规定计算价金利息自买方收到卖方发出的支付价金的催告之日起算。德国法规定自买方承受买卖标的物的收益之日起算。

2. 英美法

（1）英国法

英国《货物买卖法》中规定了在买方违约时，卖方可以采取物权和债权两方面的救济方法。

第一，债权救济方法：

①提起支付价金之诉。此种救济方法适用于：a）当货物所有权已转移给买方而买方拒付价金时，此时卖方的救济方法实际上包含两种情况；其一是所有权已转移给买方，买方拒收货物则卖方可以选择提起支付价金之诉或以拒收货物为由对买方要求损害赔偿；其二是所有权已经转移给买方，买方接受货物但拒付货款，此时卖方就只能向买方提起支付价金之诉，要求买方付款；b）如果合同规定了支付价金的具体日期，即使货物所有权尚未转移，卖方也可使用此方法。

②提起损害赔偿之诉。a）当货物所有权尚未转移于买方时，如买方拒绝受领货物或拒不付款，则卖方只能以买方不受领货物或不付款为由提起损害赔偿的诉讼；b）卖方未按合同规定时间支付货款时，根据英国《货物买卖法》第 10 条的规定，除双方当事人另有约定外，买卖合同中有关付款时间的规定不能认为是买卖合同的要件。当买方未按合同约定时间付款时，卖方只能按违反担保对买方提起损害赔偿之诉。损害赔偿的金额，若货物有市价，则按合同价格与买方应接收货物之日的市价之差价计算；若没有市价，则按由于买方拒收货物或拒付货款而自然地、直接地发生的损失计算。

第二，物权方面的救济：

按照英国《货物买卖法》，物权方面的救济是指未受款卖方可以对货物采取的救济方法。相对于债权救济而言，物权救济更有利于维护卖方的权利。未受款卖方是指买卖合同关系依法成立并生效后，因买方违约不支付货款或无能力付款时的卖方。英美法对于此时的卖方规定了相应的物权救济方法：

①留置权。留置是指债权人依合同约定占有债务人的动产，债务人不按约定履行债务时，债权人可以留置动产用作债务人履行债务的担保。因此，留置权行使的前提是，卖方必须未丧失对货物的实际占有。英国法律中，未受款卖方可以留置货物，用作支付价金的担保，直到买方支付全部价金为止，并且卖方的此项权利，无论货物所有权是否转移，只要卖方仍占有货物均可行使。卖方行使留置权的条件是买方未付款和下列任何一个：a）货物不是以赊销条件出售；b）虽以赊销条件出售，但已到付款期限，买方仍未付款；c）买方失去偿付能力。

②停止交货权。所谓停止交货权是指未受款卖方在买方无力清偿时，虽然已丧失对货物的实际占有，但仍然可对在途货物行使停止交货的权利，直至货款获得支付或偿还。此一权利的行使可以通过实际占有货物或通知承运人停止向买方交货来实现，但由此产生的费用应由卖方承担。如果买方在收到提单后已经以背书方式把提单转让给善意的、付出了对价的第三者，则未受款卖方将丧失停止交货的权利。

③转售权。在下列情况下，卖方可将收回货物另行出售：a. 对于易腐烂的货物，未受款卖方不必事先通知买方即可将货物另行出售；b. 对于非易腐烂的货物，未受款卖方必须把另行出售的意思通知买方，如买方未在合理的时间内付清货款，卖方才可将货物另行出售；c. 如果卖方已经在买卖合同中保留了另行出售货物的权利，则在买方违约时，卖方可以将货物另行出售或作其他处理。而且若转售所得少于原来合同规定价金，卖方有权要求买方赔偿其损失。

（2）美国法

美国《统一商法典》对于买方违约时卖方的救济方法根据买方接受货物之前和之后进行了区分。买方接受货物以前违约，卖方可采取的救济方法：

①留住货物。当卖方发现买方无支付能力或未能在交货前或交货时支付货款，或有无理拒收货物等违约行为时，除非买方同意支付现金，否则卖方有权拒绝交货。

②停运权。卖方将货物交给承运人或其他受委托人已运交买方，若买方失去清偿能力或拒付货款，卖方可行使此项权利。

③停止或继续制造合同项下的货物。如果买方违约时合同项下的货物尚未制造为成品，卖方可根据商业上的合理判断，决定继续把合同项下的货物制成成品并将其划归合同项下或者停止制造合同项下的货物而将未制成的货物作为残缺件另行出售，并向买方请求损害赔偿。此处商业上的合理判断，意指卖方不得因买方违约而不尽减轻损失的义务，使损失进一步扩大。

④请求损害赔偿。当买方拒收货物或拒付货款时，卖方可以向买方请求损害赔偿。损害赔偿额可按下列两种方法计算：a）转售合同项下货物，向买方索赔合同价与转售价的差额部分以及附带的损失，但应扣除因买方违约而节省的费用，比如运费、保费等，转售货物应以合理方式进行并通知买方（易腐、易变质、易贬值货物可不受此限）。b）按市场价与合同价的差价计算。

⑤提起支付价金之诉。此方法只适用于这两种情况：a）买方不接受货物，卖方经过合理的努力仍无法将货物以合理价格转售；b）买方已经接受货物而不付款。

3. 公约

（1）实际履行

当买方不付款，不收取货物或不履行其他合同义务时，卖方可以要求买方实际履行其合同义务，除非卖方已采取了与此相抵触的救济方法。如卖方已宣告撤销合同或已转售货物等。但按《公约》28 条规定，CISG 在这一问题上无法弥合两大法系固有的差距，是否可适用此方法，须视具体情况而定。

（2）宽限期内履行

按 CISG 第 63 条的规定，若买方未在合同规定期限内履行其合同义务，卖方可以给买方一段合理的宽限期履行其合同义务，卖方可要求买方赔偿因卖方延迟履行而遭受的损失，但宽限期内不得采取其他救济方法，如撤销合同或转售货物等。

（3）宣告撤销合同

根据 CISG 第 64 条规定，这种救济方法只能在以下两种情况适用：a. 买方不履行其在合同或 CISG 中的义务，构成根本违反合同；b. 宽限期内仍未履行。这是指在买方不履行合同义务尚未构成根本违约时，卖方给予其宽限期令其履行，但买方此期间仍未履行付款或收货义务，或声明其不拟在此期间履行的情形。

但按 CISG 规定，卖方此一权利的行使亦有相应限制：若买方已支付货款，卖方原则上就丧失了宣告撤销合同的权利，除非：a）对于买方延迟履行义务，卖方在知道买方履行义务前已撤销合同；b）对于买方延迟履行以外的任何违约，卖方在知道或理应知道这种违约后的一段合理时间内宣告撤销合同。

（4）自行确定货物规格

根据 CISG 第 65 条的规定，当卖方交货的具体规格本应由卖方提供而卖方在一段合理时间内未向买方提供时，买方可以自行确定所交货物的规格。但卖方行使此项权利应注意几个问题：a）卖方必须按照他所知道的买方的要求订明标的物的规格；b）卖方必须将其所订明标的物的规格及其细节尽快通知买方；c）必须规定一段合理时间，让买方可以在该时间内订出不同的规格。

（5）要求损害赔偿

损害赔偿是违约救济中一种最基本、最常用的救济方法。依 CISG 第 64 ~ 67 条规定，只要因合同一方违约给对方造成损失，无论受损害一方是否已采取其他救济方法，他都可以要求损害赔偿，买方违约时卖方同样可以如此。如前所述，赔偿额的确定原则为完全赔偿原则，但要受可预见性规则和减损规则的限制。

（6）要求支付利息

CISG 第 78 条规定，如果一方当事人没有支付价款或其他拖欠金额，另一方当事人有权对这些款项收取利息，但不影响他取得损害赔偿的权利。

三、预期违约引起的纠纷处理

预期违约（Anticipatory Breach of Contract）又称先期违约，是与实际违约相对应的一项合同法律制度。具体地说，预期违约是指在合同履行期到来之前，一方当事人明确表示其将不履行到期合同义务，或者一方当事人根据事实预见到另一方到期将不履行合同义务。对于这两种情形，我们分别称之为明示预期违约和默示预期违约。预期违约制度虽起源于英美法判例，但对包括中国在内的许多国家的合同立法及实践都产生了重大的影响，也被 CISG 所吸收。

1. 正确判定预期违约

（1）明示预期违约的判定

是否构成了明示预期违约，可从以下四个方面进行判定：

第一，不履行义务的意思表示出于自愿且明确具体。只有在一方自愿肯定地提出毁约的情况下才构成明示毁约，明示毁约的意思表示不得附有任何条件。当事人的意思表示必须明确包含了其将要违约的内容，如果含糊其辞，未表明其肯定将不履行义务的意图，则不构成明示预期违约。

第二，明示不履行发生在合同成立后期限届满之前。当事人违约的意思表示必须是在合同履行期届满之前作出，否则为实际违约。

第三，明示不履行的是合同主要义务或全部义务。只有当事人一方的不履行构成对另一方当事人利益的重大威胁，使另一方当事人本可以从合同履行中获得的利益受到重大影响，致使其合同目的落空，才构成明示预期违约。

第四，明示不履行无法定理由。如果一方享有抗辩权而提出不履行，则不构成违约。如果是不可抗力的情况致使履行期限将要届满的合同不能履行，当事人将该情况在履行期限届满之前告知对方当事人的行为不构成明示预期违约。

（2）默示预期违约的判定

默示预期违约与明示预期违约的不同之处主要在于：预期违约方并没有将到期不履行合同义务的意思明确表示出来，而只是另一方根据其行为及其他一些客观情况预见到他将不履行或可能不履行合同义务。究竟是否构成了默示预期违约，可从以下四个方面进行判定：

第一，一方当事人的预见必须合理且有确凿的证据。由于默示预期违约的当事人并未明确告知对方当事人将不履行其合同义务，所以一方当事人认为对方当事人的行为构成预期违约必须有确凿的证据，如存在支付能力欠缺、丧失商业信誉、已将合同项下的特定货物转售他人等情形。

第二，预见对方不履行发生在合同成立后期限届满之前。一方当事人的预见必须在合同生效以后，合同履行期限届满之前，否则为实际违约。

第三，预见对方不履行的是合同主要义务或全部义务。如只能预见对方将不会或不能履行合同的次要义务，其合同的期待利益并未受重大影响，没有造成合同目的落空，则不构成预期违约。

第四，不履行非一方的明确表示而是另一方的预见。一方并没有明确表示将来不履行合同义务，否则就构成了明示预期违约；而是另一方当事人预见对方存在无能力履行合同约或不履行合同的情形，从而使其期待的债权将得不到实现。

2. 采取违约救济措施

在违约救济方式上，预期违约与实际违约是有差异的，而且默示预期违约与明示预期违约的救济方式也有所不同。

（1）明示预期违约的救济方式

与默示预期违约相比，明示预期违约的救济方式更为简单和直接。如果当事人一方的预期违约构成根本违约，或者预期违约方已确切地声明他将不履行合同义务，则当事人另一方可以直接解除合同，使双方的合同关系归于消灭，并可要求预期违约方承担损害赔偿责任。对当事人一方的明示预期违约，当事人另一方也可以等待合同履行期届满后，在预期违约方实际违约时，依照实际违约请求对方当事人承担违约责任。英美法系及 CISG 关于预期违约尤其是默示预期违约的规定，实际上与大陆法系的不安抗辩权相类似，而后者适用范围更广，但适用主体仅限于双务合同中先履行合同义务的一方。我国《合同法》既规定了不安抗辩权，又规定了预期违约，受害人可选择适用。

（2）默示预期违约的救济方式

对默示预期违约的救济，一般要分两步走：

第一，暂时中止履行合同义务。当一方预见到对方将到期不能履约时，有权以书面形式要求对方提供其能够履约的保证。在对方提供适当的保证前，预见方有权中止履行相应的合同义务，如在国际货物买卖合同履行中买方信用有严重缺陷，卖方则可以中止发运货物。然而，这种预见毕竟是一种主观的判断，与对方的明示不同，所以预见方不能直接解除合同。中止履行的一方当事人必须通知对方当事人他将中止履行合同这一事实及对方预期违约的证据，一旦对方当事人提供充分的履约担保，则必须恢复履行。

第二，宣告解除合同并要求损害赔偿。如果对方在收到预见方要求提供保证的书面通知后一定期限（美国法律规定为 30 天）内，没有提供适当保证，预见方即可宣布解除合同，并要求对方给予损害赔偿。当然，预见方也可以坐等履行期限届满后，请求对方承担实际违约责任。

第四节 货物所有权与风险的转移

货物所有权与风险如何发生由卖方向买方的转移，是关乎国际货物买卖双方当事人切身利益的重要问题。直接决定着买卖合同目的能否实现，而且往往和货物风险的承担密切联系在一起。国际货物买卖合同的履行是一个动态变化的过程，在这一过程中买方通过取得货物所有权实现其权利由债权向物权的转换，因此，货物所有权何时从卖方转到买方，各国法律中均允许当事人在合同中约定所有权转移的具体时间和条件。

一、货物所有权的转移

（一）货物所有权转移的重要意义

第一，货物所有权的转移是买卖合同目的的实现。买卖合同的结果是使买方对标的物享有所有权，当然，在买卖关系中同一个标的物只能有一方所有权人，也就意味着买方对标的物获得所有权须以卖方让渡所有权为前提。所有权未移转之前，买方仅对卖方享有债权，而所有权转移之后，买方即直接对标的物享有物权，同一标的物上所设的债权和物权相比，后者具有优先效力。

第二，货物所有权的转移往往与风险转移相联系。在某些国家，所有权转移与风险转移是相伴而生的，两者相互联系，并决定着谁对标的物享有可保利益。英国《货物买卖法》对所有权转移规则的重大意义主要在于：英国法采取“物主承担风险”原则。即所有权和风险同时转移，从而决定了买卖双方的风险分担；英国法将买方违约时卖方可以采取的救济方法分为物权和债权两方面的救济，若所有权已发生转移，则卖方仅可以采取债权方面的救济方法等。

（二）货物所有权转移的法律规定

各主要国家、CISG 及相关国际惯例关于货物所有权转移的具体规定，已列于表 4－5 之中。在理解国际货物买卖中货物所有权转移的有关法律规定时，我们还应注意以下几个问题：

第一，关于种类物特定化问题。种类物的特定化是指将种类物无条件划拨于合同项下的行为，如将第八号仓库中的东北大米划拨到某出口合同项下。

第二，关于德国法的物权合同问题。德国民法典认为，所有权的转移属物权法范畴，买卖合同则属债权法范畴，买卖合同本身并不能使所有权发生转移，货物所有权的转移必须订立与买卖合同相分离的物权合同。

第三，关于英国法的保留货物处分权问题。根据英国《货物买卖法》第 19 条规定，以下情况应认为卖方保留了对货物的处分权：①卖方在合同条款中附加条件保留对货物的处分权，条件不满足时则所有权不发生转移，如卖方规定所有权须于买方付清货款后才转移至买方；②货物虽已装船，但若提单所填写抬头人为卖方或其代理人，则货物所有权在卖方将提单背书转让给买方或其代理人之前不发生转移；③当卖方开具汇票向买方收取款项，并将汇票和提单一并交付买方要求其承兑或付款时，买方未付款或未承兑汇票而留下提单，所有权并不转移至买方。

表 4－5　国际货物买卖中货物所有权转移时间的法律规定

<table>
<tr><th>法域</th><th>基本原则</th><th colspan="2">适用情况</th></tr>
<tr><td>法国</td><td>合同成立决定转移</td><td colspan="2">①如果标的物为种类物，经过特定化后所有权转移至买方；
②如果是附条件的买卖，待买方表示确认后所有权转移至买方；
③买卖双方可在合同中约定所有权转移时间。</td></tr>
<tr><td>德国</td><td>物权合同生效为前提</td><td colspan="2">①不动产以登记为所有权转移的条件；
②动产以交付为所有权转移的条件（既可实物交付，也可物权凭证交付）。</td></tr>
<tr><td rowspan="2">英国</td><td rowspan="2">物主承担风险</td><td>特定物买卖</td><td>①对于无保留条件且标的物已处于可交付状态的特定物买卖，在合同成立时所有权转移；
②对于合同成立但标的物未处于可交付状态的特定物买卖，在卖方完成适于交货的行为且买方收到交货通知时所有权转移；
③对于合同成立、标的物已处于可交付状态但未确定价金的特定物买卖，在卖方完成确定价金行为且买方收到交货通知时所有权转移；
④对于以“试验买卖”或“余货退回”为条件的特定物买卖，在买方确认交易时，或买方已收货但退货期限届满未退货时所有权转移。</td></tr>
<tr><td>非特定物买卖</td><td>非特定物必须经过特定化，所有权才由卖方转移至买方，货物特定化可由买卖双方任何一方提出，征求对方同意。</td></tr>
<tr><td rowspan="2">美国</td><td rowspan="2">特定化前所有权不转移且卖方实际交货时转移</td><td>货物需要运输</td><td>①装运地交货时转移，即若合同未规定具体的目的地，货物应于装运的时间和地点转移给买方；
②目的地交货时转移，即若合同中定有明确的目的地，目的地交货时所有权转移至买方。</td></tr>
<tr><td>货物无须运输</td><td>①物权凭证交付时转移，如合同规定卖方必须把代表该项货物的物权凭证交给买方，则物权凭证交付时所有权转移至买方；
②合同成立时转移，即订约时货物已确定于合同项下，而且未要求卖方交付物权凭证，则在合同成立时所有权转移至买方。</td></tr>
<tr><td>CISG</td><td>未对所有权转移作出规定</td><td colspan="2">由于各国关于国际货物买卖中货物所有权转移问题的法律存在较大分歧，难以达成一致协议，故 CISG 并未对此作出任何具体规定。</td></tr>
<tr><td>华沙—牛津规则</td><td>卖方移交提单时转移</td><td colspan="2">其他国际贸易惯例未对所有权转移作出规定。尽管《华沙—牛津规则》只规定 CIF 术语，但通常认为其规定适用于卖方有义务提交提单的所有装运港交货的术语，即适用于 CIF、FOB、CFR 等术语成交的合同。</td></tr>
</table>

各国国内法及相关国际公约和惯例关于买卖合同中货物所有权转移时间的规定，最具代表性的有三种类型：①以交货时间作为所有权转移的时间；②以合同成立的时间作为所有权转移的时间；③以货物特定化时作为所有权转移时间。

二、货物风险的转移

相较于国内贸易而言，国际货物买卖由于要跨越国境进行交易，所面临的风险更大、更复杂。因此，货物风险转移问题成为买卖双方关注的焦点，也成为国际货物买卖的一个核心问题。所谓货物风险，是指货物可能遭受的各种意外损失，如钩损、火灾、串味、盗窃、沉船、渗漏及不属于正常损耗的腐烂变质等。而货物风险的转移，则是指因风险导致的货物损失何时由卖方转移至买方。

（一）货物风险转移的方法与原则

在国际贸易实务操作中，买卖双方当事人可以按照以下几类方法确定货物风险的转移：①通过协议划分双方承担风险的界限；②通过使用贸易术语来划分各自应承担的风险；③通过准据法适用具体的法律划定货物风险何时发生转移。

通常情况下，如果国际货物买卖合同既没有约定双方承担风险的界限，又未使用能确定风险承担的贸易术语，那么，就必须通过准据法的原则适用某一具体法律来确定货物风险转移的时间。而从总体上来说，各国国内法关于买卖合同中货物风险转移时间的规定，最具代表性的有两类：①所有权转移决定风险转移原则，即以所有权转移时间来决定风险转移时间，其实质是物主承担风险，采此原则的国家主要有英国、法国等；②交付决定风险转移原则，即以交货时间来决定风险转移时间，采此原则的国家较多，主要有中国、美国、德国、奥地利及斯堪的纳维亚各国。

（二）货物风险转移的法律规定

1. 美国《统一商法典》

按照美国《统一商法典》的规定，买卖双方当事人可以通过协议划分双方承担风险的界限，也可以使用贸易术语来划分各自应承担的风险，因为除《华沙—牛津规则》外贸易术语中虽未涉及货物所有权的转移，但却包含了具体的风险转移的规则。对于双方未通过以上方法确定风险的划分，美国法律规定了以下两种情况：

（1）没有违约情况下的风险转移

第一，当货物需要交由承运人运输时。①如果买卖合同授权或要求卖方把货物交由承运人运交买方，但并不要求卖方把货物交到某个特定的目的地，则货物的风险应于卖方把符合合同的货物适当地交付给承运人时起转移于买方。②如果买卖合同要求卖方把货物交到指定的目的地，则货物的风险须于卖方在目的地向买方交货并让买方能受领货物时才转移于买方。

第二，当货物已存于受托人处无须移动即可交货时。此时货物风险何时转移，须视受托人是否已出具可转让的物权凭证而定；如果已出具可转让的物权凭证，则自卖方将该物权凭证交给买方时起，风险也转由买方承担；如果没有，则应经过一段合理时间，在该受托人承认买方有权占有货物时，货物风险才转移给买方。如果受托人拒绝按照单据上的指示交货，则风险仍应由卖方承担。

（2）违约对货物风险转移的影响

第一，卖方违约对货物风险转移的影响。①若卖方所提供或交付的货物与合同规定不符，已足以使买方有权拒收货物时，则在卖方消除货物缺陷或买方接受货物之前，风险仍由卖方承担；②若买方有正当理由撤销他对货物的接受，买方得在保险合同所不包括的限度内，认为卖方自始就承担了货物原来的风险。

第二，买方违约对货物风险转移的影响。如果卖方已经把符合合同规定的货物确定在合同项下，而买方在货物的风险尚未转移给他以前，拒绝履行合同义务或有其他违约行为，则卖方得在他的保险合同所不包括的差额的限度内，认为在商业的合理的期间内，货物风险应由买方承担。

2. CISG

《公约》允许双方当事人在合同中规定风险转移的时间和条件，合同行为属于民事法律行为，故应遵循“契约自由”的原则。事实上，在国际贸易中也常常是这样，双方约定了贸易术语，就相当于约定了风险转移的时间和地点，如合同采用装运港交货的术语，则风险应自货物越过装运港载货船舶的船舷时，由卖方转至买方承担；而若采用货交承运人的术语，则于指定地点将货物交于承运人以运交买方时风险即发生转移等。《公约》关于货物风险的转移的基本原则有二：其一，任何情况下，货物未经特定化，风险不转移；其二，通常交付时间和地点决定风险转移的时间和地点。对于双方当事人未在合同中对货物风险转移加以约定的情况，《公约》除以上两项最基本的原则外，还有以下具体规定：

第一，当合同涉及运输时风险的转移。

如果买卖合同涉及要将货物交由承运人运交买方，则：①如果卖方没有义务在某一特定地点交付货物，则自卖方依合同将货物交付第一承运人时起，风险即由买方承担；②如果卖方没有义务在某一特定地点把货物交付承运人，那么货物于该地点交付给承运人时风险即转移。

第二，货物在运输途中出售时风险的转移。

在途货物，也称海上路货（Floating Cargo），此类货物的出售完全是由于提单的出现使之得以实现。如：某些货物运输途中可能经历多次买卖，或者卖方先装运，再寻找买主，均可能出现这种情况。此时交易情况较为复杂，风险的转移难于确定。《公约》第 68 条针对这种情况，确定了三项基本原则：①在途货物的出售，原则上从订立合同时起，风险由卖方转移至买方；②若有情况表明有需要时，则从货物交付给签发载有运输合同单据的承运人时起风险由卖方转移至买方；③如果卖方在订立合同时就已经知道货物已灭失或损坏，而他又不将这一事实告知买方，则这种灭失或损失应由卖方承担，即风险不移转至买方。

第三，其他情况下货物风险的转移。

《公约》第 69 条规定了不涉及货物运输和非海上路货交易时的风险转移时间：

（1）如果买方有义务到卖方营业地接收货物，则：①风险自卖方在合同规定交货时间内，将货物交给买方时起转移到买方；②如果卖方在合同规定的交货时间内，已将货物按要求划归合同项下，但买方没有按规定的时间去接收，则风险从买方不收取货物而违反合同时起转移至买方。

（2）如果买方有义务在卖方营业地以外的某一地点接收货物时，当交货时间已到而买方知道货物已在该地点交给他处置时起，货物风险即由卖方转移至买方。

第四，卖方根本违反合同对货物风险转移的影响。

《公约》第 70 条规定：如果卖方已根本违反合同，则上述第 67 条至第 69 条的规定，都不损害买方对这种根本违反合同可以采取的补救方法。对于此项规定，在理解时应注意：只适用于卖方已根本违反合同的场合；根本违约不影响风险转移，但买方仍可采取各种救济方法。

第五节　国际货物买卖的产品责任

随着国际贸易的发展，涉及不同国家当事人的国际产品责任争议及相关诉讼也呈不断增加之势。然而，《联合国国际货物销售合同公约》并未对产品责任作出规定，那么究竟何为产品责任，依据哪些法律规范来处理国际产品责任争议呢？

一、产品责任及其法律特征

产品责任是指生产者、销售者由于其产品存在缺陷而导致消费者、使用者或其他第三者遭受人身伤害或财产损失时，应承担的民事上的强制性责任。不同国家的法律和不同的国际公约，对产品的界定也有所不同。根据《海牙公约》，产品应包括天然产品和工业产品，无论是未加工的还是经过加工的，无论是动产还是不动产。产品责任具有以下法律特征：

第一，产品责任发生在产品流通领域。产品进入流通领域的标志，是产品经过交易、转让等合同行为，由生产者之手转至消费者之手，中间通常会经过若干个流通环节，即批发、销售、仓储、运输等过程。

第二，致人损害的产品必须存在缺陷。产品责任并不是产品的质量问题和自身损坏造成的产品本身的财产损失，而是产品因缺陷造成使用人的人身伤害或者缺陷产品以外的财产损害。这个问题关系到产品责任的性质是侵权责任还是合同责任，缺陷产品本身的损毁是合同责任，产品责任则是侵权责任。

第三，产品责任是特殊的侵权责任。产品责任是物件致人损害的特殊侵权责任，是人对物所造成的损害负责任。产品致人损害时，与该致害产品有关联的人，即生产者、销售者等对所造成的损害承担赔偿责任。

二、产品责任的法律规范

产品责任法是调整有关产品的生产者、销售者因产品瑕疵致使消费者或其他使用者人身或财产遭受损害时所负责任的法律规范的总称。产品责任法被普遍认为是保护消费者合法权益、促进企业健康发展、维护市场良好秩序的法律利器。正因如此，有关产品责任的法律理论与实务也越来越受到国际社会的关注和重视，并在实践中不断发展。

（一）产品责任的国际公约

随着国际商贸活动的飞速发展，产品责任争端早已不再局限于一国之内，为了消弥由此带来的法律冲突，以欧美为代表的国家签署了一系列有关产品责任的国际公约，目前最具有典型性的产品责任国际公约有三个，即《斯特拉斯堡公约》、《产品责任指令》、《海牙公约》（见表4－6）。

1. 斯特拉斯堡公约

1977年1月27日，为了向公众提供更有效的产品责任侵害的保护，同时兼顾生产者的合法利益，欧洲理事会各成员国在法国的斯特拉斯堡签订了《欧洲共同体关于造成人身伤害与死亡的产品责任的欧洲公约》，通称《斯特拉斯堡公约》，正文共有19条、附录2条，该公约的成员国有法国、比利时、卢森堡和奥地利等。《斯特拉斯堡公约》采用严格责任原则，并在很大程度上统一了有关产品责任的法律规定，明确了“产品”、“产品制造者”、“产品瑕疵”、“投入流通”以及“产品责任”的内涵，但所规范的范围仅限于对人身伤害的责任。此外，公约还对适用范围作了排除性规定，即公约不适用于：①生产者之间的责任及其对抗第三人的追索权；②核损害。

2. 产品责任指令

1985年7月25日，欧共体理事会通过了《关于对有缺陷的产品的责任的指令》（简称《产品责任指令》），该指令也采用了严格责任原则，并要求各成员国在三年内将指令内容转化为国内法。1999年5月10日，欧盟议会和理事会对1985年《产品责任指令》进行了修订，将原本不包含在内的初级农产品和狩猎物纳入“产品”的范围之中，扩大了产品责任的适用范围。由于欧共体产品责任指令把在商业活动过程中将产品输入欧共体的任何进口者都视为生产者，并规定在不影响生产者产品责任的前提下，承担与生产者相同的产品责任，而且该指令作为强行法当事人不得任意排除或限制适用，因此，面向从事欧洲进出口贸易的我国涉外企业，应格外注意了解欧共体产品责任指令等有关产品责任的法律法规。

3. 海牙公约

由于各国的产品责任法不尽相同，所采用的法律冲突规则也不一致，从而导致国际产品责任争议案件的处理结果往往具有较大的不确定性。为了统一各国关于产品责任的法律冲突规则，海牙国际私法会议 1973 年 10 月通过了《关于产品责任的法律适用公约》（简称《海牙公约》），该公约已于 1978 年 10 月 1 日正式生效。《海牙公约》共 22 条，对产品责任的法律适用确定了 3 项基本规则，即：①适用侵害地国内法；②适用直接受害人的惯常居所地国内法；③适用被指控为责任人的主营业地国内法。此外，还对产品范围、责任主体、赔偿范围等作了明确的规定。

表 4-6　　产品责任的三大国际公约比较

比较内容	斯特拉斯堡公约	产品责任指令	海牙公约
制定者	欧洲理事会	欧共体理事会	海牙国际私法会议
签订时间	1977 年 1 月 27 日	1985 年 7 月 25 日	1973 年 10 月 2 日
产品范围	所有动产，包括天然动产和工业动产	所有的动产	一切可供使用或消费的物，包括天然产品和工业产品
责任主体	①制造者；②进口商；③标识拥有者；④生产者不明时的产品供应者；⑤组装和被组装产品的生产者	①制造者；②进口商；③标识拥有者；④销售者；⑤生产者不明时的产品供应者	①成品或零部件的制造者；②自然产品的生产者；③产品的供应者；④在产品准备或商业分配环节中的有关人员；⑤上述人员的代理人或雇员
权利主体	产品的购买者、使用者和任何受到损害的第三者及其利害关系人。	①人身损害的权利主体是任何因产品缺陷造成损害的受害人；②财产损失的权利主体则仅限基于生活消费的私人消费者	
赔偿范围	仅限于人身伤亡	①人身伤亡和 500 欧洲货币单位以上的财产损害；②对因同一产品、同一缺陷引起的总赔偿责任不超过 7000 万欧洲货币单位	因产品缺陷、未作适当说明或说明错误而造成人身伤害或财产损害以及其他经济损失

续表

比较内容	斯特拉斯堡公约	产品责任指令	海牙公约
免责条款	①生产者免责情形：产品未投入流通领域；产品投入流通时缺陷不存在；产品并非为销售、出租或其他经济目的而制造，也不是按商业惯例制造或分销。 ②生产者减免责任情形：受害人或索赔人有过失	①未将产品投入流通；②引起损害的缺陷在产品投入流通时并不存在；③产品并非由生产者出于商业或经济目的而制造或销售；④为使产品符合政府机构发布的强制性法规而导致产品存在缺陷；⑤产品投入流通时科技水平尚不能发现缺陷的存在	
诉讼时效	受害人从发现损害之时起算诉讼时效为 3 年；生产者从该产品投入市场时起算承担产品责任时效为 10 年		

（二）美国的产品责任法

美国产品责任通常由各州立法加以调整，而各州的法律规定大同小异。为了进一步统一各州产品责任法，美国商务部于 1979 年 1 月公布了《统一产品责任示范法》以供各州采纳适用。该示范法虽然目前尚未被各州采用，但其作为专家建议文本为其他国家推进产品责任立法提供了有益的参考。美国参议院消费特别委员会 1982 年提出的《产品责任法草案》，在平衡消费者与生产者利益上进行了积极的探索。美国法学会编纂了《法律重述》，其中 1965 年《侵权法重述（第二版）》在统一各州的产品责任方面也起到了重要作用，确立了严格责任原则。1997 年 5 月，美国法学会通过了新的《侵权法重述（第三版）：产品责任》。总体而言，美国产品责任法是其高度发展的市场经济的产物，对世界产品责任法影响深远。

（三）中国的产品责任法

我国当前产品责任法律制度主要体现在《民法通则》和《产品质量法》之中。《民法通则》第 122 条规定："因产品质量不合格造成他人财产、人身损害的，产品制造者、销售者应当依法承担民事责任。运输者、仓储者对此负有责任的，产品制造者、销售者有权要求赔偿损失。" 1993 年 9 月我国实施《产品质量法》，2000 年 7 月对该法进行了修订，并在 2006 年 5 月出台了具体的实施细则，对产品、产品质量监督、生产者与销售者的产品质量责任和义务、损害赔偿、罚则等做了规定。此外，我国还出台了一些专门性的产品责任制度，如国务院 2012 年 10 月公布、2013 年 1

月正式实施的《缺陷汽车产品召回管理条例》，界定了汽车缺陷及召回的内涵、明确了监管部门及其责任、生产者与经营者的召回义务及具体实施要求。根据条例规定，汽车召回制度适用于境内外，从中国境外进口汽车产品到境内销售的企业被视为承担责任的生产者，而汽车产品在中国境外实施召回的信息要及时报国务院产品质量监督部门备案。

三、产品责任的法律认定

1. 产品责任的一般法律认定

一般来说，认定产品责任必须符合三个条件：

第一，产品存在缺陷。产品缺陷是指在投入流通之前，产品存在不合理的危险性，不能给消费者提供有权期待的安全。产品缺陷主要有以下几种：①设计缺陷，即在产品设计时因对其可靠性与安全性考虑不周而形成的缺陷，如没有设计安全保护装置；②制造缺陷，即在产品生产制造中质量未达到设计或预期要求而形成的缺陷，如由于装配不当造成零件松动、脱落；③材料缺陷，即由于制造产品使用的原材料不符合质量、卫生、安全等标准而形成的缺陷，如食品中加入塑化剂；④指示缺陷，即因产品标识不充分而形成的缺陷，如产品指示中没有危险性警示或没有不当使用的告诫，由此可能会造成人身伤亡或财产损失。

第二，存在损害事实。即存在因产品缺陷而直接导致人身伤亡或财产损失的情形。在认定是否存在损害事实须注意两点：一是损害包括人身伤亡和财产损失，但不包括缺陷产品本身的损失；二是损害的承担者应作广义的理解，既包括产品的购买人、使用人，还包括其他任何因产品缺陷而直接遭受损害的第三人。

第三，具有因果关系。消费者、使用者或第三人的损害事实与产品缺陷之间存在因果关系，即受害者遭受的损失完全是由于产品存在缺陷所致。如果损害事实是消费者、使用者或第三人本身的过错或其他任何人过错造成的，而与产品缺陷无关，就不存在认定产品责任问题。例如，使用者违反操作规程非正常使用产品而造成的损害，就不能要求生产者、销售者承担产品责任。

2. 美国产品责任的法律认定

按照有关美国法律的解释，产品责任是一种侵权责任，因此产品责任法是侵权行为法的重要组成部分。在当代美国，其产品责任归责原则呈现出一种多元化态势，以严格责任原则为主，但并未完全排除过失责任原则和担保责任原则的适用，原告可以根据实际情况进行选择来提起诉讼。在司法实践中，美国的许多法院还鼓励原告在一起产品责任诉讼中同时采用多种诉由，以便法院在审判时选择对消费者最为有利的一种。

（1）产品责任的归责原则

按照各州法律的规定，产品的销售者和制造者，具有以下三种情况之一的，就应承担因它们的产品缺陷所引起的法律责任。

第一，疏忽责任原则。根据疏忽责任原则，由于生产者或销售者的疏忽造成产品有缺陷，致使消费者或使用者的人身或财产受到损害，生产者或销售者即应承担责任。按照这一原则原告必须证明：①该产品的销售者或制造者主观上有过失，它们没有按照在该行业内正常的销售者或制造者在同样的情况下应该引起的警觉，如果产品的销售者或制造者在主观上未尽到合理的注意义务就被认为有过失；②该产品所造成的损失是由销售者或制造者的过失行为所引起的。

第二，违反担保原则。按照这一原则原告必须证明：①销售者对其销售产品的质量有一定程度的保证；②原告根据销售者对其质量的保证而购买了其产品；③该产品没有符合或者没有达到销售者所保证的质量；④原告或购买者因此造成了损失。其中，保证质量的条款又可以分为明示的和默示的两种，明示的保证质量条款一般体现在书面销售合同或书面介绍广告之中，如依美国判例，因广告与事实不符而使原告蒙受损失，原告可据此要求被告承担责任；默示的保证质量条款是由销售者的行为给购买者造成了一种保证，如销售者在介绍或出售某种产品时，保证该项产品符合正常用途，但实际上该项产品并没有达到其所保证的质量。

第三，严格责任原则。按照这种原则，原告只要证明产品存在瑕疵并引起了损害，即可向法院起诉追究销售者或制造者的责任。而被告是否存在主观上的过错则无须考虑，即使生产者已经对于加强产品质量作了积极的努力，他们仍有责任对其出售的产品所造成的损失承担法律责任。在适用严格责任原则的场合下，从产品制造一直到最后零售，每一环节上的制造者、批发商和零售商，都有可能为其经营的产品承担责任。

（2）瑕疵产品的认定

美国《统一产品责任示范法》等有关法律规定，所谓有瑕疵的产品主要是指以下三种情况之一的产品：

第一，制造瑕疵，即由于制造过程出现问题而产生的缺陷。美国《统一产品责任示范法》第104条（A）指出："为了确定产品制造上存在的不合理的不安全性，审理事实的法官必须认定：产品脱离制造者控制时，即在一些重要方面不符合制造者的设计说明书或性能标准，或不同于同一生产线上生产出的同种产品。"在美国目前的产品责任领域，制造瑕疵并非一个有很大争议的问题。

第二，设计瑕疵，即该产品的设计本身就带有某种危险。美国的法院一般对此又有两种不同的标准，第一种是该产品在设计过程中，其设计的标准低于一般消费者对该产品的期望；另一种标准是某一产品的设计所造成的潜在危险高于它所带来的利益。

小案例 4 - 1：

美国福特汽车公司生产的平托汽车油箱爆炸的索赔案。平托的油箱和后部结构设计存在着事故隐患，当汽车在以每小时 20 至 30 英里的速度行驶中碰撞时，油箱会因碰撞起火爆炸，消费者将面临严重伤害或死亡的危险。如果改进设计，油箱因碰撞而爆炸起火的可能性将大大降低。但是制造商没有那样作，因此构成设计缺陷。

——论卫星：《国际商法》，浙江大学出版社 2004 年版，第 189 页。

第三，指示瑕疵，即说明书中的瑕疵或对警告条款的瑕疵。这主要是指某项产品的使用说明书、标志或产品有关的书面资料没有给消费者以足够的说明，没有对其产品的安全使用方法进行各种详细的说明，或者没有对不正当使用方法予以足够的警告，而造成的对产品的瑕疵。对出售产品的说明和警告必须是针对该产品的最终使用者，如有些工业产品的说明书带有的使用说明和使用警告，不仅仅是针对使用该产品的公司，而且要考虑到对最终使用或操作该产品的工人。产品使用说明书必须预见到对该项产品可能的错误使用。如果生产者、销售者对这类危险有恰当的警告和指示，指出产品的危险所在和正确使用、避免危险的方法，上述危险就是一种并非不合理的危险。如果没有或缺乏恰当的警告和指示，消费者对上述危险及正确使用、避免危险的方法一无所知或没有足够了解，危险就是不合理的，产品就因此构成警告缺陷。如果没有制造缺陷和设计缺陷的话，也就是说，当一种产品有其内在危险时，法律就把向用户和消费者提出警告的义务施加给生产者和销售者。生产者和销售者没有履行其提出警告的义务，或者履行得不够，就构成侵权。

（3）被告抗辩理由

在美国的联邦及各州的产品责任法中均有对生产者、销售者减免责任的条款，依据这些规定被要求承担责任者可以提出减轻乃至免除其产品责任的抗辩诉求。梳理美国现有的联邦法、各州法及相关判例，其主要抗辩理由见表 4 - 7。

表 4 - 7　　美国产品责任的抗辩理由

抗辩理由	具体内涵	责任减免
共同过失	原告自身的过失行为是引起损害的原因之一，被告可减责；如原告过错大于被告过错，被告可免责	免除或减少被告责任，但只适用于疏忽责任原则，不适用于严格责任制度
自担风险	原告已知产品有缺陷或带有危险性却甘愿置于这种境地，并由于使用产品造成了损害	免除或减少被告责任
误用或滥用产品	原告擅自拆除、变更产品的某些装置，使其状态或条件发生变化，并由此造成了损害	免除被告责任

续表

抗辩理由	具体内涵	责任减免
合同排除	卖方在销售合同中明确排除其对货物的明示担保和默示担保	免除卖方的担保责任，但不能免除卖方的疏忽责任
科技水平	按产品投放市场时的科技水平，无法发现产品的缺陷	免除被告责任
不可避免的风险	因产品本身不可避免的风险所造成的损害，如药物制品的副作用	免除被告责任，但其前提是履行事先告知义务
损坏产品自身	有瑕疵的产品所造成的损失仅仅是该产品自身的损毁	免除被告产品责任，但仍有合同责任
诉讼时效	部分州法规定，在产品出厂 10 ~ 15 年后，该产品的使用者不能再提起有关产品责任的赔偿	免除被告责任

3. 中国产品责任的法律认定

在我国，产品责任的法律认定既有与国际上通行做法一致的规定，又有自身的特色。

（1）责任原则

我国对产品生产者和产品销售者分别采用严格责任、过错推定责任的不同归责原则。关于产品生产者责任认定，《产品质量法》第 41 条规定："因产品存在缺陷造成人身、缺陷产品以外的其他财产（以下简称他人财产）损害的，生产者应当承担赔偿责任。"此处生产者的赔偿责任，不以是否存在过错为前提。关于产品销售者责任认定，《产品质量法》第 42 条第 1 款规定："由于销售者的过错使产品存在缺陷，造成人身、他人财产损害的，销售者应当承担赔偿责任。"此处销售者的赔偿责任，以是否存在过错为前提。同时《产品质量法》第 42 条第 2 款还规定"销售者不能指明缺陷产品的生产者也不能指明缺陷产品的供货者的，销售者应当承担赔偿责任。"可见，销售者要获得免责，不仅须举证证明自己无过错，而且还须向受害人指明产品的生产者或供货者，否则应承担严格责任。

（2）免责事由

严格责任并非绝对责任，出现了法定事由生产者仍可对赔偿请求提出抗辩。参照《产品责任指令》指令，我国《产品质量法》第 41 条第 2 款规定了生产者免责的三种情形：一是未将产品投入流通；二是产品投入流通时引起损害的缺陷尚不存在；三是将产品投入流通时的科技水平尚不能发现缺陷的存在。

（3）缺陷定义

我国法律并未依照国际通行的做法将产品缺陷分为设计缺陷、制造缺陷、材料缺陷、指示缺陷等不同类别，而是通过一般性规定和特殊性规定对是否存在缺陷进行界定。依据我国《产品质量法》第46条规定，缺陷的一般性规定是“产品存在危及人身、他人财产安全的不合理的危险”。特殊性规定：产品有保障人体健康、人身、财产安全的国家标准、行业标准的，是指不符合该标准。生产者负有遵循强制性的国家标准、行业标准的法定义务，凡产品不符合该标准即应被认定为有缺陷，这在操作上较为方便。

四、产品责任的承担

（一）产品责任承担的方式

产品责任是一种侵权责任，对缺陷产品造成的人身伤害和财产损失，一般采用经济赔偿的方式承担责任，而赔偿的数额一般根据所造成的损害程度予以确定。也有国家对赔偿数额作出了限定，如德国1989年《产品责任法》规定，生产者对同一产品、同一缺陷的最高赔偿限额为1.6亿马克。

1. 人身伤害责任

有关产品责任的国际公约及各国国内法均规定了人身伤害的赔偿责任。依据美国法，受害人不仅可以要求被告赔偿医疗费、生活补助费，还可对肢体与精神上所受痛苦等非经济性的损害进行索赔，而且往往后者赔付金额占比很高。具体来说，美国因产品缺陷造成人身伤害的赔偿范围如下：①肢体伤残痛苦；②精神遭受痛苦；③生活收入的损失及失去谋生能力；④过去和将来必要合理的医疗费用开支。

我国《产品质量法》第44条第1款规定：“因产品存在缺陷造成受害人人身伤害的，侵害人应当赔偿医疗费、治疗期间的护理费、因误工减少的收入等费用；造成残疾的，还应当支付残疾者生活自助具费、生活补助费、残疾赔偿金以及由其扶养的人所必需的生活费等费用；造成受害人死亡的，并应当支付丧葬费、死亡赔偿金以及由死者生前扶养的人所必需的生活费等费用。”虽然我国《产品质量法》没有精神损害赔偿的规定，但根据最高人民法院的有关司法解释，因产品缺陷引起的人身伤亡可以请求精神损害赔偿。

2. 财产损失责任

对于因产品缺陷所造成的财产损失的责任承担相对比较简单，赔偿范围一般包括对该产品的直接损害，或者替代产品的价值，或者修理该产品的费用，以及造成的利润损失。美国法规定与此类似，赔偿范围主要包括替换或修复受损财产所支出的合理费，有时也包括因受损财产暂时不能使用所带来的损失。我国《产品质量法》第44条第2款规定：“因产品存在缺陷造成受害人财产损失的，侵害人应当恢复原状或者折价赔偿。受害人因此遭受其他重大损失的，侵害人应当赔偿损失。”

3. 惩罚性赔偿

惩罚性赔偿制度主要见于美国的相关法律及判例。美国《统一产品责任示范法》规定，若受害人有证据证明，其所受伤害是因产品的制造者和销售者故意或极其不负责任地对待其制造和销售行为所致，法院可对其进行惩罚性赔偿的判决。惩罚性赔偿金额一般较高，意在对有过错生产者或销售者恶意的、不负责任的行为施加惩治，以遏止其他人再造成类似损害。这种惩罚性赔偿制度，已在美国大多数的州实施。

此外，我国《产品质量法》第43条规定："因产品存在缺陷造成人身、他人财产损害的，受害人可以向产品的生产者要求赔偿，也可以向产品的销售者要求赔偿。属于产品的生产者的责任，产品的销售者赔偿的，产品的销售者有权向产品的生产者追偿。属于产品的销售者的责任，产品的生产者赔偿的，产品的生产者有权向产品的销售者追偿。"可见，为保护产品使用受害人的利益，我国法律规定产品生产者和销售者承担连带责任，受害人可以任意选择生产者或销售者进行求偿。

（二）投保产品责任险

为了减少因产品责任经济赔偿对生产者、销售者的影响，并使受害者及时得到赔付，各国还推出了产品责任险制度。所谓产品责任险，是指承保产品生产者、销售者及其他产品责任者因产品缺陷而致他人人身伤亡或财产损失而依法应由其承担的经济赔偿责任的一种责任保险。在国际贸易活动中，产品的生产者、销售者及其他产品责任者为了转移、分散、降低因产品责任带来的风险，可以依法进行产品责任险投保。

投保产品责任可按以下程序办理：①共同确认"产品责任险条款"。该条款一般包括保险责任范围、除外责任、责任限额与免赔额（率）、保险期间、保险费、当事人权利义务、赔偿处理及法律适用等内容。产品责任险条款通常由保险人印制，并作为保险人向被保险人提出的订立产品责任保险合同的要约。保险人和被保险人共同确认"产品责任险条款"的具体内容，并办理投保单上规定的各项手续及签章后，该条款自动成为产品责任保险合同的基本条款。②被保险人填写"产品责任险投保单"。投保单为要式文书，经保险人与被保险人双方签字盖章后证明保险合同已经成立。

【总结评价】

国际货物买卖主要是指有形动产的买卖，《联合国国际货物销售合同公约》是调整国际货物买卖法律关系最主要的国际公约。买卖双方的权利义务是国际货物买卖合同及买卖法中的核心内容，卖方的主要义务为交付货物、移交单据、品质担保及权利担保，买方的主要义务是支付货款、收取货物。然而买卖双方的纠纷时有发生，卖方不交货、延迟交货、交付的货物与合同约定不符，买方不付款或不按时付款、不收货或不按时收货，这些行为都会引起另一方采取违约救济措施以弥补自身的损失。货物所有权与风险由卖方怎样转移至买方，是关乎国际货物买卖双方当事人切身利益的重要问题，各国国内法及CISG、《华沙—牛津规则》规定了相应的规则。由于制造、指示、设计等存在瑕疵，可能会导致国际货物买卖中的产品责任问题，三大公约及美国产品责任的法律规定具有较广泛的影响。对于产品责任如何归责，遵循严格责任原则是当前的主要趋向，但也不排除过失责任原则和担保责任原则的适用。

【主要概念】

品质担保　权利担保　特定物　种类物　货物特定化　品质担保　商销性　权利担保　实际履行　解除合同　延迟交货　补进　市场差价　可预见性规则　减损规则　预期违约　违约救济　不安抗辩权　违约金　留置　象征性交货　停运权　转售权　货物风险　物主承担风险　产品责任　疏忽责任原则　违反担保原则　严格责任原则　产品缺陷　制造瑕疵　指示瑕疵　设计瑕疵　疏忽责任原则　违反担保原则　严格责任原则

【任务实施】

通过查找资料，探讨国际货物买卖合同的解除、撤销和终止之间的异同，并举例说明。

【复习思考题】

一、简答题

1. 简述《联合国国际货物销售合同公约》的适用范围。
2. 什么是货物的商销性？美国《统一商法典》对商销性有何规定？
3. 产品责任的三大国际公约对有关责任主体有何规定？
4. 简述美国产品责任的归责原则。

二、判断题

1. 不同国家商事主体之间进行的货物买卖即为国际货物买卖。
2. 世界所有经贸大国均已加入《联合国国际货物销售合同公约》。
3. 英美法系的主要国家都认同交付决定风险转移的原则。
4. 依据德国法规定，货物所有权的转移必须订立与买卖合同相分离的物权合同。
5. 生产者对未投入流通领域的产品一般不承担责任。
6. 《海牙公约》产品责任主体包括产品的修理人和仓库管理员。

三、单项选择题

1. 根据国际货物销售合同公约的规定，下列各项中，属于要约的是（　　）。

A. 普通商业广告　　B. 商品目录　　C. 商品价目表　　D. 悬赏广告

2. 根据国际货物销售合同公约的规定，在双方当事人没有约定的情况下，货物运输过程中发生毁损灭失的风险原则上应由（　　）。

A. 买方承担　　B. 卖方承担

C. 买方或卖方承担　　D. 买方和卖方共同承担

3. 中国上海某公司从德国汉堡某公司进口一批锂电池，但双方在订立合同时忘记写明交货地点，只是约定通过新亚欧大陆桥铁路运输货物，根据两国相关法律规定交货地点为（　　）。

A. 德国汉堡　　B. 中国上海

C. 位于新亚欧大陆桥的德国柏林　　D. 位于新亚欧大陆桥的中国连云港

4. 赔偿范围仅限于人身伤亡而不包括财产损失的产品责任公约是（　　）。

A. 斯特拉斯堡公约　　B. 产品责任指令

C. 关于产品责任的法律适用公约　　D. 海牙公约

四、多项选择题

1. 中俄两国公司签订协议，中方向俄出口一批价值500万美元的办公家具，约定货物交付承运人的时间为8月1日至9月1日之间，根据CISG的规定，下列表述正确的是（　　）。

A. 中方可选定在8月10日交货

B. 俄方要求中方必须在8月10日前交货

C. 中方选定交货时间后必须提前通知俄方

D. 经双方协商同意交货时间可推迟到9月20日

2. 根据《联合国国际货物销售合同公约》，卖方交货与合同规定不符时买方可采取的救济方法有（　　）。

A. 要求减价　　B. 拒绝接受货物

C. 请求损害赔偿　　D. 要求修补货物

3. 关于产品责任承担的叙述，正确的有（　　）。

A. 德国对产品责任规定了最高赔偿限额的规定

B. 美国对产品缺陷引起的精神损害赔付金额占比往往较高

C. 我国有关司法解释规定因产品缺陷引起的人身伤亡可以请求精神赔偿

D. 可以通过投保产品责任险的方式使得受害者及时得到赔付

4. 相关主体应承担产品责任的情形有（　　）。

A. 因厂家装配不当造成零件松动、脱落引起对操作工的伤害

B. 使用者违反操作规程非正常使用产品而造成的损害

C. 厂家在食品中添加了塑化剂而对消费者造成的伤害

D. 按产品投放市场时的科技水平仍无法发现产品的缺陷造成的损害

五、案例分析题

1. 9月11日，大连某公司将一批玉米在大连装船，发往菲律宾马尼拉港，预计9月22日到达。在货物运输途中，该大连公司开始寻找买主，并于9月14日与菲律宾B公司签订了出售该批玉米的合同。菲律宾B公司知道这批货物正在运输途

中。请问：(1) 如果事后得知，该批玉米于9月20日在海上焚毁，根据CISG的规定，菲律宾B公司是否有义务继续付款？(2) 如果菲律宾B公司收到这批货物后发现，货物已经在运输途中严重腐烂，但无法确定腐烂的时间，根据CISG的规定，该批货物的风险应由谁承担？

2. 卖方将一批产于印度的奎宁出售给买方，双方均知道这批奎宁中含有一定的水杨酸成分，卖方也知道买方将向阿根廷销售这批货物。但阿根廷销售这种含有水杨酸的奎宁是非法的，卖方知道这一情形而未向买方透露。后来，买方将这批货物出口到阿根廷时被海关扣留。根据《联合国国际货物销售合同公约》的规定，你认为卖方的行为是否违反了自己所承担的义务？

（资料来源：党伟：《国际商法》，东北财经大学出版社2012年版，第91～96页）

第五章　国际货物运输法律实务

【学习要点】

1. 海上货物班轮运输的国际公约
2. 海运提单的基本知识及其作用
3. 海上货物租船运输的格式合同
4. 国际货物航空运输的法律规范
5. 国际货物铁路运输的法律规范
6. 国际货物多式联运的法律规范

【案例导入】

一批牛舌罐头由悉尼运往伦敦，船在开航前曾入船坞进行特检及例行载重线年检。检验时曾将全船31个防浪阀门全部打开让检验人员进行检验，检验完毕将防浪阀盖好。但由于一名缺乏经验的工人没有把其中两个防浪阀门的螺丝钉旋紧，后开航碰上了恶劣天气，使得船舶颠簸，海水由未盖好的防浪阀涌入第五舱。到达伦敦时，发现第五舱积水已达15英尺，113箱罐头受损。货方认为，承运人在开航时未能“谨慎处理”使船舶适航。船方认为，“谨慎处理”仅限于其本人，而船方已选择了信誉良好的修船厂和经验丰富的工人来检修船舶，因此已做到了“谨慎处理”。上诉法院判货方胜诉，认为使船舶适航是承运人的责任，如承运人委托他人履行其责任，承运人对其委托的人的过失仍需负责。

（张丽英：《国际经济法教学案例》，法律出版社2004年版，第90页）

国际商贸活动与国内商贸活动的一个很大的差异就是商事主体往往相距遥远，因而如何实现货物由卖方安全、及时、节约地向买方转移占有，就成为一个相关各方都十分关注的问题。国际商贸活动中的货物占有转移，可以通过海上、铁路、航空以及多式联运等国际货物运输的方式实现。其中，海上货物运输在国际货物运输中占有相当重要的地位，国际货物运输中约有三分之二是由海上运输来完成的，我国对外贸易总量的80%以上也是通过海上运输实现的。正因如此，对国际货物运输法律实务的探讨，也是以国际海上货物运输的相关法律规定为中心展开的。国际货物运输法是调整跨越国境的货物运输的法律规范的总称，包括海上货物运输、航空货物运输、铁路货物运输、多式联运等方面的法律规范。

第一节　国际货物海上班轮运输法律实务

国际海上货物运输是指承运人经由海路，将货物从一国港口运至另一国港口的行为，包括班轮运输（Liner Shipping）、租船运输（Carriage by Charters）两种类型。与铁路运输、航空运输相比，海上运输具有运量大、运费低等优势，但也有运输时间长、易受自然条件影响、风险相对较大等难以克服的缺陷。

一、班轮运输及其当事人

（一）班轮运输的内涵

班轮运输是承运人按照固定航线、固定航期将托运人的货物由海路从一国港口运至他国港口，并按固定标准收取运费的海上货物运输方式。在班轮运输中，货物的装卸、运送均由船方负责，凡在班轮停靠的港口，不论托运货物数量多寡、价值高低都可接受。因其对数量少、批次多、装卸港口分散的货物运输比较合适，班轮运输又被称为杂货运输（General Cargo Traffic）。

（二）班轮运输的当事人

班轮运输的基本当事人为承运人（Carrier）与托运人（Shipper）。然而在国际商贸实务中，收货人（Receiver）往往不是托运人，在这种情况下，班轮运输合同就其性质而言是一种为第三人利益所订的协议。作为第三人的收货人并非合同当事人，而是与合同有紧密联系的关系人。班轮运输合同往往还涉及另一个与合同有紧密联系的关系人，即实际承运人（Actual Carrier）。一方面，有些运输公司以承运人身份招揽客户签订运输合同，然后将货物交由实际承运人运输；另一方面，在需要转船运输，特别是在多式联运过程中，也会涉及实际承运人。由于实际承运人不是合同当事人，为了保护托运人和收货人的合法权益，《汉堡规则》规定了实际承运人这一概念，即“指受承运人委托执行货物运输或部分货物运输的任何人，包括受委托执行这项运输的其他任何人。”如果承运人将全部或部分货物运输委托给实际承运人，则不论承运人根据海上货物运输合同是否有权这样做，承运人仍须对全部运输负责。实际承运人制度也被我国《海商法》所吸收。

二、班轮运输的法律规范

班轮运输又称为提单运输，调整提单运输法律关系的主要法律渊源是国际公约和各国国内法，而各国有关提单的法律规则与主要的国际公约高度吻合，所以从一定程度来讲，调整提单法律关系的法律规范基本上就是国际公约。目前有关提单的国际公约主要有《海牙规则》（Hague Rules）、《维斯比规则》（Visby Rules）、《汉堡规则》（Hamburg Rules）、《鹿特丹规则》（Rotterdam Rules）。

（一）海牙规则

1924 年 8 月 25 日，国际海事委员会在比利时布鲁塞尔召开会议，通过了《统一提单的若干法律规定的国际公约》。因该公约最初在海牙起草，故又称《海牙规则》。《海牙规则》共 16 条，其主要内容如下：

1. 公约的适用范围

根据《海牙规则》的规定，该公约适用于在任何缔约国内所签发的一切提单，但不适用于租船合同，但如果提单是根据租船合同签发的，则应适用。

2. 承运人的义务与责任

（1）基本义务

承运人的基本义务有 3 条：一是适航适仓义务，即承运人在开航前或开航时应尽职尽责，使船舶处于适航适仓状态；二是管货义务，即从货物接管或装船到交付货物期间，承运人应适当和谨慎地装载、搬运、积载、运输、保管、照料和卸载所运货物，因管理不适当和不谨慎造成货物的灭失或损坏，承运人应承担赔偿责任；三是交货义务，即承运人有义务将货物运至目的港并按提单交给收货人，因不可抗力船舶不能入港时，船长指挥船舶驶入附近安全港口卸货并通知收货人接货，视为完成交货义务。

案例 5 -1：

澳大利亚籍“玛丽娅”号轮船，在悉尼港装运 3 万吨散装玉米油，驶往新西兰的奥克兰港，价格条款为 CFR。航行途中遇到大风发生严重颠簸，致使船舷壳板多处裂缝，油料大量外泄。在抵达奥克兰港时，政府救助部门应请求对该船采取了救助措施。船东认为此次海难属共同海损，要求收货人及货物保险人提供共同海损担保书、共同海损协议书及货物价值单，但货主认为海难是由于船舶不适航造成的，遂提请仲裁，要求承运人赔偿损失。仲裁庭调查发现该船船体有多处焊缝脱开，而且均有老痕，于是认定该轮处于不适航状态，由船东承担托运人损失。

（2）责任期间

承运人的责任期间为货物装上船时起到卸下船时止，即“钩到钩”或“舷到舷”。前者是指在使用承运人船舶上的吊杆装船时，从钩上货物时起到卸货港脱钩时止；后者是指在使用港口岸上吊杆装船时，从货物越过船舷时起到卸货时货物越出船舷时止。对于装船前与卸货后的责任，承运人与托运人可自行约定，但承运人通常并不自愿承担这期间的风险。

（3）免责事由

承运人或船舶对 17 项事由所引起的货物灭失或损坏不承担责任，这些免责事由可分为两大类：一是承运人过失免责事由，即“船长、船员、引水员或承运人的受雇人，在航行或管理船舶中的行为、疏忽或不履行义务”。过失免责因对托运人与收货人明显不公而备受指责，在《汉堡规则》中被取消。二是承运人无过失免责事由，主要包括：①不可抗力免责，如海上事故、天灾、战争行为、公敌行为、国家行为、检疫限制、罢工停工、暴动骚乱等；②托运人过失免责，如货物固有缺陷、包装不固、标志不清或不当、托运人或货主的行为或不行为等；③特殊情况免责，如非承运人过失或私谋引起的火灾、救助或企图救助海上人命或财产、克尽职责亦不能发现的潜在缺点等；④其他无过失免责，但免责者应负举证责任。

（4）赔偿限额

承运人对货物的灭失或损坏，每件或每单位的赔偿限额为 100 英镑，但如果托运人于装船前已就该货物的性质和价值作出声明并在提单中注明的，不在此限。托运人还可与承运人以协议的形式，约定高于此限额的赔偿。

3. 托运人的义务与责任

托运人对货物本身的状况有如实申报的义务。一方面，托运人应保证所提供货物的唛头（Mark）、号码、数量和重量等资料正确无误，对由于这些项目不正确所引起的一切灭失、损坏和费用负赔偿责任；另一方面，对于易燃、易爆或危险性货物，托运人应如实申报，否则承运人可以在卸货前的任何时候将其卸在任何地点或将其销毁，或使之无害，而不予赔偿，该货物的托运人应对由于装载该项货物而直接或间接引起的一切损坏或费用负责。

小贴士 5 - 1：

为了使货物在装卸、运输、保管过程中便于被识别，防止错发、错运、错收和混淆，通常要在货物或其包装上印刷标志，这种运输标志即为唛头。唛头由英文 Mark 的广东话汉语音译演变而来，有正唛和侧唛两部分构成。物品包装箱码放时正对着人的一面为正面，两侧为侧面，刷在正面的称为正唛，刷在侧面的称为侧唛。唛头从形式上一般由简单的几何图形、字母、数字、文字组成，联合国欧洲经济委员会拟定了唛头的基本内容包括：①收货人或买方名称的英文缩写或简称；②参考号，如运单号、订单号或发票号；③目的地名称；④货物件数。在国际货运实践中，唛头内容通常根据客户要求有所增减，而收货人标识、收货人名称及目的地名称等收货相关的主要信息，往往是必不可少的。

4. 索赔与诉讼时效

收货人在接收货物之前或当时，应将货物灭失或损坏及灭失或损坏的一般性质以书面通知承运人或其代理人；若灭失或损坏不明显，则通知应在交付货物的 3 天内提交。但如果货物状况在收受时已经由双方联合检查检验，就无须提交书面通知。货物灭失或损坏的诉讼时效为 1 年，从货物交付之日或应当交付之日起计算。

（二）维斯比规则

虽然《海牙规则》得到了海运国家的广泛接受，但它对承运人利益的明显偏袒引起了货方的强烈不满。1959 年始国际海事委员会对《海牙规则》进行修订，并在 1968 年布鲁塞尔外交会议上通过《关于修改统一提单的若干法律规定的国际公约的议定书》。会议期间代表们曾往瑞典古城维斯比进行了访问，因此该议定书又被称为《维斯比规则》。《维斯比规则》的修订内容主要涉及以下几个方面：

1. 公约的适用范围

扩大了公约适用范围，一方面，只要提单的签发地或起运港在某一个缔约国内，公约即可适用于该提单；另一方面，只要提单载有的或提单证明的合同规定适用公约，则公约对该提单具有约束力。

2. 承运人的赔偿限额

采用法郎计量赔偿限额，对托运人未申报性质、价值之货物的任何灭失或损坏，最高赔偿限额为每件或每单位 10000 法郎，或按货物毛重每公斤 30 法郎（当时 10000 法郎约为 400 英镑），两者中以较高数额为准。可见，《维斯比规则》的最高赔偿限额不仅提高到《海牙规则》的 4 倍，而且规定了双重选择标准。

小贴士 5－2：

1979 年一次外交会议制定了一项修改《维斯比规则》的议定书，该议定书已于 1984 年 4 月生效。议定书将赔偿限额的计算单位改为特别提款权（Special Drawing Right，SDR），以 1 SDR 等于 15 法郎作为计算标准，承运人的最高赔偿限额为每件 666.67SDR 或每公斤 2SDR，以其高者为准。同时规定，不能使用 SDR 的缔约国仍以法郎为计算单位。

3. 集装箱条款

《维斯比规则》第 2 条规定，如果货物采用集装箱、货盘或类似的运输器具拼装时，提单中所载明的装在这种运输器具中的件数或单位数，应视为规则所指的件数或单位数；除上述情况外，此种运输器具应视为件或单位。

4. 索赔与诉讼时效

保留《海牙规则》诉讼时效 1 年的规定，但同时提出了两项延长诉讼时效的途径：一是经当事人协商同意，可延长诉讼时效；二是即使诉讼期限届满，如果在受理该案的法院所在地的法律准许期间内，承运人仍可以对第三人提出赔偿诉讼。

（三）汉堡规则

1978 年 3 月，联合国海上货物运输外交会议讨论通过《联合国 1978 年海上货物运输公约》，因会议在德国汉堡举行，故又称《汉堡规则》。该公约以承运人责任制度为主对前两个公约进行了彻底修改，但至今仍未获得广泛认可，许多发达国家并未加入，当前有成员国 34 个。

1. 承运人的责任

关于承运人的责任主要有三个方面的规定：①归责原则。取消了承运人过失免责的归责原则，除非承运人证明他本人、其雇佣人或代理人为避免事故的发生及其后果已采取了一切所能合理要求的措施，否则承运人应对因货物灭失、损坏或延迟交货所造成的损失负赔偿责任。②责任期间。承运人对货物的责任期间为“港到港”，即从装货港到卸货港由承运人掌控货物的全部期间。③赔偿限额。不仅承运人的赔偿限额比《维斯比规则》提高了 1/4，而且延迟交货承运人也要承担不高于运费 2. 5 倍的赔偿责任，但总体上不得超过合同应付运费总额。此外，承运人和托运人可以通过协议约定超过上述赔偿责任限额。

2. 索赔与诉讼时效

将诉讼时效从 1 年延长至 2 年，并且被索赔方可以在该期限内的任何时间向索赔人提出书面说明，一次或多次延长时效期限。

三大国际公约的比较见表 5－1。

表 5－1　调整提单法律关系的三大国际公约的比较

比较内容	海牙规则	维斯比规则	汉堡规则
正式名称	统一提单的若干法律规定的国际公约	关于修改统一提单的若干法律规定的国际公约的议定书	联合国 1978 年海上货物运输公约
生效时间	1931 年 6 月 2 日	1977 年 6 月 23 日	1992 年 11 月 1 日
成员国	99 个	33 个	34 个
归责原则	不完全过失责任	不完全过失责任	完全过失责任
适用范围	①在缔约国内签发的提单；②根据租船合同签发的提单	增加：①货物起运港在缔约国内；②提单载有的或提单证明的合同规定适用公约	增加：卸货港位于缔约国内
承运人基本责任	船舶适航、签发提单、妥善管货、不得绕航、交付货物	船舶适航、签发提单、妥善管货、不得绕航、交付货物	对由于货物的灭失、损坏及延迟交付所造成的损失负赔偿责任
承运人责任期间	钩到钩或舷到舷	钩到钩或舷到舷	港到港

续表

比较内容	海牙规则	维斯比规则	汉堡规则
承运人免责事项	包括“航行过失”免责在内的17项免责	包括“航行过失”免责在内的17项免责	取消“航行过失”免责
赔偿责任限制	每件或每单位100英镑	①每件或每单位10000法郎；②毛重每公斤30法郎；③以高者为准	①每件或每单位835 SDR；②毛重每公斤2.5 SDR；③以高者为准
索赔与诉讼时效	从交货或应当交货之日起1年	从交货或应当交货之日起1年，但经当事方同意可延长；即使期满如法院地法律准许，仍可对第三者起诉	从交货或应当交货之日起2年，可多次延长

（四）鹿特丹规则

2008年12月11日，联合国大会通过了《联合国全程或部分国际海上货物运输合同公约》（简称《鹿特丹规则》），目前尚未生效。根据该公约第89条规定，加入《鹿特丹规则》须同时退出《海牙规则》、《维斯比规则》、《汉堡规则》。我国参加了公约的起草工作，但目前既未签署也未申请加入。该公约不仅欲统一并取代原有国际海运法，而且涉及包括海运在内的多式联运规范，在平衡船货各方利益、寻求国际货运立法统一等方面进行了积极努力，因而受到世界各国的广泛关注。但其所创设制度的可实施性，仍有待实践的检验。《鹿特丹规则》共18章96条，为适应国际航运和国际贸易的发展作出许多具有创新性的规定。

1. 合同主体及其义务与责任

根据《鹿特丹规则》，不仅海上货运合同主要当事人的义务与责任发生了较大变化，而且还明确了那些非主要当事人及其权利义务。具体来说，主要体现在以下几个方面：①承运人责任。公约作出了一系列的加重承运人责任的规定，如责任期间扩展为“门至门”、适航适货义务贯穿全程、较大幅度提高单位责任限制、采用完全过错责任原则等。②托运人的义务。托运人有交付备妥待运的货物、提供货物的信息、指示和文件、告知货物危险性并加标识等义务，如果承运人证明其所遭受的灭失或损坏是由托运人违反义务而造成的，托运人应负赔偿责任。③货物交付。当货物到达目的地时，要求收货人在约定的时间和地点接受交货，如无约定则应在能够合理预期的交货时间和地点接受交货。对于不可转让运输单证且未载明必须凭单放货的，承运人可以无单放货；其他情形下，在逾期未提货或无法确认提单持有人时，承运人可凭托运人、单证托运人的指示交货。④海上货运合同主体。除将承运人和托运人列为合同基本当事人之外，公约增加了履约方、海运履约方、单证托运人、控制方等非基本当事人，并赋予其不同的权利义务。

2. 定义术语及创新相关规则

《鹿特丹规则》定义了30个相关术语，其中较为典型的有：①批量合同。在约定期间内分批装运约定总量货物的运输合同即为批量合同，允许批量合同当事人背离公约规定，自行约定相关的权利、义务和赔偿责任，体现了合同自由原则，但也削弱了对承运人责任的限定。②电子运输记录。为适应国际电子商务发展的需要，公约确认电子运输记录的法律效力，并将其分为可转让与不可转让两种类型。③货物控制权。托运人、正本单证持有人、可转让电子运输记录持有人，享有在运输合同下向承运人发出有关货物的指示的权利，这些权利包括对货物发出或修改的指示、在计划挂靠港或内陆运输途中的任何地点提货、取代收货人等。

除以上公约之外，调整提单运输法律关系的还有相关的国际惯例，这些国际惯例主要有国际商会1993年修订的《跟单信用证统一惯例》（简称UCP500）和2010年《国际贸易术语解释通则》（简称Incoterms 2010）。

小贴士5-3：

《中华人民共和国海商法》是我国国际海运法律制度的主要渊源，有关国际海运法律制度主要体现在第四章“海上货物运输合同”和第六章“船舶租用合同”之中。我国虽未参加上述4个有关班轮运输的国际公约，但我国《海商法》基本上是以《海牙规则》为蓝本制定的，同时也吸收了《维斯比规则》与《汉堡规则》的一些合理规定，而其中有关船舶租用合同当事人权利义务的规定均为非强制性条款。这里需要注意的是：第一，对于承运人的责任期间，我国区分了集装箱运输与非集装箱运输，集装箱运输的责任期间采纳了《汉堡规则》“港至港”原则，非集装箱运输的责任期间则承袭了《海牙规则》“舷至舷”原则；第二，关于承运人最高赔偿限额，与《汉堡规则》规定相比，我国的赔偿限额约低20%。

三、提单

海上货物运输合同是实现海上货物运输的法律手段与形式。根据《汉堡规则》，海上货物运输合同是指承运人收取运费，据以承担由海上将货物从一港运至另一港的任何合同。

（一）提单及其类型

提单（Bill of lading，B/L）是指一种用以证明海上货物运输合同和货物已由承运人接管或装船，以及承运人据以保证交付货物的单证。在班轮运输中，承运人签发的提单载明了较为详细的运输条款，具体规定了当事人的各项权利与义务，实践中一般很少再另行订立书面运输合同，而是以提单证明运输合同的存在，班轮运输合同也由此被称为提单运输合同。提单中的条款由承运人事先拟订，托运人通常只能按要求填写签字，而无权进行修改。

在班轮运输中，承运人将货物收归其照管或装船后，应托运人的要求，承运人或船长或他们的代理人必须给托运人签发提单。依据不同的标准，提单可分为多种类型：按提单签发时货物是否已经装船，可分为已装船提单和备运提单；按提单上的批注情况，可以分为清洁提单和不清洁提单；按提单收货人的不同记载，可以分为记名提单、指示提单和不记名提单；按提单载体形式的不同，可分为书面提单和电子提单。

（二）提单的作用

提单作为国际海上货物班轮运输中最重要的装运单据，主要有以下三个方面的作用：

1. 提单是海上货物运输合同的证明

在班轮运输的海运实践中，承运人通常事先公布货物运输的相关条件，托运人获悉诸如船舶、航程、航期、停靠港口、运费等具体条件后，与承运人商谈定舱或办理托运等事项，并通过要约和承诺成立一个非书面的运输合同，而提单则以书面的形式反映该合同的具体内容，并由此证明已经存在的那个非书面的海上货物运输合同。

2. 提单是承运人接管货物的收据

承运人签发提单时要么货物已经装船，要么货物已经在库场被承运人接管，两种情形所签发的提单分别被称为已装船提单和备运提单，后者在集装箱运输时较为常见。无论何种情形均表明承运人已按提单上所载的内容收到并接管了货物，对货物的品类、标志、重量或体积、数量、货物表面状况等事项已经知晓，并据此签发了提单。由此，也形成了承运人妥善保管、安全运输并向收货人或提单持有人交付货物的义务。

3. 提单是货物的物权凭证

提单具有物权凭证的效力，主要体现在以下两个方面：一是货单一致性要求，承运人有义务根据提单所载明的货物状况交付货物，而提单持有人也有权利在收取货物时审查承运人所交货物是否与提单载明的货物相符；二是物权行使要求，提单持有人收取、转让提单项下的货物或在货物上设定他物权，均须通过处分提单来实现。因此，提单的合法持有人即是货物的当然权利人，这一特性使得提单如同有价证券一样可在市场上自由流转，提单受让人只需审核提单的真实性，而也不必过问提单的来源。

（三）提单的背书与转让

随着国际商贸活动的发展，提单持有人通过转让提单处置合同项下货物的做法逐渐被法律所认可和规范，但记名提单、不记名提单和指示提单的转让方式又有所不同。其中，不记名提单转让最为简单，仅凭交付即可完成，而记名提单、指示提单的转让则需要办理背书手续。提单的背书（Indorsement）是指提单持有人在提单背面签名，并将提单交给被背书人的行为。在提单背面签名者、接受背书提单者分别被称为背书人和被背书人。记名提单载有收货人名称，因此只有收货人才有权背书转让该提单，但如果记名提单已注明禁止转让或有关国家的法律禁止转让，则任何人不得转让。如需转让指示提单则须通过指示人的背书来完成，指示人通常为托运人、收货人或者银行。

小贴士 5－4：

电子提单（Electronic B/L）是指以电子数据交换系统传递信息的提单。由于电子提单不具有纸质形式，所以不可能经过背书或者交付而进行转让。根据 1990 年《国际海事委员会电子提单规则》第七条的规定，电子提单的转让程序如下：①由现持有人向承运人发出其意欲将支配和转让权转让给一新的持有人的通知；②承运人确认该通知电讯，并据此向被建议的新持有人发送除密码以外的所有与提单相关的信息；③新持有人以电讯通知承运人接受拟被转让的提单，由承运人确认该通知电讯；④承运人销毁原用密码，并向新持有人发送新的电讯密码。其中，电讯密码是指经当事方同意为确保传输的真实性和完整性而采用的任何技术上适当的方式，如一组数码和（或）字母。1997 年我国颁布的《国际海上集装箱运输电子数据管理办法》，引入了电子提单的相关规定。

四、班轮运输合同的变更与解除

国际海上货物运输合同依法成立之后，当事人有义务全面履行合同，但由于一方或双方主客观原因而使该合同不能或不宜履行，当事人可依法变更或解除运输合同，并承担由此产生的相关义务。

（一）班轮运输合同的变更

当事人在海上货物运输合同订立之后、履行完毕之前，可以对合同约定的运输船舶、货物、数量、装卸港口、时间及责任条款等进行修改或补充。由于班轮运输合同提单条款的特殊性，除非承运人特别同意，托运人不得作出修改或补充，但可以就提单空白栏所填事项作出变更，如变更装卸港口和时间，要求变更的一方当事人应对由此产生的任何费用或损失负责。

（二）班轮运输合同的解除

当事人在海上货物运输合同订立之后、履行完毕之前，由于出现法定的或任意的原因，合同当事人可依法行使解除权，消灭已经生效的合同关系。法定解除原因一般是指发生了不可抗力或其他不可归责于合同当事人的情况致使合同不能履行。除法定原因之外，班轮运输合同承运人不得单方面解除合同，通常情况下合同解除权由托运人行使。根据解除的时间和事由不同，班轮运输合同的解除权的行使存在以下区别。

1. 开航前解除合同

在开航前如果出现了法定解除事由，班轮运输双方当事人均可解除合同，并互不负赔偿责任。此时，承运人退还托运人运费并收回已签发的提单，托运人有义务卸载已装船货物或承担卸载费用。至于开航前非法定事由解除合同，有部分托运人同意解除和全体托运人同意解除两种情形。如果是部分托运人同意解除合同，则该部分托运人有义务向承运人全额支付运费；如果是全体托运人同意解除合同，承运人可将船舶移作他用，因此损失相对较小，此时托运人仅须补偿承运人一定的损失即可，但各国的损失补偿标准存在差异，如日本法律规定托运人支付 2/3 的运费，德国和我国的法律均规定支付 1/2 的运费。

2. 开航后解除合同

开航后因法定事由托运人解除合同，除合同另有约定外，承运人在目的港邻近的安全港口或地点卸载货物即视为履行合同。开航后托运人非法定事由解除合同须全额支付运费及其他费用，包括货物的装卸费、附加费及可能的共同海损分摊费等。

第二节　国际货物海上租船运输法律实务

在国际贸易实务中通常根据所运货物的特点选择采取何种海上运输类型。虽然对那些货量少、批次多、装卸港分散的杂货来说，班轮运输是其运输方式的最佳选择，但在国际贸易中还有许多大宗货物需要通过集中运输的方式销往国外。此时，租船运输可以很好地满足这一要求。

一、租船运输及其当事人

（一）租船运输的内涵

租船运输是国际海上货物运输的另一种重要类型，它是租船人向船东租赁船舶将货物由海路从一国港口运至另一国港口的海上货物运输方式，其航线、航期及运费标准等均由当事人具体商定。租船运输与班轮运输相比，有其自身的特点（见表 5-2）。租船运输一般用于运输石油、煤炭、矿砂、谷物、化肥等大宗货物，或有特殊运输要求的货物，如剧毒化学药品。根据租船方式的不同，租船运输可以分为定期租船运输、航次租船运输和光船租赁运输，它们的合同格式与内容也均存在一定的差异。

表 5 – 2　　海上货物运输两种类型的比较

运输类型	固定性	主动性	法律依据	适运货物
班轮运输	航线、航期、收费均固定	承运人为权利主动方，在船舶装载范围内决定是否接受其他客户托运	有关提单的国际公约与惯例	数量少、批次多、装卸港口分散的货物
租船运输	航线、航期、收费均协商约定	租船人为权利主动方，在合同范围内决定是否接受其他客户租船运输	各国国内相关的民商法	大宗货物或有特殊运输要求的货物

（二）租船运输的当事人

除表 5 – 2 所列的海上货物运输两种类型的差异之外，两种运输类型的当事人也有所不同。班轮运输的基本当事人是承运人和托运人，而租船运输的基本当事人是出租人和承租人。出租人也称为船东，是船舶的所有人或者船舶光租权的取得者，而承租人则是租用他人船舶并支付租金或运费的人。此外，租船运输往往还涉及租船经纪人。在国际租船市场上，租船交易通常并非由船东和承租人亲自洽谈，而是委托租船经纪人代为办理并签约的。租船经纪人一般隶属于船舶经纪公司，是专门代他人从事租船业务的专业人员，他们熟悉租船及航运市场行情，具有丰富的租船业务知识和经验，对促成租船运输合同的订立发挥着积极作用。

小贴士 5 – 5：

1900 年，在英国伦敦建立了世界上第一个租船市场，称为波罗的海租船交易所，实行会员制，其会员可以在市场内进行船舶出租和承租业务，非会员的租赁业务必须通过租船经纪人代为办理。继伦敦市场之后，世界各地租船市场迅速扩大，纽约租船市场、汉堡租船市场、斯德哥尔摩租船市场、香港租船市场等相继成立，便利了国际船舶租赁业的发展。

二、航次租船运输

（一）航次租船运输的涵义

航次租船运输是指船舶出租人向承租人提供船舶的全部或部分舱位装运约定货物，由承租人支付运费的运输方式。在此，要注意区分航次租船运输与班轮运输，两者的共同之处主要表现在：航次租船运输中的出租人对船舶及所运输货物的义务与责任，通常适用班轮运输中承运人对船舶与所运输货物的义务与责任的法律制度。然而，两者在其他方面则有较明显的区别（见表5－3）。

表5－3　　航次租船运输与班轮运输的区别

不同点	航次租船运输	班轮运输
行为涵盖	涵盖租船与运输的双重行为	仅涵盖运输一种行为
合同形式	采用一般合同形式：属一般合同法管辖范围，出租人与承租人可就合同条款逐项谈判，至少在程序上双方处于平等地位	采用提单形式：提单为固定格式，事先由承运人单方制订，除遵守国际公约与各国海商法的强制性规定外，非经承运人特别同意托运人无权修改
空舱处置	船舶空舱处置权归承租人：已被租赁船舶的空余舱位，非经承租人同意，出租人不得再与第三人订约处置	船舶空舱处置权归承运人：已被租赁船舶的空余舱位，承运人可以自由揽载货物，托运人无权干涉

（二）航次租船运输的格式合同

与定期租船和光船租赁一样，航次租船大多也是通过船舶租赁经纪人在租船市场上进行。为便利租船合同的订立，一些航运组织及大型轮船公司也制定了一些航次租船格式合同。目前较有影响力的标准格式主要有：

第一，统一杂货租船合同。简称“金康”合同，由波罗的海航运公会于1922年制订，后经多次修改，现在使用的是1976年修订的版本，其特点在于不区分货物种类及航线，具有相当广泛的影响力。

第二，煤炭租船合同。主要有美国《威尔士煤炭租船合同》和波兰1971年《煤炭租船合同》。

第三，谷物租船合同。主要有澳大利亚《谷物租船合同》和1973年《北美谷物租船合同》。

此外，还有矿石、石油、化肥、木材等标准格式的航次租船合同。

（三）航次租船合同的主要内容

航次租船合同的内容主要由以下条款构成：

第一，船舶说明条款。主要包括船舶名称、国籍、船级、吨位、航次以及订约时船舶所处位置等基本内容。出租人有保证所提供的这些资料的正确性的义务，否则要负可能导致合同解除并赔偿损失之责任。

第二，货物说明条款。承租人必须如实注明装载货物的货名、类别、重量、溢短装百分比、性质尤其是危险品性质等项目。承租人在装货港提供的货物与合同约定不符时，船长有权拒载，如果因此而装载不足，承租人应支付亏舱费。

第三，安全港口与泊位条款。装货港与卸货港都应是安全港口与泊位。这种安全一方面指自然条件能保证船舶在空载与满载时均能安全行驶，另一方面指政治安全，即不会发生扣押、没收、征用船舶与货物的危险。

第四，受载期限条款。受载期限的第一天是承租人必须备妥货物受载的日期，否则要承担滞装船责任；受载的最后一天是承租人有权解除合同的日期，又称解约日，出租的船舶必须在解约日之前作好装货准备，否则承租人有权解除合同并要求赔偿损失。

第五，滞期费与速遣费条款。承租人不能在约定时间内完成货物装卸，应按超过时间支付出租人滞期费；反之，如能提前完成货物的装卸，应按节省时间向出租人索取速遣费。因此，合同应明确、详细地约定滞期费与速遣费的计算与支付。

第六，运费支付条款。航次租船合同没有班轮运输那样的固定收费标准，因而当事人要具体约定运费及其他费用的计算、支付日期、支付方式等相关事项。

第七，出租人责任条款。格式合同的出租人责任条款往往严重偏袒出租人利益，承租人应仔细审查，一般依有关国际公约规定标准修改。

除以上条款外，航次租船合同也应订明如留置权条款、战争条款、冰冻条款、合同解除及争议解决条款等。

三、定期租船运输

（一）定期租船运输的涵义

定期租船运输是指船舶出租人提供约定的配备船员、设施的船舶，由承租人在约定时间内依约定的用途使用并支付租金的运输方式。定期租船运输与航次租船运输都是租船运输，但两者也有明显区别（见表5－4）。

表5－4　定期租船运输与航次租船运输的区别

不同点	定期租船运输	航次租船运输
营运负责人	承租人负责在租赁期间内的船舶营运，支付一切费用并有权指令船长执行营运事宜	出租人负责船舶营运，并支付包括燃料、港口使用费在内的一切费用
出租人义务	出租人仅负如约提供适航船舶的义务，具体运输事宜全由承租人自行负责	出租人对船舶及所运输货物的义务与责任，适用提单运输中承运人对船舶及所运输货物的义务与责任

续表

不同点	定期租船运输	航次租船运输
承租人身份	承租人一般是将租赁船舶用于海上货运的船公司	承租人一般是货主或托运人
计费标准	按租船时间、租金率来计算租金	按所运输货物的重量、体积或容积计算运费

（二）定期租船运输的格式合同

船舶租赁市场及轮船公司一般都订有定期租船格式合同，以供出租人与承租人签约时使用或参照。当前世界各国常用的定期租船格式合同主要有三种：

第一，统一定期租船合同。租约代号为 BALTIME（通常译为“波尔的姆”格式），由波罗的海国际航运公会于 1909 年制订，后经多次修订，目前所用版本为 1974 年修改而成，其合同条款对船舶出租人比较有利，是世界影响最大的格式合同。

第二，纽约土产定期租船合同。租约代号为 NYPE（New York Produce Exchange Time Charter，简称“土产格式”），由纽约土产交易所于 1913 年制订，后历经 5 次修改，最近一次修改时间为 1993 年，但现在使用最为普遍的是 1946 年修订后的格式。其合同条款对双方当事人比较公正。

第三，中国远洋运输公司定期租船格式合同。租约代号为 SINOTIME，由中国远洋运输公司 1980 年制订，该合同条款偏重于保护承租人的利益。

（三）定期租船合同的主要内容

根据我国《海商法》第 130 条规定，定期租船合同的内容主要包括：出租人和承租人的名称、船名、船籍、船级、吨位、容积、船速、燃料消耗、航区、用途、租船期间、交船和还船的时间和地点以及条件、租金及其支付，以及其他有关事项。当事人的权利与义务是合同的重点内容，而合同一方的义务即是另一方的权利。

1. 出租人义务

从出租人角度来说，主要有以下 3 项义务：①提供适航船舶。定期租船合同一般都要载明出租船舶的名称、国籍、船级、载重量、船舶吨位、船员、船速、燃料消耗量和装卸设备等相关资料，并保证这些资料的正确性，出租人应依据这些资料提供约定的适航船舶；②依约交付船舶。出租人应在合同约定的日期、港口或其他地点向承租人交付船舶，并指定船长在租赁期内服从承租人在合同约定范围内的有关船舶营运指令；③负责船舶养护。出租人应负责船舶租赁期间船舶的保养与维修，以保持适航状态。

2. 承租人义务

从承租人角度来看，也有以下 3 项主要义务：①支付船舶租金。承租人应依合同约定准时以适当方式支付船舶租金；②按约运营船舶。承租人须按约定的用途和区域运营船舶，既不得以租赁船舶从事超出合同约定用途之业务，如从事危险货物的运输，也不得将船舶驶离约定的运输区域，否则船长有权拒绝；③按约交还船舶。承租人须在约定的日期和港口将船舶交还出租人，并保证船舶处于正常状态，但承租人对租赁期内船舶的自然损耗不负责任。

四、光船租赁运输

（一）光船租赁运输的涵义

光船租赁运输指由船舶所有人提供不配备船员的光船，由租船人雇用船员，在约定期限内占有、使用船舶，并支付约定租金的租船运输方式。光船租赁合同具有以下特点：第一，光船租赁合同本质上是财产租赁合同。承租人可以将租赁船舶运输自己的货物，也可以将船舶转租或从事海上货物运输业务，因此，光船租赁合同从性质上说并不是海上货物运输合同，而是一种纯粹的财产租赁合同；第二，光船租赁合同使用范围极为有限。光船租赁需要由承租人自己配备船员并负责船舶燃料、淡水、给养及物料等的供应，这对一般承租人而言是相当困难的，因此，光船租赁合同的使用范围往往局限于一些从事航运业务的轮船公司。

（二）光船租赁运输的合同

光船租赁合同通常是在事先拟订的格式基础上达成的。一些轮船公司及航运组织制订了光船租赁的格式合同，其中影响最大的是1974年波罗的海国际航运公会制订的《标准光船租赁合同》。《标准光船租赁合同》分为两种格式，即一般光船租赁格式合同（BARECONA）和抵押形式的光船租赁格式合同（BARECONB），其中后一种格式合同适用于通过抵押融资的新建船舶的租赁。

根据我国《海商法》第145条的规定，光船租赁合同的主要内容应包括：出租人和承租人的名称、船名、船籍、船级、吨位、容积、航区、用途、租船期间、交船和还船的时间和地点以及条件、船舶检验、船舶的保养维修、租金及其支付、船舶保险、合同解除的时间和条件，以及其他有关事项。

三种类型的运输方式比较见表5－5。

表5－5　三种类型租船运输当事人主要义务的比较

主要义务	定期租船合同	光船租赁合同	航次租船合同
出租人的主要义务	①提供适航船舶 ②依约交付船舶 ③负责船舶养护	①提供适航空船 ②依约交付船舶	①接受合同项下所运货物 ②说明船舶基本情况 ③支付滞期费 ④遵守受载期限

续表

主要义务	定期租船合同	光船租赁合同	航次租船合同
承租人的主要义务	①支付船舶租金 ②按约运营船舶 ③按约交还船舶	①支付船舶租金 ②按约运营船舶 ③按约交还船舶 ④负责船舶养护	①提交合同项下所运货物 ②说明货物基本情况 ③支付货物运费及速遣费 ④遵守受载期限

五、租船运输合同的变更与解除

（一）租船运输合同的变更

租船运输法律关系主要受各国国内合同法和海商法调整，其合同变更也主要依据国内合同法和海商法进行。通常在租船运输合同签订之后、履行完毕之前，船舶出租人与承租人就合同约定的租赁船舶、租赁用途、租赁期间、运输航区、船舶保养、船舶保险、船舶租金、船舶交还等达成一致的修改或补充意见，即可以变更合同。因合同变更而产生的相关费用和损失，由要求变更的一方当事人承担。

（二）租船运输合同的解除

租船运输合同成立后，无论是出租人还是承租人违反合同约定的义务，另一方当事人均可依法解除合同。法律对承租人和出租人解除合同的情形作了具体规定：

1. 出租人违约承租人可解除合同

在租船运输合同中，如出租人不能在约定的时间、约定的港口提供约定条件的适航船舶，承租人有权解除合同，但是依照我国《海商法》规定，出租人将船舶延误情况和船舶预期抵达装货港的日期通知承租人的，承租人应当自收到通知时起48小时内，将是否解除合同的决定通知出租人。因出租人过失延误提供船舶致使承租人遭受损失的，出租人应当负赔偿责任。

2. 承租人违约出租人可解除合同

承租人应当提供约定的货物，经出租人同意也可更换货物，但更换的货物对出租人不利的，出租人有权拒绝或者解除合同。在出租人如约提供船舶后，如承租人未能如约支付租金或按约定用途、地点使用船舶或非法转租的，出租人可以解除合同，在此情况下，违约方应赔偿对方因此所遭受的损失。

第三节 其他形式国际货物运输法律实务

随着国际商贸活动范围和规模的日益扩大，国际货物运输的具体方式和组织形式也在不断发生变化，根据货物特点、性质、数量及买卖双方的要求，国际货物运输方式也有了更多地选择。除海上货物运输这种最主要的货运方式之外，航空运输、铁路运输、多式联运等也在国际货物运输中发挥着越来越重要的作用。

一、国际航空货物运输法律实务

（一）国际航空货物运输及其适用

根据《海牙议定书》第 1 条规定，国际航空货物运输是指以航空器作为运输工具，根据当事人订立的航空运输合同，无论运输有无间断或者有无转运，运输的出发地、目的地或者约定的经停地之一不在同一个国家或地区之内，而将运送货物至目的地并收取报酬或提供免费服务的运输方式。

国际航空货运业虽然起步较晚，但其在快捷、安全等方面拥有其他运输方式无法比拟的优越性，以飞机为交通工具的航空运输可以大大缩短货物在途时间，由此也降低了货物在途风险。因此，近年来发展异常迅速，成为国际货物运输的重要方式之一。然而，国际航空货物运输也有运费高、运量小、受恶劣天气影响大等难以克服的局限性。根据航空运输的优缺点，结合国际货物运输实践，以下货物更适用于航空运输：①易腐烂变质的高价值鲜活商品，如高档海鲜与果蔬；②时效性、季节性强商品，如价格昂贵的圣诞礼物和报刊杂志；③抢险救急物品，如援助国外地震灾区的帐篷；④贵重物品，如我国运到国外参展的文物；⑤精密仪器，如我国从国外进口的高端的小型仪器设备。

（二）国际航空货运法律

1. 国际航空货物运输公约

国际货物航空运输的主要法律渊源为国际航空公约，1929 年《统一国际航空运输某些规则的公约》（简称《华沙公约》）是规范国际空运的一项最基本的公约，到 2013 年已有 152 个国家加入。1955 年和 1961 年通过对《华沙公约》的补充和修订，形成了《海牙议定书》和《瓜达拉哈拉公约》。这三个国际公约构建了一个国际航空运输领域的华沙体系，但在法律适用上又是各自独立的。我国已是《华沙公约》和《海牙议定书》的成员国，但仍未加入《瓜达拉哈拉公约》。随着世界航空业的发展，华沙体系已不能适应现代国际航空运输业的发展。1999 年 5 月 28 日，国际民航组织大会通过了新的《统一国际航空运输某些规则的公约》（简称《蒙特利尔公约》），2003 年 11 月 4 日正式生效，我国在 2005 年 2 月 28 日加入该公约。

2. 我国国际航空货运法律

我国规范国际航空运输行为的最主要法律为《中华人民共和国民用航空法》，该法于 1995 年 10 月 30 日审议通过。《民用航空法》对民用航空器国籍、民用航空器权利、民用航空器适航管理、航空人员、民用机场、空中航行、公共航空运输企业、公共航空运输、通用航空、搜寻援救和事故调查、对地面第三人损害的赔偿责任、对外国民用航空器的特别规定、涉外关系的法律适用等方面作了具体规定。其中，对国际航空运输的界定、运价等作了明确规定。如第 79 条规定："国际航空运输运价的制定按照中华人民共和国政府与外国政府签订的协定、协议的规定执行；没有协定、协议的，参照国际航空运输市场价格制定运价，报国务院民用航空主管部门批准后执行。"

此外，与国际航空运输有关的我国相关法律法规还有《国际货物运输代理业管理规定》及其实施细则、《民用航空运输销售代理业管理规定》、《民用航空运输凭证管理规定》、《海关对进出境快件监管办法》，等等。

（三）航空运输的具体方式

国际航空货物运输有班机运输、包机运输、集中托运、陆空陆联运、急件传递、送交业务等 6 种具体的运输方式可供选择，而其中班机运输、包机运输、集中托运最为常见。

1. 班机运输

班机运输（Scheduled Air Line）是指在固定航线上飞行的航班运输方式，它有固定的始发站、途经站和目的港。班机运输具有便捷、准时、安全的优点，是国际间货物流通经常采用的航空运输方式。一般航空公司都使用客货混合型飞机，搭载旅客的同时运送少量货物，因此舱容有限，难以满足大批量的货物运输要求。不过也有一些较大的航空公司，在某些货运量较大的航线上开辟定期的货运航班，使用全货机运输。

2. 包机运输

包机运输（Chartered Carrier）分为整包机与部分包机两种类型，具有弥补无直达航班、不用中转、有利于鲜活物的运送、减少货损与货差、减少货物丢失等优点。整包机适于大批量货物的运送，其运费通常低于班机运费；部分包机由几家货运代理公司或发货人联合包租一架飞机，或者由包机公司把一架飞机的舱位分别租给几家空运代理公司，与班机运输相比其运费低但耗时长。办理包机至少提前一个月与航空公司洽谈并签订协议，以便航空公司安排运载和向起降机场及有关政府部门申请、办理过境或入境的有关手续。

3. 集中托运

集中托运（Consolidation）是由空运代理人将若干单独发货人的货物集中起来组成一整批货物，由其向航空公司托运到同一个目的站，货到国外后由到站地的空运代理人办理收货、报关并分拨给各个实际收货人的运输方式。由于集中托运的货物越多运费越低，故而空运代理人向发货人收取的运费要比发货人直接向航空公司托运低。集中托运当前已具备较为完善和有效的服务系统，并为世界各国航空运输实践普遍采用，也成为我国进出口货物的主要运输方式之一。但是，集中托运也有其局限性，如对于贵重物品、危险品、活动物等有不同等级运价的货物不能办理集中托运，目的地不相同或不相近的货物也不能办理集中托运。

（四）国际航空货运的主要法律规定

根据《蒙特利尔公约》第55条的规定，其相对于《华沙公约》具有优先适用权，随着加入国家的不断增多它的影响力将越来越广泛。在此，主要介绍《蒙特利尔公约》的基本内容。

1. 航空货运单或货物收据

航空货运单或者货物收据是订立合同、接受货物和所列运输条件的初步证据，但其不同于海运提单，并非物权凭证。托运人和承运人分别对航空货运单和货物收据所填内容承担责任。《华沙公约》详细列明航空货运单上应记载的17项内容，而《蒙特利尔公约》第5条对其进行大幅度的简化，应载内容仅为三项：①起运地和目的地；②起运地和目的地在一国领土内，而在他国有一个或者几个约定的经停地的，至少标示出其中一个经停地；③货物重量。托运人应填写航空货运单正本一式三份，第一份由托运人签字并交给承运人，第二份由托运人和承运人签字交给收货人，第三份由承运人签字在其接管货物后交给托运人。

2. 货物的处置与交付

托运人在负责履行运输合同规定的全部义务的条件下，有权对货物进行处置，即可以在始发地或目的地机场将货物提回，或者在途中经停时中止运输，或者要求在目的地或者途中将货物交给非原指定的收货人，或者要求将货物运回始发地机场。托运人不得因行使此种处置权而使承运人或其他托运人遭受损失，并必须偿付因此产生的费用。托运人的指示不可能执行的，承运人必须立即通知托运人。收货人收取货物后托运人的货物处置权即告终止，但收货人拒绝接收货物或者无法同收货人联系的，托运人恢复其处置权。除托运人已行使货物处置权外，收货人在货物到达目的地点，并在缴付应付款项和履行运输条件后，有权要求承运人向其交付货物。除另有约定外，承运人应当在货物到达后立即通知收货人。承运人承认货物已经遗失，或者货物在应当到达之日起7日后仍未到达的，收货人有权向承运人行使运输合同所赋予的权利。

3. 承运人的责任及其赔偿

《蒙特利尔公约》对承运人的责任和损害赔偿范围作出了如下规定：①除货物瑕疵、非承运人导致的货物包装不良、战争行为或者武装冲突、公共当局行为等原因外，承运人对空运期间因货物毁灭、遗失或者损坏而造成的损失应承担赔偿责任；②承运人应承担货物在空运中因延误引起的损失，但承运人证明已采取一切可合理要求的措施或者不可能采取此种措施的除外；③如果损失是由索赔人或其相关利益人造成或者促成的，相应全部或者部分免除承运人对索赔人的责任；④货物毁灭、遗失、损坏或者延误的，承运人的责任以每公斤17特别提款权为限，除非托运人特别声明目的地交货时的利益并在必要时支付附加费，但损失因承运人或其受雇人、代理人的故意或轻率地作为、不作为造成的，则不适用此项责任限额；⑤运输合同可约定高于本公约规定的责任限额，或者无责任限额；⑥任何旨在免除本公约规定的承运人责任或者降低本公约规定的责任限额的条款，均属无效。

4. 索赔与诉讼

《蒙特利尔公约》规定了索赔与诉讼的相关事项：①及时提出异议。发现货损至迟自收到货物后 14 日内，延误交货至迟自收到货物后 21 日内，收货人须向承运人提出书面异议，否则除承运人有欺诈行为外，收货人不得再针对承运人提起诉讼；②诉讼管辖权。损害赔偿诉讼必须在当事国内，由原告选择，向承运人住所地、主要营业地或者订立合同的营业地的法院，或者向目的地的法院提起。③仲裁事项。当事人可书面约定承运人责任所发生的任何争议应当通过仲裁解决，仲裁程序应当按照索赔人的选择，并在其中一个诉讼管辖区内进行；④诉讼时效。自航空器到达目的地点之日、应当到达目的地点之日或者运输终止之日起 2 年期间内未提起诉讼的，丧失对损害赔偿的权利。

二、国际铁路货物运输法律实务

（一）国际铁路货物运输及其适用

国际铁路货物运输是指使用统一的国际铁路联运单据，由铁路部门经由两个或两个以上国家的铁路进行的货物运输。一般来说，国际铁路货物运输具有以下特点：①有至少两个国家铁路参加货物运送；②使用一份铁路运单；③承运人采用统一责任制；④仅有铁路一种运输方式。

国际铁路货物运输具有运量大、成本低、风险小、连续性强等优势，但在陆地邻国之间建有国际铁路是国际铁路货物运输必不可少的先决条件，而且铁路运输必须按固定路线运送货物，缺乏灵活性。我国地处欧亚大陆，且幅员辽阔、陆地接壤国家众多，发展国际铁路货物运输具有独特优势。不仅东起我国连云港、西至荷兰鹿特丹的世界上最大的国际铁路运输线——新欧亚大陆桥，把中国与西欧、东欧、西亚和中亚 30 多个国家和地区连接在一起，而且我国正在积极打造国际铁路货物运输网，当前正在兴建或筹建连接东盟国家的“泛亚铁路”、连通南亚国家的“南亚大陆桥”、打通中蒙俄朝的中蒙铁路等跨境铁路。可见，国际铁路货运必将在我国对外商贸活动中发挥着越来越重要的作用。

（二）国际铁路货运法律

1. 国际铁路货物运输公约

目前关于国际铁路货物运输的公约主要有两个：一是《国际货约》（CLM），全称为《关于铁路货物运输的国际公约》。该公约1961年在瑞士首都伯尔尼签字通过，1970年进行了修订，1975年1月1日修订本生效。《国际货约》成员国包括法国、德国、奥地利、比利时、意大利、瑞士、瑞典、西班牙及东欧各国在内的欧洲大陆主要国家，还包括西亚的伊朗、伊拉克、叙利亚，西北非的阿尔及利亚、摩洛哥、突尼斯等。二是《国际货协》（CMIC），全称为《国际铁路货物联合运输协定》。该公约1951年在波兰首都华沙订立，1974年7月1日新的修订本生效。《国际货协》当前的成员国主要包括中国、俄罗斯、独联体及东欧各国、蒙古、朝鲜、越南等，各成员国还成立了铁路合作组织作为协调机构。东欧国家作为《国际货约》和《国际货协》的共同成员国，为两大公约成员国的进出口货物通过铁路转运提出了便利条件。此外，规范国际铁路货运的国际法律规范还有《国际铁路货物联运统一过境运价规程》、《铁路货物运价规则》、《国际联运车辆使用规则》以及陆路相邻国家之间签订的《国境铁路协定》与《国境铁路会议议定书》等。

2. 我国国际铁路运输法律

我国与国际铁路货物运输相关的法律规范主要有《中华人民共和国铁路法》、《铁路货物运输合同实施细则》。《中华人民共和国铁路法》于1991年5月正式施行，其中第2章“铁路运输营业”对铁路运输合同、铁路运输企业责任及其免责范围、托运人及收货人权利义务、货物运输保险、货物运输费用、争议解决方式等方面作了具体规定。《铁路货物运输合同实施细则》于1987年7月正式施行，2010年12月进行了修订，共6章26条，对货物运输合同的签订、履行、变更或解除以及违反货物运输合同的责任和处理等方面进行详细的规定，具有很强的操作性。

（三）铁路运输的具体方式

国际铁路货物运输有整车、零担和大吨位集装箱等3种具体的运输方式：①铁路整车运输适用于按一份运单托运的、按其体积或种类需要单独车辆运送的货物；②铁路零担运输适用于按一份运单托运的、无须单独货车装运的货物。《国际货协》规定，一批货物重量小于5000公斤，按其体积又不需要单独货车运送的货物，即为零担货物。集装箱运输兴起后，铁路零担运输运量日益减少。③铁路集装箱运输适用于按一份运单托运的、用大吨集装箱运送的货物或空的大吨位集装箱。

（四）国际铁路货运的主要法律规定

我国作为《国际货协》的成员国，铁路跨境货运依照该公约的有关规定办理。《国际货协》共8章40条，其主要内容如下：

1. 铁路运单

铁路运单由发货人签发，在发货人提交货物并支付费用后，始发站在运单上加盖日期戳记，即可证明国际铁路货物运输合同的存在，无须另立合同。货物起运以后，铁路运单随同货物一起从始发站到终点站全程附送，最后交给收货人。铁路运单对铁路、发货人与收货人均有约束力，既是铁路承运货物、收取费用的依据，也是托运人已交付货物、收货人收取货物的凭证，还作为货物出入海关的必备文件，但不可作为物权凭证流通。

2. 承运人的责任及其赔偿

作为承运人的铁路部门有义务将货物安全运抵目的地，从签发运单时起至终点交付货物时止，承运人对货物的全部或部分灭失、毁损或逾期造成的损失负足额赔偿责任。其赔偿额度应与货价减损金额相当，但不超过货物全部灭失时的金额。如出现货物逾期交付的情形，铁路应以运费为基础并根据逾期时间，向收货人支付罚金。但是，如有下列情形承运人可免责：①铁路部门无法预防和消除的情况；②货物自身的特殊自然性质导致的货损；③发货人、收货人或其货物押运人的过失；④铁路规章许可的敞车运送；⑤承运时无法发现的包装缺陷；⑥发货人不正确地托运违禁品；⑦规定标准内的货物自然减量。

3. 发货人和收货人的权利义务

发货人和收货人具有支付运费、收取货物、变更合同等权利或义务：①发送国和到达国的运费分别由发货人和收货人承担，而过境运费则由双方协商确定由谁支付，为了保证核收运费等一切费用，承运人对合同项下货物可行使留置权；②收货人要按时收取货物；③发货人和收货人都可对到站及收货人进行变更，发货人还可在始发站将货物领回，或在货物起运后将货物返还始发站。

4. 诉讼时效

国际铁路货物运输合同当事人就有关费用的请求和诉讼应在 9 个月内提出，而有关货运逾期的赔偿请求和诉讼则须在 2 个月内提出。

三、国际货物多式联运法律实务

（一）国际货物多式联运及其适用

根据《联合国国际货物多式联运公约》第 1 条的规定，国际货物多式联运（International Multimodal Transport）是指按照多式联运合同，以至少两种不同的运输方式，由多式联运经营人将货物从一国境内接管货物的地点运至另一国境内指定交付货物的地点。国际货物多式联运是在集装箱运输的基础上发展起来的，因此，此处的“货物”是指由发货人提供的任何集装箱、货盘或类似的装运工具或包装。多式联运将海上运输、航空运输、铁路运输、公路运输、内河运输等海陆空多种运输方式结合在一起，实现一体化的门至门的运输，将货物从卖方工厂或仓库直接运送到买方工厂或仓库。

事实上，国际货物买卖很难通过一种运输方式即可完成门到门的运送，而在国际多式联运出现之前，通常采用分段运输的方式实现不同运输工具的接替，但却给托运人带来诸多不便，他们要安排不同运输方式之间的货物装卸、仓储、搬运等繁杂事项。采用国际货物多式联运后，多式联运经营人（以下简称“联运人”）作为总承运人对全程运输负总责，全程使用一份多式联运单据、按统一费率收取运费，而托运人只需洽谈运输业务、提交货物、取得多式联运单据、通知收货人提货即可。这种运输组织形式大大简化了货运手续，减少了货损货差，降低了经营成本，提高了运输效率，为国际货物买卖提供了一种高效便利的运输组织形式。

（二）国际货物多式联运法律

1. 国际货物多式联运公约

目前关于国际货物多式联运的公约主要有两个：

一是《联合国国际货物多式联运公约》，简称《多式联运公约》，于1980年5月在联合国贸易与发展会议主持下通过，对国际多式联运单证、联运人的赔偿责任、发货人的赔偿责任、索赔和诉讼、海关事项等作出了具体规定。此外，《多式联运公约》还附有一个“有关国际货物多式联运的海关事项条款”，对相关法律术语进行了界定，并规定了便利货物过境的若干措施。目前，该公约因没有达到30个国家批准或加入的要求而尚未生效，但在现实中被不少当事人约定参照采用，已具备相当的影响力。

二是《多式联运单证规则》。1991年联合国贸发会与国际商会共同拟定了《多式联运单证规则》，以弥补《多式联运公约》生效之前相关法律规则的缺失。该规则吸收了1973年国际商会《联合运输单证统一规则》和1980年《多式联运公约》的基本内容，但其条款更为简洁。该规则共13条，规定多式联运单证及其证据效力、联运人的赔偿责任及其限制、托运人的赔偿责任、货物灭失或损坏的通知、诉讼时效等内容，并对多式联运合同、多式联运经营人、承运人、托运人、收货人、多式联运单证、接管、交付、特别提款权、货物等相关术语进行了界定。《多式联运单证规则》没有强制约束力，由当事人选择适用。

2. 我国国际货物多式联运法律

我国《海商法》对涉及海上货物运输的多式联运合同作了特别规定，内容包括多式联运合同内涵、联运人及其责任、多式联运的法律适用等。关于联运人的责任，我国《海商法》规定：联运人对多式联运货物的责任期间，自接收货物时起至交付货物时止。联运人负责履行或者组织履行多式联运合同，并对全程运输负责。联运人与参加多式联运的各区段承运人，可以就多式联运合同的各区段运输，另以合同约定相互之间的责任。但是，此项合同不得影响联运人对全程运输所承担的责任。关于多式联运的法律适用，我国《海商法》规定：货物的灭失或者损坏发生于多式联运的某一运输区段的，联运人的赔偿责任和责任限额，适用调整该区段运输方式的有关法律规定。货物的灭失或者损坏发生的运输区段不能确定的，联运人应当依照本章关于承运人赔偿责任和责任限额的规定负赔偿责任。

（三）国际货物多式联运的主要法律规定

《多式联运公约》是当今多式联运最主要的国际公约，而且其规定更有利于发展中国家。该公约共 8 章 40 条，其主要内容如下：

1. 多式联运单证

多式联运单证是指证明多式联运合同和联运人接管货物并保证按照该合同条款交付货物的单证。根据发货人的要求，联运人接管货物时应签发可转让或不可转让多式联运单证。多式联运单证应是该单证所载明的货物由联运人接管的初步证据，并表明单证与货物实际状况相符。如果联运人怀疑单证所列内容与实际接管的货物不符，或无适当方法进行核对，则应在多式联运单证上作出批注，否则视为货物外表状况良好。多式联运单证应当载明：货物及其外表状况、联运人的名称和主要营业地、发货人与收货人的名称、联运人接交货物的地点和日期、单证签发的地点和日期、运费及其币种、单证是否可转让的声明、预期路线、运输方式及转运地点、双方同意列入的其他合法事项等。不过，多式联运单据中若缺少上述内容中的一项或几项，并不影响其作为多式联运单据的法律性质。

2. 联运人的赔偿责任

《多式联运公约》对联运人的责任期间、责任基础与责任限制等作出了规定：①联运人在接管货物到交付货物的整个全程对货物承担统一责任；②公约对联运人的赔偿责任采用“过错推定原则”，即联运人对货物灭失、损坏和迟延交付所引起的损失负赔偿责任，除非他能证明本人、受雇人或代理人等为避免事故的发生及其后果，已采取了一切合理要求的措施；③联运人在以下限额范围内承担赔偿责任：若联运包括海运或内河运输，按每件货物 920 特别提款权或按毛重每公斤 2. 75 特别提款权赔偿，以较高者为准，若不包括海运或内河运输，则按毛重每公斤 8. 33 特别提款权赔偿；④联运人对迟延交货造成损失所负的赔偿责任限额，以相当于迟延交付货物应付运费的 2. 5 倍的数额为限，但不得超过货物全部灭失的赔偿责任限额；⑤若确知货损发生的具体阶段，而该阶段所适用的国际公约或国内法所规定的赔偿额高于上述赔偿额，则按较高的赔偿额偿付；⑥联运人和发货人可在运单中约定超过上述限额的赔偿；⑦如果货物的灭失、损坏或迟延交付是由于联运人有意造成或轻率的行为或不为所引起，则联运人丧失赔偿责任限制的权利。联运人的受雇人、代理人或其他相关人也照此规定执行。

3. 发货人的赔偿责任

发货人的赔偿责任主要体现在两个方面：一是如果发货人的过失或疏忽或其受雇人、代理人依授权行事时的过失或疏忽，造成了联运人的损失，发货人应负赔偿责任。二是发货人对危险货物须尽到标识和告知的义务，不仅要以适当的方式在危险货物上加危险标志或标签，而且告知货物的危险特性，必要时并告知应采取的预防措施。否则，发货人赔偿联运人因此而遭受的一切损失，而联运人可视情况需要将危险货物随时卸下、销毁或使其无害而无须赔偿。但是，如果任何人在多式联运期间接管货物时已知货物的危险特性，则发货人不承担赔偿责任。

4. 索赔与诉讼

《多式联运公约》第五部分规定了索赔与诉讼的相关事项：①灭失、损坏或迟延交货的通知。对于收货人而言，如果货物灭失或损坏，应在交货次日或者在灭失或损坏不明显时6日内书面通知联运人，但货物状况已在交付时经当事各方联合调查或检验则无须再通知；如果迟延交货，应在收取货物60日内书面通知联运人。对于联运人而言，应在不迟于货物灭失或损坏的事故发生后，或交付货物后90日内，书面通知发货人。②诉讼时效。通常诉讼时效为2年，但如果在货物交付或应交付6个月内，没有提出说明索赔的性质和主要事项的书面索赔通知，则在此期限届满后即失去诉讼时效。如果依照起诉地国法律有更长的期限，则诉讼时效依据起诉地国法律执行。③管辖。原告可选择被告主要营业地或习惯住所地、合同签署地、货物接交地、合同约定的其他地点提起诉讼。④仲裁。索赔人可选择被告主要营业地或习惯住所地、合同签署地、货物接交地、约定的其他地点提起仲裁。

三种运输方式的比较见表5－6。

表5－6　航空运输、铁路运输、多式联运的比较

比较内容	航空运输	铁路运输	多式联运
主要法律规则	华沙公约、海牙议定书、瓜达拉哈拉公约、蒙特利尔公约	国际货协、国际货约	多式联运公约、多式联运单证规则
运输方式	班机运输、包机运输、集中托运、陆空陆联运、急件传递、送交业务	铁路整车运输、铁路零担运输、铁路集装箱运输	海上运输、航空运输、铁路运输、公路运输、内河运输的组合
运输单据	航空货运单不是物权凭证，不得转让	铁路运单不是物权凭证，不得转让	多式联运单证分为可转让、不可转让两种，可转让多式联运单证是物权凭证
合同当事人	航空承运人、托运人	铁路承运人、托运人、收货人	联运人、发货人
诉讼时效	诉讼时效2年	货物逾期诉讼时效2个月，其他事项诉讼时效9个月	诉讼时效2年，但自货物交付之日或应交付之日起6个月内未提出书面索赔通知诉讼时效终止

【总结评价】

国际贸易主要是通过海上、铁路、航空及多式联运等方式实现货物运送的，而其中海上货物运输是国际货运最重要的方式。国际海上货物运输有班轮运输和租船运输两种类型。调整班轮运输法律关系的国际公约主要有《海牙规则》、《维斯比规则》、《汉堡规则》、《鹿特丹规则》，而提单是班轮运输最主要的单证，它是海上货运合同及承运人接管货物的证明，也是货物的物权凭证，转让提单即可处置合同项下的货物。根据租船方式的不同，租船运输可以分为定期租船运输、航次租船运输和光船租赁运输，它们通常以标准格式合同规范船东和承租人的权利义务。国际航空运输主要包括班机运输、包机运输、集中托运等运输方式，2003 年生效的《蒙特利尔公约》相对于华沙体系的公约具有优先适用权，其影响力将越来越广泛。国际铁路运输主要包括整车运输、零担运输、集装箱运输等运输方式，《国际货约》和《国际货协》是两个最重要的国际铁路货运公约，我国是后者的成员国。多式联运为国际货物买卖提供了一种高效便利的运输组织形式，《联合国国际货物多式联运公约》对国际多式联运单证、联运人的赔偿责任、发货人的赔偿责任、索赔和诉讼、海关事项等作出了具体规定，是多式联运最主要的国际公约。

【主要概念】

国际货物运输法　海上货物运输　班轮运输　海上货物运输合同　托运人　承运人　实际承运人　收货人　提单　提单背书　租船运输　航次租船运输　定期租船运输　光船租赁运输　国际航空货物运输　航空货运单　班机运输　包机运输　集中托运　国际铁路货物运输　铁路运单　铁路整车运输　铁路零担运输　铁路集装箱运输　国际多式联运　多式联运经营人　多式联运单证

【任务实施】

通过网络或外贸企业，搜集一张海运提单、航空运单、铁路运单或多式联运单证，描述其中合同当事人的主要权利义务。

【复习思考题】

一、简答题

1. 简述《海牙规则》有关承运人义务与责任的规定。
2. 什么是提单？它在国际海上货物运输中有何作用？
3. 定期租船运输与航次租船运输有何区别？
4. 三种类型租船运输当事人主要义务的比较。
5. 简述《联合国国际货物多式联运公约》的主要内容。

二、判断题

1. 我国加入了《海牙规则》并将其内容大量吸收到相关国内立法之中。
2. 海上货物运输的提单一般由承运人或船长签发给收货人。
3. 承运人的责任制度是提单运输的核心内容。

4. 《鹿特丹规则》将承运人的责任期间扩展到“门到门”。

5. 规范国际货物海上租船运输的一般为各国国内相关的民商法律。

6. 只有承运人收取运费的国际航空货运关系才由国际航空公约调整。

7. 航空货运单是订立合同的初步证明但并非物权凭证。

8. 国际铁路货物运输的法律关系以运单作为证明。

9. 由联合国贸发会与国际商会共同制定的《多式联运单证规则》具有强制约束力。

三、单项选择题

1. 成员国最多的有关提单的国际公约是（　　）。

A. 《海牙规则》　　B. 《维斯比规则》

C. 《汉堡规则》　　D. 《鹿特丹规则》

2. 东华外贸公司与东方远洋航运公司签订合同，租用其“恒昌号”货轮的部分舱位，从中国上海装载价值500万美元工业缝制设备运至埃及塞得港。双方所签订的海上货运合同是（　　）。

A. 定期租船合同　　B. 航次租船合同

C. 光船租赁合同　　D. 班轮运输合同

3. 在光船租赁期间，应由（　　）负责对船舶进行保险并负担保险费。

A. 船舶出租人　　B. 承租人

C. 船舶所有人　　D. 托运人

4. 承运人按固定航线、固定航期，按固定标准收取运费的海上货物运输方式是（　　）。

A. 租船运输　　B. 班轮运输

C. 航次租船运输　　D. 定期租船运输

四、多项选择题

1. 下列有关《汉堡规则》表述正确的有（　　）。

A. 增加了集装箱条款　　B. 推行完全过失责任制

C. 承运人责任期间为“港到港”　　D. 规定了实际承运人制度

2. 《维斯比规则》对《海牙规则》所作的主要修改内容是（　　）。

A. 协调了《汉堡规则》与《海牙规则》的对立局面

B. 提高了最高赔偿额

C. 明确了计算集装箱或托盘货物最高赔偿责任的数量单位

D. 扩大了公约的适用范围

E. 诉讼时效经双方当事人同意可以延长

3. 下列哪些国际货物运输公约目前尚未生效？（　　）

A. 《联合国国际货物多式联运公约》　B. 《鹿特丹规则》

C. 《瓜达拉哈拉公约》　　D. 《蒙特利尔公约》

4. 下列有物权凭证性质的单证有（　　）。

A. 海运提单　　B. 航空运单

C. 铁路运单　　D. 可转让多式联运单证

5. 指示提单可以经过指示人的空白背书或者指示背书转让，指示提单的指示人包括（　　）。

A. 收货人　B. 托运人　C. 银行　B. 承运人

五、案例分析题

1. 有一批货物共100箱，自广州运至纽约，船运公司已签发了装船清洁提单，但货到目的港，收货人发现下列情况：5箱欠交；10箱包装严重破损，内部货物已散失50%；10箱包装外表完好，但箱内货物有短少。请问：（1）上述3种情况下，各应由哪方负担责任？是船运公司还是托运人？（2）若短交的5箱经船公司查核大副收据以及其他记载文件，均证明船运公司实际收货为95箱，而不是100箱，在此情况下，托运人有无权利要求船运公司按提单交付100箱？

2. 某年3月，国内甲公司与加拿大乙公司签订一设备引进合同。根据合同，甲方于4月30日开立乙方为受益人的不可撤销即期信用证。信用证中要求乙方在交单时提供全套已装船清洁提单。6月21日，甲方收到开证行付款通知书。甲方业务人员审核议付单据后发现乙方提交的提单存在以下疑点：一是提单签署日期早于装船日期；二是提单中没有已装船字样。请问：（1）该提单是否为“已装船清洁提单”？（2）乙方有何责任？甲方应当采取哪些措施？

（资料来源：聂红梅、史亚洲：《国际商法实用教程》，北京大学出版社、中国农业大学出版社2010年版，第180页）

第六章　国际货运保险法律实务

【学习要点】

1. 国际货运海上保险的基本原则与行业术语
2. 国际货物运输海上保险合同的相关凭证
3. 国际货物运输海上保险的当事人义务
4. 国际货物运输海上保险的承保范围
5. 国际货物运输海上保险的委付与代位权

【案例导入】

原告浙江远大公司于某年3月从印尼进口镍矿5万湿吨，单价FOB印尼港口45美元/湿吨，货物价值225万美元。该批货物由原告租船运输，在印尼波马拉港装船后，承运人于同年3月20日签发了提单，载明货物重量为5万湿吨。原告为该批货物向被告天安保险宁波公司投保了海上运输货物保险"一切险"，包含"仓至仓"责任条款。被告于同年3月19日签发了保单，载明货物重量为5万湿吨，保险金额为225万美元，货损免赔率为0.3%（另外，通常认为0.3%～0.5%的重量误差为合理），原告为此支付保险费人民币6800元（美元与人民币汇率为1∶7）。该批货物于同年4月1日运抵天津新港第五港埠公司码头，经中国检验认证集团河北有限公司进行水尺计重为49800吨。卸载后该批货物于同年4月1日至3日、4月13至15日转运至北江物流2号仓库，共用车辆1283次，在第五港埠公司过磅计重49500吨，在2号仓库过磅计重49450吨。同年4月21日原告获悉货物短量后，即向被告报案，之后便以第五港埠公司过磅计重结果为据，向被告提出保险索赔，因被告未予赔偿，故诉请法院判令被告赔付其货损金额及自5月1日起至实际付清日止的利息损失。请问法院应如何判处？

（参照吴勇奇：《浙江远大公司诉天安保险宁波公司海运货物保险合同纠纷案》，载"宁波海事法院网"）

国际货物买卖往往离不开长时间、远距离的运输，而货物在运送、装卸、仓储的过程中时常会面临自然灾害、意外事故等不确定的风险，由此可能会遭受不同程度的损失。对货物运输相关风险责任进行投保，是国际货物买卖当事人规避风险、减少或弥补损失的有效手段。国际货物贸易的迅猛发展，带动了为其服务的国际货物运输保险业的日益繁荣，并进而推动了国际货运保险法的不断完善。

第一节　国际货物运输保险及其法律概述

保险作为损失补偿的一种有效方法，其实质是通过社会分担风险的方式增强了个体抵御风险的能力，促进人们积极开展社会经济活动。然而，目前尚未形成统一的国际货物运输保险公约，保险法律关系主要由各国国内法及当事人所订立的保险合同调整。

一、国际货运保险的基本概念

（一）什么是国际货物运输保险

国际货物运输保险是指保险人和被保险人通过协商，就在国际间运输的货物约定以被保险人支付一定费用为条件，要求保险人对该货物可能发生的某种损失承担约定的赔偿责任的一种经济行为和法律关系。根据运输方式的不同，可将国际货物运输保险分为国际海上货物运输保险、国际陆地货物运输保险、国际航空货物运输保险等。与国际货物运输方式相匹配，国际货物运输过程中的风险及其防范也是以海上运输保险为主的。因此，对国际货物运输保险法律实务的探讨，也是以国际海上货物运输保险的相关法律规定为中心展开的。国际货运保险法是调整国际货物运输保险法律关系的各种法律规范的总称，并且与海上货物运输、航空货物运输、铁路货物运输等运输形式相适应形成了相关的保险法律规范。

（二）国际货运保险的业务术语

保险业务具有很强的专业属性，国际保险业界及许多国家均制定了保险行业术语标准，我国保险业标准化技术委员会也开展了这项工作，我国保险术语包括风险管理、精算、保险产品、市场和营销、投保和承保、保险合同管理、赔偿和给付、再保险、保险中介、保险组织与管理等方方面面。因此，我们在处理保险法律关系时应熟悉一些最基本的保险业务常用的术语（见表6－1）。

表 6－1　　处理保险法律关系常用的保险行业术语

保险术语	内涵释义	备注
保险标的	亦称保险对象，是指被保险人的财产或人身	在国际货运保险中保险标的通常是运输中的货物、运费，有时也包括船舶、汽车等运输工具
保险风险	亦称保险危险，是指尚未发生的、可能使保险标的遭受损害的危险或事故	包括自然灾害、意外事故或事件等，如国际海运中的轮船触礁、国际空运中的飞机坠落、国际铁路运输中的列车出轨。保险风险决定保险责任范围的界限
保险事故	以事实发生了的保险合同约定承保的风险	保险事故发生就会给保险标的造成损失，保险人就要按照一定数额赔偿损失
保险金额	保险人在保险事故发生时应向被保险人赔付的最高金额	保险金额大小与保险标的本身的价值密切相关，保险金额低于、等于、高于保险价值时，分别称为不足额保险、全额保险、超额保险，但在国际货运保险实务中一般不允许超额保险
保险价值	保险标的在特定时期内以货币形式估算的价值额	保险价值是核算保险金额的基础
保险费	被保险人或投保人向保险人缴纳的费用	保险费的多少通常与保险金额大小有直接关系
保险费率	被保险人向保险人缴纳的保险费与保险金额的比率	保险费率根据保险标的的种类、危险性的大小、保险期限等因素综合确定
保险期间	保险合同的有效期限	国际保险业大多采用“仓到仓”的保险期间，但最长不超过被保险货物卸载后 60 天
承保险别	保险人所承担的风险范围	如国际海运保险中的平安险、水渍险、一切险

以上保险术语中，要仔细辨别保险风险与保险事故、保险金额与保险价值、保险费与保险费率之间的区别，同时也要认识到它们之间紧密的内在联系。

小思考 6－1：

据“中华网”报道，某年 10 月 19 日，中国海上搜救中心总值班室接到青岛远洋运输公司报告，该公司所属的中国籍散货轮“德新海”轮，总吨 40892，船长 225 米，航速 8 节，船上有船员 25 人，装载煤炭，在由南非开往印度航次中，在塞舌尔岛东北 320 海里、摩加迪沙东偏南 980 海里处（南纬 1 度 49 分 3.9 秒，东经 60 度 4 分 49 秒），被索马里武装海盗分子劫持。请问，货轮被海盗劫持是保险风险还是保险事故？

二、国际货物运输保险的基本原则

在国际货物运输保险中，投保人（或被保险人）和保险人在实施与保险合同相关行为时应当遵循一些基本性的原则，如可保利益原则、最大诚信原则、补偿原则、近因原则等。

（一）可保利益原则

可保利益是指投保人或被保险人对保险标的具有法律认可的经济利益。具有可保利益是保险合同生效的先决条件，如果保险标的是非法的、是主观臆断的或者是无法用货币计量的，都会导致保险合同无效。就国际货运而言，其可保利益主要是货物自身的价值，也包括与此相关的运费、预期利润、保险费、关税等税费。

（二）最大诚信原则

由于保险合同的标的具有不确定性的风险，因此比一般商事合同更强调诚信原则。根据最大诚信原则，任何一方当事人以欺骗或隐瞒手段诱使对方签订的保险合同均属无效，但由于对保险标的的了解程度不同，通常更强调对被保险人的诚信要求。被保险人遵循最大诚信原则须尽以下义务：一是告知义务，即投保时应将自己知道的或应当知道的有关保险标的的重要事实如实告知保险人，以便保险人订约时决策；二是保证义务，即被保险人对其自身是否实施某种行为、是否存在某种事实、是否满足某项条件等作出保证。

（三）补偿原则

保险制度设计的目的是让投保人或被保险人在保险责任范围内的损失由社会分担，从而增强其抗风险能力，因此一旦发生保险事故保险人应当依约履行赔偿义务。不过，赔付金额不能超过保险金额或实际损失，不能使投保人或被保险人因保险赔偿而额外获得超值利益，否则有违保险制度所追求的基本目的，同时加大了恶意骗保的危险。

（四）近因原则

依据近因原则，保险人只对承保风险直接造成的损失承担赔偿责任。在保险人理赔实践中通常有三种情形：一是致损原因单一且在承保范围内，保险人当然负有赔偿义务；二是致损原因多个且形成了因果链，保险人只对属于承保范围内的最初起因承担责任，如最初起因不属承保风险则无赔偿义务；三是致损原因多个但各自独立，此时要特别注意对因果关系的排除，确定对损失起主导支配作用的原因才是近因。

小思考 6－2：

想一想下列情形是否符合国际货运保险的基本原则：

1. 保险公司承保了一批由泰国从公路运送到我国的象牙制品。

2. 四川大熊猫基地为赴国外进行商业交流活动的大熊猫投保了基本险。

3. 海上灯塔遭战争破坏，船长由于未充分瞭望导致计算错误并由此造成船舶触礁，保险公司因其未承保战争险而拒绝理赔。

4. 本章“案例导入”中投保人在保险合同中标明镍矿以“湿吨”来计量，在保险事故发生后保险公司以投保人未遵循最大诚信原则告知“湿吨”具体含义而拒绝理赔。

三、国际货运保险的主体

保险主体是指涉及保险合同权利义务的自然人、法人及其他的组织机构，包括保险合同的当事人和参与人。

（一）保险合同的当事人

保险合同当事人是指与保险合同有直接权利义务关系的人，一般包括保险人、投保人、被保险人。

1. 保险人

保险人（Insurer）亦称承保人，是收取保险费并在保险事故发生后对被保险人承担赔偿损失责任的人。保险人一般是作为法人的保险公司，如中国太平洋保险（集团）股份有限公司、英国法通保险公司、韩国现代海上火灾保险株式会社、美国利宝相互保险公司等。但英国对保险人的法人资格要求有例外，允许作为劳合社成员的自然人充任保险人，经营保险业务。

2. 投保人

投保人（Applicant）又称要保人，是与保险人签订保险合同并负有缴付保险费义务的人。投保人可以是法人也可以是自然人，投保人可以成为被保险人，也可以不是被保险人。在国际货物运输中，投保人通常是被保险人，在保险订立合同时他是投保人，在合同生效后是被保险人。

3. 被保险人

被保险人（Insurant）是指保险事故发生后有权按照保险合同要求赔偿损失的人。在保险合同生效后，投保人通常转换为被保险人，但国际货运保险合同中的投保人和被保险人是否为同一对象往往要视具体情况而定，而且随保险合同的转让被保险人的权利还可以让渡给第三方。

（二）保险业务的参与人

保险业务参与人是辅助当事人并参与保险合同的订立、变更、履行过程的人，包括保险经纪人、保险代理人和保险公估人。尤其是保险经纪人、保险代理人在保险业中发挥着极为重要的作用，在许多西方发达国家国际货运保险业务大多是通过他们招揽而实现的。两者虽然均为保险中介人，但却有着明显的区别（见表6－2）。

表6－2　保险经纪人与保险代理人的区别

不同点	保险经纪人	保险代理人
代表利益	代表客户（即被保险人或投保人）的利益	代表保险人（即保险公司）的利益
提供服务	为客户提供风险管理、保险安排、协助索赔与追偿等服务	代理保险人招揽客户、签署保险合同、收取保费、勘查和理赔损失等活动
服务对象	主要是大中型企业	主要是中小型企业及个人
承担责任	客户与保险经纪人之间是委托与受托关系，保险经纪人对因其过错而给客户造成的损失承担赔偿责任	保险代理人与保险公司是代理被代理关系，保险人对保险代理人在授权范围内的行为承担责任

1. 保险经纪人

保险经纪人（Insurance Broker）是指基于投保人的利益，为投保人提供投保、缴费、索赔等中介服务，并依法向保险人收取佣金的单位。在英、美、日等发达国家的保险经纪人活跃于涉外保险业的各个领域，为大型企业谋划保险事宜，提供风险管理、保险安排、协助索赔与追偿等服务。保险经纪人对经由其代为签约的保单享有留置权，如被保险人未支付保险费就不能获取保单。

2. 保险代理人

保险代理人（Insurance Agent）是指受保险人委托并在其授权范围内有偿代为办理保险业务的单位或者个人。根据代理合同，保险代理人可代理保险人从事招揽客户、签署保险合同、收取保费、勘查和理赔损失等业务活动。保险代理人在保险人授权范围内办理的保险业务，其后果由保险人承担；若代理人越权行为或其他过失给保险人造成损失的，应承担赔偿责任。

3. 保险公证人

保险公证人（Insurance Notary）又称保险公估人，是受保险当事人委托向其收取佣金，办理受损标的的勘查、检验、鉴定、估损与赔款理算并出具证明的保险中介机构。由于保险当事人利益各不相同，保险公证人作为无保险合同无利害关系的第三方，不仅需要专业技术知识，更需要秉持客观公正的立场。也正因如此，保险公证人仅接受一方的委托而形成公证结果通常不具有法律效力，只有公证结果被双方当事人认可才能作为理赔的依据。

第二节　国际货物运输海上保险合同

海上保险的法律关系主要通过海上保险合同表现出来。海上保险合同是由保险人与被保险人订立的，规定由被保险人支付约定的保险费，而在保险标的因发生承保范围内的海上风险遭受损失时，由保险人向被保险人予以补偿的合同。英国伦敦保险人协会 1982 年制定了新的海上保险单格式和货物保险条款，二者需同时使用方能构成一份完整的保险合同。

一、国际货运海上保险合同的法律依据

海上保险法是调整海上保险法律关系的各种法律规范的总称。海上保险法的调整对象是海上运输过程中产生的各种海上保险法律关系，主要包括海上保险合同、保险索赔与理赔、代位追偿和委付等。

（一）世界海上保险法律制度

英国是世界上保险业最发达，保险法律制度最完善的国家之一。英国长期以来在国际保险业务中处于中心地位，其《1906 年海上保险法》（Marine Insurance Act, 1906）影响巨大，被世界各国视为海上保险法的范本。《1906 年海上保险法》内容主要包括海上保险合同的定义、形成、形式要件、基本法律特征、默示内容、合同条款的法律界限及适当解释等。目前，在国际保险市场上，有各种各样的保险组织以及由这些组织制定的保险条款，其中以英国的伦敦保险人协会（The Institute of London Underwriters）、劳埃德保险会社（Lloyd's Association）等保险组织及其制定的海上保险条款影响最大。据估计，全世界约有 2/3 的海上保险合同条款是依据或参照伦敦保险人协会的保险条款制定的。

（二）中国海上保险法律制度

中国没有专门的海上保险法，现行的海上保险法律制度主要由 1992 年的《中华人民共和国海商法》（以下简称《海商法》）和 1995 年的《中华人民共和国保险法》（以下简称《保险法》）及中国人民保险公司制订的有关海上保险的条款共同构成。《海商法》专设第 12 章“海上保险合同”，对海上保险法律制度作了专门规定，其内容包括：一般规定、合同的订立、解除和转让、被保险人的义务、保险人的责任、保险标的的损失和委付、保险赔偿的支付，等等。《保险法》对保险的基本原

则、基本法律关系作了明确规定，其第147条规定："海上保险适用海商法的有关规定，海商法未作规定的，适用本法的有关规定。"中国人民保险公司制定的有关海上保险的条款是中国海上保险法律制度的重要内容，主要包括海洋运输货物保险条款、海洋运输货物战争险条款、货物运输罢工险条款以及船舶保险条款等。

二、国际货运海上保险合同的订立与转让

（一）合同订立方式

保险合同是投保人与保险人订立的一种在法律上具有约束力的协议。根据当事人双方的约定，投保人向保险人支付保险费，当保险标的发生约定的保险事故时，由保险人承担经济赔偿责任，或者当约定的保险事件出现时，由保险人履行给付保险金的义务。投保人提出保险要求，经保险人同意承保，并就合同的条款达成协议，保险合同成立。保险合同的订立与其他合同一样，要经过要约和承诺两个环节。实践中，国际货物运输保险常使用格式合同或格式条款的保单。海上货物运输保险合同通常经过被保险人向保险人提出保险申请、填写投保单、由保险人核保、被保险人缴纳保险费、保险人签发保险单等步骤来完成。当外贸进出口公司投保时，则由保险公司在出口单据（通常是货物发票）上加注承保险别、保险金额、保险编号等代替投保单并作为承保凭证。在英美法系国家，保险合同由投保人通过保险经纪人作为代理才能订立。

（二）合同订立时间

一般来说，保险合同承保的风险应是不确定的危险，即未来可能发生而非事实已经发生的风险，海上保险合同也是如此。也就是说，海上保险合同的订立应该在海上风险发生之前，否则即为无效合同。但在国际货物买卖实践中，买卖双方分处异国，且运输事宜并非由货主自己办理，因而对货物是否遇到海上风险有时难以确定，很可能在订立保险合同时海上风险已经发生而货主并不知情。为解决这一问题，各国保险单上通常载有"不论灭失与否条款（Lost or not Lost Clause）"，规定在订立合同时，不论保险标的是否已经灭失，保险合同都有效。但是，如果被保险人事先已知保险标发生毁损，或保险人事先已知保险标的安全抵达目的地，此时签订的海上保险合同均无效。

（三）合同的转让及其限制

海上保险合同可依法转让，英国《1906年海上保险法》第50条第3款规定："海上保险合同，得以批注方式，或其他惯例方式，转让之。"根据国际贸易惯例和各国法律规定，海上货物运输保险合同通常可通过被保险人在保险单上背书或其他

惯例方式转让。但是，船舶保险合同一般不能转让，除非保险人同意。因此，船舶保险合同都载有“所有权变更条款”，在保险人书面同意之前，保险合同的效力从船舶所有权转让之时起自动终止，但若船舶在航次中转让时，保险合同在航次终止之前继续有效。

三、国际货运海上保险合同的相关凭证

（一）保险单

海上保险合同一般为要式合同，须采用书面形式。而海上保险单则是海上保险合同书面形式的主要表现，它是保险人与被保险人之间订立的正式保险合同的书面凭证。当被保险人因遭遇风险而向保险人请求赔偿时，必须提供海上保险单。依据伦敦保险人协会的海上保险单和我国《海商法》的有关规定，海上保险单通常应具备以下主要内容：①保险合同当事人，一般包括保险人、投保人、被保险人；②保险标的，即船舶、货物或运费等；③承保险别，即保险人所承担的风险范围；④保险期间，即保险合同的有效期限，我国大多采用仓到仓的期间；⑤保险价值，即保险标的的价值；⑥保险金额，即保险人赔偿的最高限额；⑦保险费率，即被保险人向保险人支持费用的比率。此外，保单通常还会对损失处理与争议处理的办法作出规定。

（二）暂保单

暂保单（Binder，Binding Slip）又称“临时保险书”，保险单或保险凭证签发之前，保险人发出的临时单证。暂保单的内容较为简单，仅表明投保人已经办理了保险手续，并等待保险人出立正式保险单。暂保单既不是保险合同的凭证，也不是保险合同订立的必经程序，而仅仅是签发正式保险单之前的权宜之计，一般在以下几种情形中使用：①保险代理人获得保险业务而保险人未正式签发保险单之前，向投保人所签发的凭证。保险公司的分支机构在接受需要总公司批准保险业务后，在未获得批准之前所签发的书面凭证。②投保人与保险人就保险合同的主要条款达成协议，但一些具体仍需进一步的协商，保险人签发的书面凭证。③在办理出口贸易结汇时，签发保险单之前，保险人所出具的保险证明文件作为结汇的文件之一，以证明出口货物已经办理保险。暂保单具有和正式保险单同等的法律效力，但一般暂保单的有效期不长，通常不超过 30 天。当正式保险单出立后，暂保单就自动失效。如果保险人最后考虑不出保险单时，也可以终止暂保单的效力，但必须提前通知投保人。

（三）保险凭证

保险凭证（Insurance Certificate）又称“小保单”，指在保险凭证上不印保险条

款，实际上是一种简化的保险单。保险凭证与保险单具有同等效力，凡是保险凭证上没有列明的，均以同类的保险单为准。为了便于双方履行合同，这种在保险单以外单独签发的保险凭证。主要在以下几种情况时使用：①在一张团体保险单项下，需要给每一个参加保险的人签发一张单独的凭证；②在货物运输保险订有预约合同的条件下，需要对每一笔货运签发单独的凭证；③对于机动车辆第三者责任险，一般实行强制保险。为了便于被保险人随身携带以供有关部门检查，保险人通常出具保险凭证。此外，我国还有一种联合保险凭证，主要用于保险公司同外贸公司合作时附印在外贸公司的发票上，仅注明承保险别和保险金额，其他项目均以发票所列为准。当外贸公司在缮制发票时，保险凭证也随即办妥。这种简化凭证大大节省人力，目前对港澳地区的贸易业务也已大量使用。

四、国际货运海上保险合同的标的

（一）保险标的及其条件

保险标的（Insurance Subject）指保险合同载明的投保对象，或者是保险保障的对象。保险标的是保险合同的主要条款，影响保险合同的权利义务规定。对投保人来说，只有在投保时明确保险标的，才能遭遇保险事故时向保险人索赔；对保险人来说，明确了保险标的，就可判断投保人对保险标的有无保险利益，确定相应的保险金额和应承担的保险责任范围。保险标的必须符合以下三个条件：①属于被保险人所有或与他人共有而由被保险人负责的财产；②由被保险人经营管理或替他人保管的财产；③其他具有法律上承认的与被保险人有经济利害关系的财产。

（二）国际海上货运保险标的

在国际海运保险合同中，保险标的包括货物和货物的预期利润等保险合同指向的物或其他经济利益与责任。概括起来主要有：①货物。必须是处在海洋运输过程中的货物，包括为了完成海运而进行的陆上、内河和驳船运输；②船舶。多数国家的海商法规定船舶是指在法律上航行的商务船，在我国还包括其他海上移动装置；③船舶营运收入。船舶在运输营业中可期待的收入，包括运费、租金；④货物预期利润。货物运达目的地出卖或转卖后，预期可以取得的利润；⑤船员工资和其他报酬。船舶如果需要修理，船员工资和其他报酬支出就无法收回，被保险人可就这笔费用进行投保；⑥对第三者的责任。是指船舶所有人因海损事故对第三方应负的赔偿责任，包括违约责任和侵权责任；⑦由于发生保险事故可能受到损失的其他财产和产生的责任。

五、国际货运海上保险合同当事人的义务

被保险人和保险是相对权利义务关系人，被保险人的义务就是保险人的权利，保险人的义务也就是被保险人的权利。

（一）投保人或被保险人的义务

投保人或被保险人主要有以下义务：①如实申报。在订立合同时，被保险人对保险人关于保险标的的有关情况的询问必须如实回答，将保险标的状况、危险性等全部情况告知保险人。②缴纳保费。除合同另有约定以外，被保险人应当在合同订立后立即支付保险费，此前保险人可拒绝签发保险单证。③保证的义务。被保险人违反合同的保证条款时应立即通知保险人，保险人可解除合同，也可要求修改承保条件或增加保费。④保全货物。一旦保险事故发生，被保险人应立即通知保险并采取必要措施，防止或减少损失。⑤通知义务。投保人或被保险人在保险事故发生后，必须迅速通知保险人有关保险事故发生的时间、地点及危险性质和程度。⑥协助代理人行使代位权。如果保险事故是因第三者过失造成，被保险人应在获得赔偿后，将对第三人的赔偿请求权转移给保险人并协助其向第三人追偿。

（二）保险人的主要义务

保险人主要有以下义务：①赔偿或给付保险金的义务。在保险事故发生后，经保险人核实，确属约定责任范围内的事故，保险人负责向被保险人支付约定的保险金。否则，即使发生灭失或损害，保险人也不予以赔偿。②及时签单的义务。保险合同成立后，保险人应及时向投保人签发保险单或其他保险凭证。③保密的义务。保险人对在办理保险业务中知道的投保人、被保险人的业务和财务情况负有保密的义务。④不得随意解除保险合同的义务。⑤解除合同时退还保险费。当合同被宣告无效时，保险人要退还被保险人或投保人全部或部分保险费。但合同的无效和解除，若是由于被保险或投保人故意或重大过失造成的，则保险人可不退还保险费或仅退还其中一部分。

第三节　国际货物海上运输保险的承保范围

海上保险的种类和险别不同，保险人的承保范围也各异。海上保险的承保范围，决定了保险人的责任范围。

一、承保的风险

并非一切海上风险均在海上保险的承保对象之列，有些风险保险人承保，有些

则不承保。保险人对被保险人承保的海上风险都在保险单条款中载明，由于现今世界各国通用的保险单大都是参照英国“劳合社船货保险单”的标准格式拟定，国际上保险条款已基本趋于一致。

（一）海上风险

海上风险（Perils of Sea）又称海险或海难，包括自然灾害和意外事故。自然灾害是指因自然界力量所造成不以人们意志为转移的灾害，如恶劣天气、雷电、海啸、地震、洪水、火山爆发、海浪击落等。意外事故是指由突然的、非意料的原因所导致的事故，如船舶搁浅、触礁、沉没、碰撞、破船、失踪、火灾、爆炸等事故。但正常的自然磨损、蒸发消耗或自然渗漏等不能作为海上风险。

（二）外来风险

外来风险（Extraneous Risks）是指由自然灾害和意外事故之外的其他外部因素所导致的风险，包括一般外来风险和特殊外来风险。一般外来风险是指在货物运输过程中，由于偷窃、淡水雨淋、串味、碰损破碎、钩损、锈损、玷污、短量、提货不着、受热受潮、渗漏等原因导致的风险损失。特殊外来风险是指在货物运输过程中，由于军事、政治、国家政策法令等特殊原因造成的风险损失，包括战争风险、罢工风险、拒收风险、交货不着风险、进口关税损失风险等。

二、承保的损失

海上保险的目的在于由保险人负责赔偿保险标的因承保范围内的风险而遭受的损失，按损失程度的不同，保险标的所遭受的损失可分为全部损失和局部损失。

（一）全部损失

全部损失（Total Loss），简称全损，是指保险标的因遭受承保风险而导致的全部灭失或视同全部灭失的损害，包括实际全损和推定全损两种情形。

1. 实际全损

实际全损（Actual Total Loss）又称为绝对全损，根据英国《1906年海上保险法》第57条的规定，实际全损包括以下情形：①保险标的发生保险事故后灭失，如船舶爆炸；②保险标的受到严重损坏完全失去原有形体或效用，如食品因海水浸泡后已完全失去商业价值；③保险标的不能再归被保险人所拥有，如战争时期船舶及货物被捕获没收。此外，船舶失踪经过一段合理时间后仍无音讯，也认定为实际全损。

2. 推定全损

发生保险事故后保险标的虽未完全损毁、灭失或失去效用，但实际全损已无法避免，或者为避免实际全损所需支付的修复、施救、运输等费用将超过保险价值，被保险人因此放弃保险标的所有权，即构成推定全损（Constructive Total Loss）。根据英国《1906 年海上保险法》第 60 条规定，推定全损主要包括以下三种情况：①因承保风险使被保险人丧失对其船舶和货物的占有，并且被保险人不大可能收回，或者收回的费用将超过其收回后的价值；②船舶受损的，因承保风险使修理船损的费用将超过修理后船舶的价值；③货物受损的，修理受损货物以及将货物续运到目的地的费用，将超过货物到达目的地时的价值。

（二）局部损失

局部损失（Partial Loss）是指除了全损以外的一切损失。根据英国《1906 年海上保险法》，局部损失包括共同海损、单独海损和单独费用。

1. 共同海损

共同海损（General Average）是指船舶和货物在海运中遇到共同危险，船方为了共同安全，有意和合理地采取措施所直接造成的特殊牺牲或支付的特殊费用。共同海损应由船、货各方共同承担。共同海损的成立必须具备共同危险、措施合理、费用特殊、措施有效等四个要件。

小贴士 6 - 1：

共同海损成立应具备以下四个要件：

第一，共同危险。海运所遭遇的海难与危险真实存在，而非主观想象或臆造；而且这种海难与危险危及到船货的共同安全，而非其中一方的安全。

第二，措施合理。船方所采取措施（即共同海损行为）对于排除或减少险情是必要的、经济的，符合各方的共同利益，如在投弃中应遵照“先重后轻”、“先廉后贵”的原则。

第三，费用特殊。共同海损的牺牲和费用必须是特殊的。特殊的牺牲和费用是指正常情况下这种损失不会发生，完全是为解除其遭遇的海上风险所造成的，而且这种特殊费用必须是海上共同危险的直接损失而非间接损失。譬如，船舶超载导致机器损坏不属于共同海损，而船舶为摆脱搁浅使机器损坏则属于共同海损。

第四，措施有效。共同海损行为原则上应由船长指挥，而且必须是积极有效的。船方采取措施的结果应全部或部分地保全了船货和其他财产，否则，没有获救的财产，共同海损就失去了赖以存在的基础，也就无所谓分摊损失。

2. 单独海损

单独海损（Particular Average）是指除共同海损之外的仅涉及航海中船舶或货物单方面利益的损失。例如，船舶在航行途中发生搁浅、触礁事故使船只受损，或货物因船只的触礁漏水而遭受湿损。单独海损应由个别货主、船方等标的物所有人单独负担，而保险人则依据保险合同在承保范围内予以赔偿。

三、承保的费用

为了减轻或避免保险事故可能带来的损失，有必要采取合理的措施，由此而产生的费用支出也在承保范围之列。

（一）施救费用

施救费用（Sue and Laber Expenses）是指当被保险标的遭遇保险责任范围内的灾害事故时，被保险人或其代理人、雇佣人员和受让人等为减轻或避免损失，采取抢救措施而支出的合理费用。被保险人一方所实施的自救行为无论是否有效果，只要费用支出谨慎合理，保险人就应予以赔付。

（二）救助费用

救助费用（Salvage Charge）是指当被保险标的遭遇保险责任范围内的灾害事故时，由保险人和被保险人以外的第三方采取救助行动而发生的费用。依国际惯例，在船舶或货物遭受灾难时，其他船舶有义务采取救助措施，被救助方应支付相应的报酬，保险人应负责赔偿救助费用。

虽然施救费用和救助费用都是为了抢救保险标的而由保险人支出的费用，但两者在行为主体、赔偿条件、赔偿限度等方面有着明显的区别（见表6－3）。

表6－3　施救费用与救助费用的比较

比较内容	施救费用	救助费用
行为主体	被保险人或其代理人、雇佣人员和受让人（自救）	无直接利益关系的第三方（他救）
赔偿条件	只要施救行为合理不论有无效果	救助必须取得效果
赔偿限度	以保险金额为限，在保险人对保险标的的赔偿之外另行支付	以被救标的价值为限，救助与货损赔偿之和不超过货物的保险金额

四、承保的险别

（一）基本险别

1. 基本险别的责任范围

（1）平安险

平安险主要负责赔偿的范围包括：①在运输过程中，由于自然灾害和运输工具发生意外事故，造成被保险货物的实际全损或推定全损。②由于运输工具遭遇搁浅、触礁、沉没、互撞、与流冰或其他物体碰撞以及失火、爆炸等意外事故造成被保险货物的全部或部分损失。③只要运输工具曾经发生搁浅、触礁、沉没、焚毁等意外事故，不论这意外事故发生之前或者以后曾在海上遭遇恶劣气候、雷电、海啸等自然灾害造成的被保险货物的部分损失。④在装卸转船过程中，被保险货物一件或数件落海所造成的全部损失或部分损失。⑤被保险人对遭受承保责任内危险的货物采取抢救，防止或减少货损措施支付的合理费用，但以不超过该批被救货物的保险金额为限。⑥运输工具遭遇自然灾害或者意外事故，需要在中途的港口或者在避难港口停靠，因而引起的卸货、装货、存仓以及运送货物所产生的特别费用。⑦共同海损的牺牲、分摊费和救助费用。⑧运输契约订有“船舶互撞责任条款”，按该条款规定应由货方偿还船方的损失。

（2）水渍险

水渍险的责任范围，除包括上列平安险的各项责任外，还负责被保险货物由于恶劣气候、雷电、海啸、地震、洪水等自然灾害所造成的部分损失。

（3）一切险

一切险的责任范围除包括平安险和水渍险的保险责任外，还包括货物在运输过程中由于一般外来原因所造成的被保险货物的全损或部分损失。因此，一切险的承保责任虽较平安险和水渍险为广，但保险人并不是对任何风险所致的损失都负责。

2. 基本险的除外责任

除外责任，是保险人不予赔偿的损失和费用，一般来说是非意外的，非偶然的，或比较特殊的风险，其内容包括：①被保险人的故意行为或过失所造成的损失。例如，被保险人未能及时提货而造成的货损或损失扩大。②属于发货人责任所引起损失。例如，由发货人装箱引起的短装、积载不当、错装所造成的货损。③在保险责任开始前，被保险货物已存在的品质不良或数量短缺所造成的损失。④被保险货物的自然损耗、本质缺陷、特性以及由于市价跌落、运输延迟所引起的损失或费用。⑤战争险条款、罢工险条款规定的责任范围和除外责任。

3. 基本险的责任起讫期限

保险的责任起讫亦称保险期间或保险期限，指保险人承担责任的起讫时限。非在保险期间内发生的保险责任范围内的风险损失，被保险人无权索赔。基本险的责任起讫期限为“仓至仓”，即保险人的承保责任从被保险货物运离保险单所载明的起运地发货人仓库或储存处开始运输时生效，包括正常运输过程中的海上、陆上、内河和驳船运输在内，直到该项货物到达保险单所载明目的地收货人的最后仓库或储存处所，或被保险人用作分配、分派或非正常运输的其他储存处为止。如未抵达上述仓库或储存处，则以被保险货物在最后卸载港全部卸离海轮后满 60 天为止。如在上述 60 天内被保险货物需转运到非保险单所载明目的地时，则以该项货物开始转运时终止。

（二）附加险别

附加险是对基本险的补充和扩展，它不能单独投保，只能在投保了基本险的基础上加保。根据损失的性质，附加险分为一般附加险和特殊附加险。

1. 一般附加险

一般附加险是指由于一般外来原因引起的一般风险而造成的各种损失的险别，包括偷窃提货不着险、淡水雨淋险、短量险、混杂沾污险、渗漏险、碰损破碎险、串味险、受潮受热险、钩损险、包装破裂险和锈损险等11种。这些附加险，只能在投保一种基本险的基础上加保，而不能单独投保。

2. 特殊附加险

特殊附加险是指承保由于军事、政治、国家政策法令以及行政措施等特殊外来原因所引起的风险与损失的险别。中国人民保险公司承保的特殊附加险，包括战争险、罢工险。按国际保险业惯例，已投保战争险后另加保罢工险，不另收保险费。如仅要求加保罢工险，则按战争险费率收费。

第四节 国际货物海上运输保险理赔

当国际海运中的保险标的发生风险事后，保险公司对被保险人提出的索赔请求进行及时处理，须根据合同约定履行赔偿或给付责任。保险理赔是保险人履行保险职能和承担保险责任的直接体现。

一、海上保险赔偿的支付

保险标的发生实际全损时，保险人依据其签发的保险单进行赔偿。当被保险人投保定值保险时，不论保险标的的价值是否高于或低于约定价值，只要保险金额同约定价值相等，被保险人就能得到十足补偿。按英国保险法，在保险人按保险金额全数赔偿后，保险标的应折归保险人所有。投保不定值保险时，若受损时保险标的的实际价值高于保险金额，保险人的赔偿数额应按保险金额与实际价值之间的比例计算；若实际价值低于保险金额时，则以实际价值作为赔偿的依据。不定值保险在实践中极少使用。

在推定全损情况下，被保险人对损失的索赔拥有选择权，既可按全损处理，也可按局部损失处理。若按全损处理，就须及时向保险人发出委付通知，并把受损的残余保险标的委付给保险人；若按局部损失处理，还可以索赔修复费。

共同海损通常由利害关系人（船方、货方和运输方）按获救价值依比例进行分摊。有关共同海损的理算，目前国际上普遍适用1974年《约克—安特卫普规则》

（现为 2004 年修订本）。实践中，共同海损一般都由保险人负责。保险人对共同海损的赔偿，以保险单为依据，若分摊价值低于保险价值，全由保险人赔偿；若分摊价值高于保险价值时，保险人只按两者的比例进行赔偿，其差额由船、货各方分摊。

二、海上保险的委付

委付（Abandonment）作为海上保险独有的法律制度，当前已被有关国际惯例、各国国内法以及我国《海商法》所确认，并在海上保险实践中得到有效实施。

（一）海上保险委付及其程序

委付是指在保险标的物发生推定全损时，被保险人将保险标的物的所有权利义务无条件地转移给保险人，而请求保险人全额赔付的法律行为。当推定全损的情形出现时，被保险人可以采取两种办法：一是将它作为局部损失处理；二是将其视为全损处理。如采取第一种办法则不必发出委付通知，只需向保险人提出局部损失的赔偿请求即可；如采用第二种办法则就必须及时向保险人发出委付通知。根据英国《1906 年海上保险法》第 62 条第 2 款的规定，委付通知须表明被保险人将保险标的的权利义务无条件转移给保险人并请求全额赔偿的意愿。委付通知须经保险人接受方能生效，但保险人无论接受与否，都应在合理时间内将其决定送给被保险人，以便被保险人采取措施减少保险标的的损失。

（二）海上保险委付的成立要件

一般来说，海上保险委付的成立须具备以下几个要件：

1. 保险标的推定全损

委付包含着转移保险标的的一切权利义务和全额赔偿的双重内容，所以只有在保险标的出现推定全损的情形时才能适用。在保险标的实际全损或部分损失时，保险人应依据合同给予被保险人全额赔偿或部分赔偿，但都无法取得保险标的的转移的权利义务，因为实际全损保险标的已不复存在，而部分损失保险标的仍归被保险人所有。可见，委付不适用于保险标的实际全损或部分损失的情形。

2. 不得附加任何条件

被保险人必须将保险标的的一切权利义务转移给保险人，并且不得附加条件。委付是解决保险标的损失的一种简捷方法，不宜附加条件，否则必使保险关系复杂化，徒增当事人纠葛。如船舶失踪，被保险人提出委付，但又附上条件，要求日后船舶有着落时返还其船舶，而同时返还受领的保险金，这势必影响保险人的利益，也为法律所不容。

3. 委付实施不可分割

委付具有不可分性，无论货物还是船舶的保险，都必须就标的的全部请求委付，不得仅就保险标的的一部分请求委付，而另一部分不适用委付。但是，若同一保险单上载有若干种保险标的，而仅一部分发生委付原因，且这部分标的可与其他标的相分离，则可将这一部分标的适用委付。

4. 保险人决定委付效力

委付是一项双方合意的法律行为，必须经保险人承诺接受方能生效。英国《1906 年海上保险法》第 62 条第 5 款规定："委付通知之接受，得由保险人明示接受之，或由保险人因行为默示接受之。"被保险人提出委付请求后，保险人视保险标的残值及其随付义务决定是否接受。委付一经保险人承诺即成立了有效委付合同，双方均不能撤销。然而，由于保险标的的义务是随同其权利一并发生转移的，所以保险人并不总是愿意接受委付，尤其是保险标的所产生的义务大于其权利时更是如此。以沉没船舶作为保险标的为例，如果打捞船舶与清理航道的费用超过船舶残值及相关利益，则保险人自然会选择拒绝委付。

（三）海上保险委付的法律效力

委付在成立和未成立时对当事人产生不同的后果。

1. 委付成立的法律效力

委付成立对被保险人和保险人具有不同的法律效力：①被保险人可以获得全部损失赔偿。委付一经成立，被保险人必须将保险标的的一切权利义务，包括所有权、用益及担保物权、债权以及随付义务等全部转移给保险人，而自己从保险人那里获得全额的损失赔偿。②保险人获得保险标的的所有权利义务。自委付承诺生效之日起，保险人对保险标的的权利、利益和义务必须一并接受，但保险人处理保险标的以及向致害第三人索赔所得，无论是否超过其赔偿数额，均归其所有。

2. 委付未成立的法律效力

委付未成立被保险人根据情况可以获得全额赔偿或部分赔偿，但保险标的物都仍归被保险人所有。具体而言，其法律效力分两种情况：①被保险人获得部分赔偿并保有保险标的。若保险标的未发生推定全损，只发生了局部损失，或者被保险人在保险标的发生推定全损时未及时发出委付通知，则保险人有权按局部损失赔偿被保险人，保险标的属被保险人所有。②被保险人获得全额赔偿并保有保险标的。虽然保险标的确实发生了推定全损且被保险人已及时发出了委付通知，但是保险人拒不接受被保险人的委付请求。此时，保险人仍有义务按推定全损赔偿被保险人的损失，而保险标的仍归被保险人所有。

三、海上保险的代位权

代位权制度最早由法国民法典确立，代位权是指债权人以自己名义行使债务人的权利的一种权利。保险代位权是债的代位权在保险法律关系中的适用，但它并非海上保险特有的制度。

（一）海上保险代位权及其法律性质

代位权（Subrogation）又称代位求偿权，是指保险人支付保险金额后从被保险人处取得债权人的地位和向责任方（第三方）追偿的权利。代位权是保险法律关系中的一个核心内容，为各国立法和惯例所一致认同，也是海上保险的一项重要制度。

就其法律性质而言，海上保险合同是补偿性合同，被保险人不得以保险作为牟利的手段。代位求偿权的目的，在于防止被保险人取得保险人与负有责任的第三人的双重赔偿。在保险实务中，保险标的的损失常因第三人的过失或疏忽所造成。因此，被保险人可因第三方的侵权或违约行为向其提出赔偿请求，同时又可从保险人处获取赔偿金，这样，被保险人可获得双倍于损失的补偿。这与海上保险合同的补偿性质相违背。为此，各国海上保险法规定，被保险人从保险人处获得补偿后，应将赔偿请求权转让给保险人。代位权是保险人的一项法定权利，被保险人未征得保险人的同意，不得放弃对第三人的权利。

（二）海上保险代位权的构成要件

在海上保险中，代位权的成立须同时满足以下三个条件：①保险事故确属保险责任范围，损失属于赔偿责任范围。若事故和损失不在保险责任和赔偿责任范围之内，与保险人无关，也就不存在代位求偿问题。②保险人已向被保险人作了实际赔付。若未支付保险赔偿金，保险人就不能取得代位权。③保险事故的发生确属第三人的行为所致，被保险人具有向第三人索赔的权利。若保险事故非因第三人的行为引起，例如，因自然灾害引起，则不会产生追偿的法律关系；若被保险人不具有向责任方的索赔权或已放弃这项权利，或此项权利已得到满足，保险人便无从求偿。

（三）海上保险代位权的行使

保险人代位权的行使，除见于法律的规定也见于保险合同的约定。合同代位权条款规定，保险人在赔偿被保险人损失后，可在其赔偿金额限度内，要求被保险人转移其对造成损失的他人追偿的权利。如果保险单载有代位权条款，被保险人就不得随意放弃其对他人的索赔权利，否则，保险人便可以不能行使代位权为由拒绝被保险人的索偿或相应扣减保险赔偿。无论是全损还是局部损失，只要保险人已支付了保险金额，保险人就有权取得代位权。在赔付全部损失的情况下，保险人除取得代位求偿权外，还有权取得残存的保险标的所有权，除非保险人主动放弃这一权利；若保险人只是赔付部分损失，则不能取得残存保险标的的所有权，仅取得代位权。保险人在行使代位求偿权时，若向第三人的追偿所得大于他赔付给被保险人的保险金额，其超出部分应归还被保险人。但是，在保险人取得保险标的所有权的情况下，残存保险标的的价值即使大于保险赔偿，亦归保险人所有。

委付和代位权是国际货运保险业务中的两个重要概念，彼此之间存在着密切的联系，委付本身就包含了代位权，但实质上又是两种不同性质的法律行为（见表6－4），在学习中要进行认真的辨别。

表6－4　委付与代位权的区别

不同点	委付	代位权
适用情形	推定全损	全损、部分损失
权利性质	对标的物的所有权	对第三人的追偿权
前提条件	保险人接受了被保险人的委付请求	保险人已赔付被保险人的全部损失
金额限制	保险人可获得大于其赔偿金额的利益	保险人不可获得大于其赔偿金额的利益
行使内容	保险人在取得保险标的物所有权时，还承担因该标的物而产生的其他义务	保险人在取得对第三人的追偿权时，无须承担其他义务

第五节　其他国际货物运输保险法律实务

除海运这种最主要的运输方式外，国际货物买卖还可以通过陆运、空运以及通过邮政送递等多种方式实现远距离输送。与海运相比，陆运、空运与邮包运输虽然面临的风险各有其自身的特点，但同样会因自然灾害、意外事故和各种外来风险而导致货物损失。为了转嫁这些风险就要办理相应的保险，以便当货物遭到承保范围内的风险而损失时，可以从保险公司获得赔偿。

一、陆上运输货物保险

陆上运输主要包括铁路运输和公路运输两种形式，其主要运输工具分别火车和汽车。陆上运输虽与海上运输的空间地域及可能遇到的风险有很大差异，但其主要险别的设计却大同小异。中国人民保险公司1981年1月1日颁布并生效的《国际保险条款陆上运输货物保险条款》，是当前我国陆上运输货物保险的主要法律规范。

（一）承保责任范围

陆上运输货物保险包括基本险、战争险、冷藏货物险等险别，它们有各自不同的承保责任范围（见表6－5）和投保方式。

表 6－5　陆上运输货物保险的险别与承保责任范围

险别		承保责任范围	备注
基本险	陆运险	①在运输途中被保险货物、运输工具、驳运工具遭受自然灾害、意外事故所造成的全部或部分损失；②被保险人抢救货物而支付的合理费用，但不得超过被救货物的保险金额。	①陆运险大致相当于海运“水渍险”；②陆运一切险外来原因通常包括偷窃、渗漏、碰损、钩损、雨淋、生锈等；③陆运基本险除外责任大致相当于海运基本险的除外责任。
	陆运一切险	除包括以上陆运险的责任外，被保险货物在运输场中由于外来原因所致的全部或部分损失。	
战争险		保险人负责赔偿在火车运输过程中由于战争、类似战争行为或敌对行为、武装冲突所致的损失，以及各种常规武器包括地雷、炸弹所致的损失。	投保基本险后可另缴保费加保战争险，国外大多私营保险公司不予承保，而我国保险公司仅承保火车运输战争险。
冷藏货物险		陆上运输工具冷藏设备装运的冷藏货物因运输途中遭到自然灾害、意外事故而造成的损失和腐败损坏。	是可单独投保的陆上货运专门险种。

（二）保险责任期间

陆运基本险和冷藏货物险的保险责任期间为“仓至仓”，即自被保险货物运离起运地仓库（或冷藏仓库）或储存处所开始运输时起，直至该项货物运达目的地收货人的最后仓库或储存处所为止。但两者都对最后卸载车站到上述仓库或储存处所的运输时间作了限制，基本险和冷藏货物险分别以 60 天和 10 天为限，超过运输时限的损失不予以赔偿。陆运战争险的保险责任期间自货物装上起运地火车时开始，到卸离目的地的火车时为止，如未卸货则最多延长至火车到达目的地当天午夜起 48 小时为止。

（三）被保险人的义务

除了保险人在以上期间须承担保险责任之外，被保险人也应尽相应的法律义务，主要有：①货物运抵目的地后被保险人应及时提货，如发现货损应立即向保险单上所载明的检验、理赔代理人申请检验。如发现货物整件短少或有明显残损痕迹，应即向承运人、受托人或有关当局索取货损货差证明，如果货损货差是由于承运人、受托人或其他有关方面的责任所造成，并应以书面方式向他们提出索赔，必要时还需取得延长时效的认证；②对危险的货物应迅速采取合理措施，防止或减少货损；③在向保险人索赔时须提供保险单正本、提单、发票、装箱单、磅码单、货损货差证明、检验报告及索赔清单等单证，如涉及第三者责任还须提供向责任方追偿的有关函电及其他必要单证或文件。同时还应注意，索赔须在被保险货物从最后目的地车站全部卸离车辆后2年内提出。

二、航空运输货物保险

航空运输货物保险是以航空运输过程中的各类货物为保险标的，当保险标的在运输过程中因保险责任造成损失时，由保险公司提供经济补偿的一种保险业务。当前，航空运输货物保险的相关法规，主要有伦敦保险协会制定的《协会航空运输货物条款》、《协会航空运输货物战争险条款》、《协会航空运输货物罢工险条款》等。目前国际保险市场上的保险人在接受投保航空运输险时，多采用上述条款的规定。我国空运货物保险的做法，空运出口货物，如由我方保险，则应按有关规定向人保公司办理投保手续。空运进口货物，应按预约保险合同的规定办理投保手续。

（一）责任范围

本保险分为航空运输险和航空运输一切险两种。被保险货物遭受损失时，本保险按保险单上订明承保险别的条款负赔偿责任。

1. 航空运输险

本保险负责赔偿：①被保险货物在运输途中遭受雷电、火灾、爆炸或由于飞机遭受恶劣气候或其他危难事故而被抛弃，或由于飞机遭碰撞、倾覆、坠落或失踪意外事故所造成全部或部分损失。②被保险人对遭受承保责任内危险的货物采取抢救，防止或减少货损的措施而支付合理费用，但以不超过该批被救货物的保险金额为限。

2. 航空运输一切险

除包括上列航空运输险责任外，航空运输一切险还负责被保险货物由于外来原因所致的全部或部分损失。但航空运输一切险对下列损失不负赔偿责任：①被保险人的故意行为或过失所造成的损失；②属于发货人责任所引起的损失；③保险责任开始前，被保险货物已存在的品质不良或数量短差所造成的损失；④被保险货物的自然损耗、本质缺陷、特性以及市价跌落、运输延迟所引起的损失或费用；⑤保险公司航空运输货物战争险条款和货物及罢工险条款规定的责任范围和除外责任；⑥战争、军事行动、扣押、罢工、哄抢和暴动；⑦核反应、核子辐射和放射性污染；⑧由于行政行为或执法行为所致的损失；⑨其他不属于保险责任范围内的损失。

（二）责任起讫

1. 一般情形责任起讫

航空运输货物保险负“仓至仓”责任，自被保险货物运离保险单所载明的起运地仓库或储存处所开始运输时生效，包括正常运输过程中的运输工具在内，直至该项货物运达保险单所载明目的地收货人的最后仓库或储存处所或被保险人用作分配、分派或非正常运输的其他储存处所为止。如未运抵上述仓库或储存处所，则以被保险货物在最后卸载地卸离飞机后满 30 天为止。如在上述 30 天内被保险的货物需转送到非保险单所载明的目的地时，则以该项货物开始转运时终止。

2. 特殊情形责任起讫

由于被保险人无法控制的运输延迟、绕道、被迫卸货、重行装载、转载或承运人运用运输契约赋予的权限所作的任何航行上的变更或终止运输契约，致使被保险货物运到非保险单所载目的地时，在被保险人及时将获知的情况通知保险人，并在必要时加缴保险费的情况下，本保险仍继续有效。出现这种情形，保险责任按下述规定终止：①被保险货物如在非保险单所载目的地出售，保险责任至交货时为止。但不论任何情况，均以被保险的货物在卸载地卸离飞机后满 30 天为止。②被保险货物在上述 30 天期限内继续运往保险单所载原目的地或其他目的地时，保险责任仍按上述第 1 款的规定终止。

（三）被保险人的义务

被保险人应按照以下规定的应尽义务办理有关事项，如因未履行规定的义务而影响保险公司利益时，保险公司对有关损失有权拒绝赔偿。①当被保险货物运抵保险单所载目的地以后，被保险人应及时提货，当发现被保险货物遭受任何损失，应即向保险单上所载明的检验、理赔代理人申请检验，如发现被保险货物整件短少或有明显残损痕迹，应即向承运人、受托人或有关当局索取货损货差证明。如果货损货差早由于承运人、受托人或其他有关方面的责任所造成，应以书面方式向他们提出索赔。必要时还须取得延长时效的认证。②对遭受承保责任内危险的货物，应迅速采取合理的抢救措施，防止或减少货物损失。③在向保险人索赔时，必须提供下列单证：保险单正本、提单、发票、装箱单、磅码单、货损货差证明、检验报告及索赔清单，如涉及第三者责任还须提供向责任方赔偿的有关函电及其他必要单证或文件。

三、邮包运输货物保险

邮包运输保险是指承保邮包通过海、陆、空三种运输工具在运输途中由于自然灾害、以外事故或外来原因所造成的包裹内物件的损失。

（一）具体险别

根据中国人民保险公司《邮包保险条款》的规定，邮包运输保险的险别分为邮包险和邮包一切险。

1. 邮包险

负责赔偿被保险邮包在运输途中由于恶劣气候、雷电、海啸、地震、洪水等自然灾害或由于运输工具遭受搁浅、触礁、沉没、碰撞、倾覆、出轨、坠落、失踪，或由于失火、爆炸等意外事故所造成的全部或部分损失。此外，该保险还负责被保险人对遭受承保责任范围内危险的货物采用抢救、防止或减少损失的措施而支付的合理费用，但以不超过获救货物的保险金额为限。

2. 邮包一切险

包括邮包限的责任外，还负责被保险邮包在运输途中由于外来原因所致的全部或部分损失。

（二）责任范围

被保险邮包在运输途中由于恶劣气候、雷电、海啸、地雷、洪水自然灾害或由于运输工具遭受搁浅、触礁、沉没、碰撞、倾覆、出轨、坠落、失踪，或由于失火爆炸意外事故所造成的全部或部分损失。被保险人对遭受承保责任内危险的货物采取抢救，防止或减少货损的措施而支付的合理费用，但以不超过该批被救货物的保险金额为限。邮包一切险的责任除上述邮包险的各项责任外，还负责被保险邮包在运输途中由于外来原因所致的全部或部分损失。邮包运输货物保险的除外责任和被保险人的义务与海洋运输货物保险相比较，其实质是一致的。其责任起讫为自被保险邮包离开保险单所载起运地点寄件人的处所运往邮局时开始生，直至该项邮包运达本保险单所载目的地邮局，自邮局签发到货通知书当日千夜起算满 15 天终止。但是在此期限风邮包一经交至收件人的处所时，保险责任即行终止。

【总结评价】

国际货物运输保险要遵循可保利益原则、最大诚信原则、补偿原则、近因原则等基本原则，而在具体运作中需要合同当事人及保险经纪人、保险代理人、保险公证人的积极参与。海上保险合同的标的除了货物之外，还包括船舶、船舶营运收入、货物预期利润、船员工资和其他报酬、对第三者的责任等。海上保险合同一般为要式合同，需依法采用书面形式签订，而保险单则是该合同的主要体现，签约后当事人应依法依约履行自己的义务。国际海运保险承保海上风险和外来风险，对被保险人的全部损失和局部损失及相关施救费用、救助费用等承担赔偿责任。海上货运保险承保平安险、水渍险、一切险等基本险别，并可根据双方协商加保附加险。委付和代位权是国际货运保险业务中的两个重要概念，要注意两者之间的异同。除国际海运保险之外，我们还应对陆运保险、空运保险及邮包运输保险有所了解。

【主要概念】

保险　货物运输保险　保险标的　保险风险　保险事故　保险金额　保险价值　保险费　保险费率　保险期间　承保险别　可保利益原则　最大诚信原则　补偿原则　近因原则　保险人　投保人　被保险人　保险经纪人　保险代理人　保险公证人　保险合同　保险单　暂保单　保险凭证　海上风险　外来风险　全损　推定全

损　局部损失　共同海损　单独海损　施救费用　救助费用　平安险　水渍险　一切险　代位权　委付 陆上运输货物保险　航空货物运输保险　邮包运输货物保险

【任务实施】

找一份国际货物运输保险单，结合本章内容研究分析其条款。

【复习思考题】

一、简答题

1. 简述保险经纪人和保险代理人的基本涵义及两者之间的区别。
2. 保险法的基本原则有哪些？试举一例说明其中一项原则。
3. 简述国际货运海上保险合同当事人的主要义务。
4. 国际货运海上保险合同承保的损失有哪些？
5. 什么是海运保险单？保险单上通常载有哪些内容？
6. 什么是保险委付和保险代位权？它们有何异同？

二、判断题

1. 国际货运保险大多采用不定值保险的方式。
2. 国际保险业大多采用“仓到仓”的保险责任期间。
3. 国际货运保险合同中一般都通过保险险别确定保险事故的范围。
4. 海上保险本质上是补偿因海上风险造成的损失。
5. 只要船舶在开航前不适航保险人就应承担保险责任。
6. 国际海运暂保单是保险合同的一种凭证。
7. 委付和代位权均是海上货物运输保险的特有制度。
8. 我国保险公司不承保公路运输战争险。

三、单项选择题

1. 按损失程度的不同，保险标的所遭受的损失可以分为（　　）。

A. 全损和局部损失　　B. 实际全损和推定全损

C. 共同海损和单独海损　　D. 共同海损和单独费用

2. （　　）是指尚未发生的、可能使保险标的遭受损害的危险或事故。

A. 保险风险　　B. 保险事故

C. 保险险别　　D. 保险范围

3. 陆上货物运输保险中的陆运险相当于海上货物运输中的（　　）。

A. 平安险　　B. 水渍险

C. 一切险　　D. 附加险

四、多项选择题

1. 下列属于共同海损的是（　　）。

A. 引海水灭火使得被火烧的货物再被海水浸坏

B. 在船货遭遇共同危险时将货物抛入海中减轻重量

C. 船舶超载行驶导致机器损坏

D. 遇到特大风浪时船长指挥船舶搁浅

2. M 国远洋货轮满载货物从 S 港起航，驶往 N 国途中遇飓风，货轮触礁货物损失惨重。货主向其投保的保险公司发生委付通知。在此情况下，该保险公司可以选择的处理方法有（　　）。

A. 必须接受委付　　B. 拒绝接受委付

C. 先接受委付，然后撤回　　D. 接受委付，不得撤回

3. 按照英国法上保险法，局部损失包括（　　）。

A. 共同海损　　B. 单独海损

C. 单独费用　　D. 推定全损

4. 根据我国《海商法》的规定，以下可以作为保险标的的是（　　）。

A. 对第三者的责任　　B. 船员工资和其他报酬

C. 船舶　　D. 货物

E. 货物预期利润

五、案例分析题

1. 中国某纺织品进出口公司与大连某海运公司签订了运输 1000 件丝绸衬衫到马赛的协议产。合同签订后，进出口公司又向保险公司就该批货物的运输投保了平安险单。2 月 20 日，该批货物装船完毕后起航，2 月 25 日，装载该批货物的轮船在海上突遇罕见大风暴，船体严重受损，于 2 月 26 日沉没。3 月 20 日，纺织品进出口公司向保险公司就该批货物索赔，保险公司以该批货物由自然灾害造成损失为由拒绝赔偿，于是，进出口公司向法院起诉，要求保险公司偿付保险金。请问本案中保险公司是否应负赔偿责任？

（资料来源：中国服务贸易指南网，网址 http：//tradeinservices. mofcom. gov. cn）

2. 我某外贸公司与荷兰进口商签订一份皮手套合同，价格条件为 CIF 鹿特丹，向中国人民保险公司投保了一切险，生产厂家在生产的最后一道工序将千真万确的清晰度降到了最低程度，然后用牛皮纸包好装入双层楞纸箱，再装入 20 尺的集装箱。货物到达鹿特丹后检验结果表明：全部货物湿、霉、变色、沾污，损失价值达 80000 美元。据分析：该批货物的出口地不异常热，进口地鹿特丹不异常冷，运输途中无异常，完全属于正常运输。请问：（1）保险公司对该项损失是否承担赔偿责任，为什么？（2）进口商对受损货物是否应支付货款，为什么？（3）你认为出口商应如何处理此事？

（资料来源：胡晓红等：《国际商法理论与案例》，清华大学出版社 2012 年版，第 247 页）

第七章 国际票据结算法律实务

【学习要点】

1. 票据的概念、特征及类型
2. 票据上的法律关系与票据的基础关系
3. 票据权利的取得、行使和保全
4. 票据行为的实施及其注意事项

【案例导入】

2013 年 8 月 14 日，俄罗斯远东铁矿公司与浙江大田矿务公司签订一份铁矿销售合同，约定由远东公司售给大田公司铁矿 1000 吨，总价款 12 万美元，交货期为合同签订后的 4 个月，大田公司交付银行承兑汇票，实行延期付款，汇票付款期为 180 天，合同签订后，大田公司持合同向中国农业银行申请办理了银行承兑汇票，付款日期为 2014 年 2 月 10 日，远东公司承兑汇票后，在无货供应情况下，开出已发货 1000 吨的发票，持发票和银行承兑汇票向开户行俄罗斯外贸银行（VTB）申请贴现 11.4 万美元，VTB 向中国农业银行查询后，为远东公司办理了汇票贴现。4 个月后，远东公司未交货，大田公司派人催告，才发现远东公司暂时无货可供，中国农业银行得知后，以承兑行名义通知 VTB 该承兑汇票终止付款，并拒绝 VTB 的付款请求，为此发生纠纷。后 VTB 以中国农业银行为第一被告、大田公司为第二被告，远东公司为关系人向法院起诉。请分析本案的票据关系及本案该如何处理。

国际贸易经常发生货款结算，以结清买卖双方之间的债权债务关系，这种结算称为国际贸易结算。国际贸易结算是以物品交易、货钱两清为基础的有形贸易结算。国际贸易结算多为非现金结算，票据、信用证等是国际贸易的主要结算工具。支付结算的种类有票据结算和非票据结算两类。票据结算又分为汇票、本票和支票三种；非票据结算又分为信用卡、汇兑、托收承付和委托收款四种。本书主要介绍票据结算法律。

第一节　票据及其法律规范

由于具有支付和流通的功能，票据已经成为当前国际贸易结算的主要工具之一，而其中以汇票结算最为流行。

一、什么是票据

（一）票据的内涵与特征

票据（Bill）是由出票人依法签发的，由自己或委托他人在见票时或约定的将来某一日期无条件支付一定金额给收款人或持票人的有价证券，包括汇票、本票和支票三种类型。

小贴士7－1：

票据法上所讲的票据不同于人们日常经济生活中所称的票据，日常经济生活中我们对票据作广义的理解，指用文字记载一定事项或者表彰一定权利的书面凭证，如股票、债券、提单、仓单、保险单、发票、收据等，当然汇票、支票、本票也包含在其中。本书所称票据均指票据法上之票据。

了解票据的法律特征，有助于我们正确理解票据的基本法律原理和具体法律规定，依法实施票据行为和开展国际贸易票据结算。根据各国法律，票据一般具有如下法律特征：

1. 票据是金钱债权证券

从权利性质来说，与股票的社员权属性、提单的物权属性不同，票据权利属于债权性质，而且是一种金钱债权。票据的正当持票人拥有确定的票面金额的付款请求权与追索权。

2. 票据是设权证券

根据证券制作与证券权利产生的时间先后次序不同，将证券分为证权证券和设权证券。证权证券上的权利在证券制作之前已经产生，制作证券仅用于证明该种权利的存在；设权证券上的权利证券制作之前并不存在，而是通过证券制作的行为才创设的。股票、债券、提单、仓单等是证权证券，票据则为设权证券。

3. 票据是完全有价证券

根据证券载体与权利本身的结合紧密程度不同，将证券分为完全有价证券和不完全有价证券。权利的产生、转移和行使均以证券载体的存在为必要前提的是完全有价证券；权利的产生不以证券载体存在为必要前提，只有权利的移转、行使以占有证券载体为必要提前的为不完全有价证券。票据是完全有价证券，股票、债券、提单、仓单等则为不完全有价证券。

4. 票据是要式证券

票据的制作必须严格遵照法定形式，票据的记载事项及记载款式均须按票据法规定进行，否则可能会影响票据的效力乃至导致票据无效。

5. 票据是无因证券

票据的签发或转让均有其各自的原因，可以是支付买卖合同的货款、提供信用、提供担保等，但票据在流通过程中，持票人转让票据或行使票据权利，均无须向对方说明票据签发及其取得票据的原因，亦即票据原因不影响票据权利的存在。

6. 票据是文义证券

票据上的权利义务完全以票据上所记载的文字意义为准，不得以票据之外的任何证据来证明或解释票据上的权利义务，即便是因疏忽等原因使票据文字记载与当事人的真实意思不一致，也只能依票据文义解释和处理票据上的权利义务。

7. 票据是流通证券

票据流通方式快捷简便，无须通知票据债务人，票据合法持有人通过背书或交付的方式即可实现其票据权利的转让，除非票据上有出票人记载的“禁止转让”等字样。而股票、债券等有价证券的转让，则一般要通过登记过户或到特定场所办理才能得以实现。

（二）票据的种类

1. 票据的基本类型

（1）汇票

汇票是由出票人签发的，委托付款人于见票时或指定的到期日支付确定金额给受款人或持票人的票据。汇票又有很多分类方法（见表7－1），如根据付款时间可分为即期汇票和远期汇票，根据是否附有货单可分为光票汇票和跟单汇票，根据谁是出票人可分为商业汇票和银行汇票，等等。

表7－1　汇票的细分类型及其基本涵义

分类依据	细分类型	基本涵义
付款时间	即期汇票	要求见票即付或未规定付款期限的汇票
	远期汇票	约定在将来特定的日期或在将来一定期限进行支付的汇票
附有货单	光票汇票	不附货运单据的汇票（多为银行汇票）
	跟单汇票	附有货运单据的汇票（多为商业汇票）

续表

分类依据	细分类型	基本涵义
出票人	商业汇票	出票人和付款人均为非银行的汇票；商业汇票通常由工商企业开立，指定另一人付款
	银行汇票	出票人和付款人均为银行的汇票；银行汇票通常由汇款人将款项交给某一银行，由该银行签发给汇款人持往异地办理转账结算或支付现金的票据，此种汇票出票人为银行，付款人为异地兑付银行。

（2）本票

本票是指由出票人签发的允诺在该票据的到期日，由自己无条件支付确定的金额给收款人或持票人的票据。由于出票人本身即为付款人，所以本票的主债务人始终是出票人，而不像远期汇票承兑前出票人为主债务人，承兑后承兑人（付款人）为主债务人，而出票人为从债务人（见表7－2）。

表7－2　　本票的细分类型及其基本涵义

细分类型	基本涵义
一般本票	出票人、付款人、收款人不兼充的支票
对已本票	出票人以自己为付款人而发行的支票
指已本票	出票人以自己为收款人而发行的支票
受付本票	出票人以付款人为收款人而发行的支票

（3）支票

支票是由出票人签发的，委托办理支票存款业务的银行或其他金融机构在见票时无条件支付给收款人或持票人确定金额的票据。自支票出现以来，就迅速取代了汇票的支付工具的作用，仅在国际贸易结算中，仍大量使用汇票。支票与汇票一样，也有三个基本当事人，出票人、收款人和付款人，但支票的付款人仅限于办理支票存款业务的银行或其他金融机构，并且出票人必须在银行有足够的存款，或与银行订有透支协议。没有存款或超过存款数额或透支额而签发的支票为空头支票，签发空头支票为法律所禁止。支票都是见票即付，所以对于票据的信用功能，支票是个例外（见表7－3）。

表7－3　　支票的细分类型及其基本涵义

分类依据		
结算方式	普通支票	既可以用于支取现金也可以转账结算的支票
	现金支票	只能用于支取现金的支票
	转账支票	只能用于转账结算的支票

续表

分类依据		
付款时间	即期支票	支票上记载的出票日与实际出票日相同的支票
	远期支票	以未来的一个日期记载为出票日的支票
保障措施	普通支票	付款时无特殊保障措施的支票
	保付支票	付款人作保付行为后而承担绝对付款责任的支票
	划线支票	票据权利人或义务人在支票正面划有两道平行线或在平行线内载明收款银行名称的支票

（4）三种票据类型的区别

第一，票据基本当事人不同。虽然汇票和支票均有出票人、收款人和付款人三个基本当事人，但支票的付款人通常只能是出票人开有支票账户或存有存款的金融机构。本票只有出票人和收款人两个基本当事人，出票人出票后即成为付款人，而且本票的出票多为银行，中国票据法甚至规定本票的出票人只能是银行。

第二，票据细分类型不同。虽然根据收款人记载形式、当事人是否重叠、流通地域是否涉外等标准可以对三种票据进行共同细分，但从表 7 - 2 中我们可以看出，汇票、本票、支票都有各自的细分类型，并在实践中发挥着不同的功能和作用。

第三，适用的票据行为不同。出票、背书、付款、追索等是三种票据共有的票据行为，但承兑和参加承兑是汇票特有的票据行为，保付则是支票特有的票据行为。另外，虽然远期汇票和见票后定期付款的本票都须在付款提示之前还要进行一次提示，但汇票的这种提示是为了让付款人“承兑”，从而明确付款人的付款义务，而本票的这种提示仅是为了让付款人“见票”，从而确定付款到期日。

此外，三种票据的功能不同，在国际贸易结算中的地位也不同。

2. 票据的其他类型

除了将票据分为汇票、本票、支票三种基本类型之外，票据还有其他形式的分类（见表 7 - 4），如根据如何记载收款人票据可分为记名票据、指示票据与抬头票据，根据出票人、付款人、收款人三个基本当事人是否重要可分为普通票据和变式票据；根据流通地域可分为国内票据和涉外票据。

表 7 - 4　　票据的其他类型及其基本涵义

序号	分类依据	细分类型	基本涵义
1	收款人记载	记名票据	出票人在票据上记载收款人姓名或名称的票据
		指示票据	出票人在票据上记载收款人姓名或名称且附加“或其指定人”字样的票据
		抬头票据	出票人未在票据上记载收款人姓名或名称的票据

续表

序号	分类依据	细分类型	基本涵义
2	当事人重叠	普通票据	三个基本当事人互不重叠的票据
		变式票据	三个基本当事人存在重叠的票据
3	流通地域	国内票据	出票地点与付款地点在同一国内的票据
		涉外票据	出票地点与付款地点在不同国家的票据

二、票据法及其立法现状

（一）票据法的内涵

票据法是指规范票据制度以及票据上的法律关系的法律，票据法可分为广义的票据法和狭义的票据法。广义的票据法是指各法律部门中有关票据规定的总和；狭义的票据法则仅指关于票据的专门立法，或民法典、商法典中有关票据的专编，如票据法及票据法实施条例或细则等。

票据法具有强行性、技术性和国际统一性等特征。第一，强行性。票据法中的规定几乎都带有一定的强行性，票据种类、票据行为都必须严格遵照法律规定。第二，技术性。票据是在总结商事交易尤其是金融、银行等相关经济活动的习惯和经验的基础上制定出来的。票据法原则上不以反映伦理道德的规则为主，更多的则是关于票据交易的技术性规定，以确保票据交易的安全有序。第三，国际统一性。国际贸易的不断发展，使得作为其主要结算工具的票据也频繁地在国际间流通，这样，虽为各国国内法的票据法也就必然要尽可能实现国际统一。

（二）票据立法现状

票据已成为国际贸易中最重要的结算工具之一，票据法不统一势必影响票据的国际流通，进而影响国际贸易的正常发展。为此，19 世纪末开始国际上兴起了票据法统一运动。以 20 世纪 30 年代日内瓦统一票据法系形成为分界线，票据法由三大法系向两大法系转变，即由法国票据法系、德国票据法系、英国票据法系组成的三大票据法系转变为由日内瓦统一票据法系和英国票据法系组成的两大票据法系。

1. 现有两大票据法系

（1）日内瓦统一票据法系

1930 年和 1931 年，在国际联盟的主持下，先后在日内瓦召开了两次票据法国际统一会议，以德国票据法为基础通过了 6 项票据法的国际公约，统称为日内瓦统一票据法公约。其中，1930 年会议通过了《统一汇票本票法公约》、《关于解决汇票本票若干法律冲突的公约》、《汇票本票印花税公约》；1931 年会议通过了《统一支票法公约》、《关于解决支票若干法律冲突的公约》、《支票印花税公约》。此后德国、法国、日本、瑞士、奥地利、意大利、西班牙、比利时等大陆法系国家均根据该公约修改或制定了本国票据法，法国票据法系和德国票据法系的分歧基本消除。目前已有 20 多个国家参加了该公约，并有一些国家在实践中也采用该公约的原则。我国尚未参加日内瓦统一票据法公约，但在对外贸易结算时，也适当参照公约的有关规定处理票据使用以及流通问题。

（2）英国票据法系

英美法系绝大部分国家未在日内瓦统一票据法公约上签字，仍保持其原有的英国票据法系。英国票据法系也称英美票据法系，包括英国、美国及受英美普通法传统影响的国家。英国于 1882 年颁布了《汇票法》，包括汇票、本票和支票。1957 年对支票立法进行补充，又颁布了《支票法》。美国现行的票据法律制度主要体现在 1952 年制定的《美国统一商法典》（以后经过多次修订）第三编“商业证券”之中，对包括汇票、本票、支票及存款单在内的票据作出了相关规定。英国票据法系的特点是：严格区分票据关系与票据基本关系，强调票据的信用功能及流通功能，突出了票据的无因性和要式性，但对于票据形式的要求不像德国票据法那样严格，更注重实际，较为灵活。英国票据法的原则符合市场经济体制下商品流通及资金周转的需要。

2. 联合国国际汇票和本票公约

为了进一步解决由于票据立法的不统一影响国际贸易的问题，1971 年起，联合国国际贸易法委员会着手起草国际票据统一法草案，并于 1987 年 8 月通过了《联合国国际汇票本票公约（草案）》，送交各国政府征求意见，但迄今为止该公约仍未生效。该公约旨在消除日内瓦统一票据法体系与英国票据法体系之间的分歧，使之能被不同法律体系的国家接受，因此形成了既兼顾又区别于两大法系的特点。此外，该公约不同于日内瓦统一票据法公约，仅适用于“国际票据”而不涉及缔约国国内票据立法，而且该公约也不具有强制性的法律效力。

3. 中国票据立法

我国《票据法》1995 年 5 月 10 日通过，自 1996 年 1 月 1 日起施行，2004 年 8 月 28 日第十届全国人大常委会第十一次会议通过修订稿。规定了汇票、本票、支票、涉外票据的法律适用、法律责任等相关内容以及出票、背书、承兑、保证、付款、追索权等票据行为。1997 年中国人民银行先后颁布了《票据管理实施办法》、《支付结算办法》。

第二节　票据的基本法律原理

票据从签发到退出流通，涉及的当事人众多，彼此之间的关系较为复杂。但总的来说，票据使用中在当事人之间所发生的法律关系大致可分为两类：①票据法上的关系，即因票据签发流通而产生的由票据法所调整和规范的权利义务关系，包括票据关系、票据法上的非票据关系；②票据关系的基础关系，这一类关系非票据法调整和规范，一般直接适用于民法的相关规定，由民法调整，但却是票据签发的基础。

一、票据上的法律关系

（一）票据关系

票据关系是基于票据行为而在票据当事人之间产生的票据法上的债权债务关系。如因出票产生的出票人与收款人之间的法律关系，因背书而产生的背书人与被背书人之间的法律关系，因保证、承兑与参加承兑等票据行为而在当事人之间产生的相应法律关系。票据当事人是指参与票据行为，从而享有票据权利或承担票据债务的人，票据当事人可分为基本当事人和非基本当事人。基本当事人是指票据发行时就已存在的当事人，关于汇票和支票，有出票人（发票人）、收款人（受款人）、付款人（受票人）；关于本票，则有出票人（付款人）和收款人（受款人或受票人）。非基本当事人是指票据发行后加入票据关系的当事人，包括背书人、被背书人、保证人、预备付款人等。有时同一当事人有不同的称谓，如汇票的承兑人通常就是付款人，第一次背书的被背书人即为第二次背书的背书人等。在上述所说的各种票据关系中，出票行为产生的法律关系为基础票据关系，其他票据行为产生的法律关系为附属票据关系。

票据关系本质是一种债权债务关系，持有票据的人即为票据债权人，在票据上签章为某种票据行为的人即为票据债务人。所以，若出票人签发票据给收款人，收款人不转让票据，则收款人即为债权人，但若将票据背书转让与他人，则原先的收款人也随之成为票据债务人，而票据受让人即持票人为债权人。票据上的债务人有第一和第二债务人之分，以汇票为例，原则上即期汇票的出票人即第一债务人或主债务人，其他票据债务人则为第二或次债务人；远期汇票承兑前后债务人的地位有所区别，承兑前，与即期汇票相同，承兑后，承兑人为第一债务人，出票人和其他债务人同为第二债务人。

（二）票据法上的非票据关系

票据法中所规定的与票据行为或票据关系有关，但却不是基于票据行为而产生的债权债务关系，称为票据法上的非票据关系。相应的权利也只能称为票据法上的权利，而不能称为票据权利。票据法上的非票据关系通常有：①对于因恶意或重大过失取得票据而在正当权利人和持票人之间产生的票据返还关系，如故意或过失的从小偷或拾得者手里获得票据的人与正当权利人之间的关系；②因时效届满或手续欠缺而丧失票据上的权利的持票人与出票人或承兑人之间的利益返还关系；③付款人与持票人之间的票据返还关系。此外，一些国家的票据法中，还包括副本和誊本的签发与返还关系，但中国票据法对此尚规定。这些关系也属票据法规定、调整的对象。

二、票据关系的基础关系

票据关系发生在票据签发或授受之后，而票据的签发总有一定的基础，比如，为何签发票据，签发何种票据，汇票和支票中付款人为何会承担票据债务等，这些关系发生在票据签发或授受之前，我们把这些关系称为票据的基础关系。他们不是票据法调整的关系，而是由民法调整规范的法律关系，基础关系包括原因关系、资金关系与票据预约。

（一）票据的原因关系

票据的原因关系是指票据的当事人之间授受票据的原因。票据作为一种金钱债权证券，一旦签发或转让，出票人或出让人即应承担相应债务，所以签发或转让票据总有一定的经济原因，比如：因购货，买方向卖方签发或转让票据作为替代现金的支付手段；因欠款，债务人向债权人签发或转让票据用于偿债；或者因为提供信用；提供担保以及赠与等。因为这些原因关系常常都是有对价的，所以也有人称之为对价关系。

票据的签发虽然都以一定的原因关系为基础，但如果这种关系一直与票据关系相联系，即意味着任一持票人或受让人在决定是否接受票据前都要出于安全考虑而去考察票据签发、转让的每个环节的原因是否真实存在、有否缺陷等，这样一来，将没人愿意接受票据作为支付工具，而宁愿用现金支付，这必将阻碍交易的扩大，影响经济发展。所以，正如前面所提及的，自德国票据法以来，各国票据法及日内瓦统一票据法均确认了票据的无因性原则。即票据虽因特定原因签发或转让，但一旦这个行为完成，即应与票据关系相分离，不论原因关系是否存在，是否有效都不影响票据效力。持票人在行使票据权利时，不必证明票据原因，仅凭占有票据和票据上的文字记载，即可要求票据上的债务人支付票据规定的金额。这一原理使票据表现为一种要式不要因的文义性证券，其目的旨在促进票据流通，提高交易效率。

前段所述为票据原因关系和票据关系的一般关系，但在特殊情况下，为了保障票据流通的安全性，各国法律也作了例外规定，即所谓“票据关系与原因关系相牵连”，主要有下列三种情况：①在直接当事人之间，票据关系和原因关系相牵连。例如甲为购物向乙签发本票，若日后乙不交货或交货与当初约定不符，则甲可以主张不向其付款，在此，因为甲和乙为直接当事人，所以甲的抗辩是合法的。但若乙将本票转让给丙，丙已支付对价且不知甲和乙之间的抗辩事由，此时，甲就不得再向丙拒绝付款；②未付对价或未付相当对价的持票人，其权利不得优于其前手，例如，甲将拾得或盗窃的票据赠送或低价转让给乙，此时乙的权利受其前手的权利的限制，因其前手甲不享有票据权利，故乙也不享有；③虽支付对价，但非善意获得票据的人，其权利也不得优于前手，如上例中，假设乙知道甲的恶意取得事实，仍支付对价获取票据，则乙仍然不享有票据权利。

（二）票据的资金关系

票据的资金关系是指票据（汇票和支票）的付款人与出票人之间的资金补偿关系。本票出票人即付款人，自无资金关系可言。付款人之所以愿为出票人付款，其原因可能是出票人已经或承诺将来向付款人提供资金，如出票人是付款人的债权人或出票人提供资金给付款人，委托其代为付款，或者是两者之间订有信用合同等。

（三）票据的预约关系

授受票据的当事人要就签发、使用票据及票据记载内容进行预先约定。如在签发票据之前，出票人与受款人需对票据的种类、金额、到期日、是否记名、付款地和付款人等事项要预先商定。

小贴士 7－2：

原则上，资金关系与票据关系也应分离；①无论是否存在资金关系，票据权利均不受影响。支票如无资金关系，仍然有效，但出票人可能要受到处罚；②付款人虽受有资金，但无必须承兑的义务，如不承兑，须对出票人承担违约责任等民法上的责任；③付款人经承兑后，不得再以资金关系缺陷不承担票据债务；④出票人不得以已向付款人提供资金为由，拒绝承担持票人遭拒付后向其追索的债务。

——论卫里：《国际商法》，浙江大学出版社 2004 年版，第 121 页。

三、票据权利

（一）概念

票据权利包括付款请求权和追索权。票据权利具有二重性，即持票人应先向付款人请求付款，在遭付款人拒绝后才可以向出票人、背书人、保证人等第二债务人行使追索权。需要注意的是：并不是票据法上规定的所有权利都是票据权利，如前文所述，票据权利仅指付款请求权和追索权，但票据法上的权利还有：票据返还请求权、利益返还请求权、票据的更改权、空白票据（支票）的补记权及票据债务人的抗辩权等。与票据权利相对应的是票据义务，即票据债务人向持票人支付票据金额的义务，也称票据责任。

（二）票据权利的取得

票据权利的取得，即指依一定的法律事实而享有票据权利。票据为完全有价证券，证券与其所表彰的权利密不可分，所以原则上合法取得票据就合法的享有票据权利。依票据权利的取得途径，可将其分为原始取得与继受取得。

1. 原始取得

原始取得包括因创设而取得和因一定法律事实而取得。包括发行（创设）取得和善意取得两种。第一，发行取得。发行取得即指因出票人签发票据而使持票人享有票据权利，即指票据的收款人或第一次背书的背书人从出票人手中取得票据权利的方式。因出票为创设票据权利的基础票据行为，所以也称创设取得。第二，善意取得。票据的善意取得，是指善意而支付了相当对价从无正当票据处分权利的人处取得票据权利。善意取得票据而享有票据权利须具备以下四个条件：①必须是从无正当票据处分权利的人手中取得票据；②取得票据权利须无重大过失，明知出让人非法取得票据而仍接受票据之人和因过失未发现出让人无处分权而获得票据之人，不享有票据权利；③须支付相当的对价；④须依交付或背书交付的转让方式取得票据，以其他方式，如继承、遗赠等方式取得票据要受其前手权利瑕疵的影响。

2. 继受取得

继受取得是指持票人依票据法相关规定，正当地从有权处分票据的人手中取得票据权利的方法。如持票人因前手背书转让而取得票据权利；被追索人（出票人、背书人、保证人等）因履行完偿付义务而取得票据权利；参加付款人付款后取得票据权利等。

（三）票据权利的行使和保全

持票人在行使票据权利时必须依据票据载明的地点、时间提示，未载明时则根据有关法律规定进行。因票据为完全有价证券，故行使票据权利须以持有票据并提示为前提。另外，票据的流通性使得票据债权人不确定，持票人在行使票据权利时，还必须按期在债务人的住所或营业所向债务人提示票据，若到期不提示，则债务人可不负延迟之责。所以，票据权利的行使常常伴随着票据权利的保全，如果持票人不依期提示，则丧失对其前手的追索权。票据权利保全的方式主要有：①保全追索权：a）依期向债务人提示；b）依法要求付款遭到拒付时，及时由法定机关作成拒绝证书，有时是债务人的退票理由书；②保全付款请求权：主要是在票据权利将因消灭时效的完成而归于消灭时，依一定的行为使时效中断，如向法院提起诉讼，提示票据并催告履行，向前手通知提起诉讼等。

四、票据瑕疵与救济

（一）票据伪造与救济

票据伪造指假冒他人名义而进行的出票或出票以外的其他违法的票据行为，一般分为伪造票据和伪造签章两种，伪造票据指假冒他人之名签发票据，伪造签章指在已签发的票据之上假冒他人之名进行出票之外的其他票据行为，如冒用他人之名进行背书、承兑、保证等。

对于伪造票据的处理，票据法的一般原理是：①对被伪造人的效力。被伪造者无须承担票据责任，因为被伪造者并未真正出票或在票据上签章。②对伪造人的效力。伪造者无须承担票据责任，因为伪造者未在票据上留有自己的签章，但票据伪造者须承担刑事和损害赔偿等其他法律责任。③对真实签章人的效力。根据票据行为独立性原则，票据上虽有伪造签章，但不影响真实签章的效力，即真正在票据上签章的当事人仍应负有票据责任。

伪造票据分为全部伪造和部分伪造。全部伪造是指假冒他人名义出票。因出票是基本票据行为，全部伪造也叫基本票据的伪造或者出票的伪造。全部伪造的票据，根本的特点是出票人是虚假的，票据上的出票人的签章，是伪造行为人假冒的或虚拟的。

部分伪造是指部分票据行为是真实的，部分票据行为是伪造的。如真实出票的票据，伪造人进行背书伪造，或者承兑伪造。部分伪造是出票行为之外的伪造，也叫附属票据行为的伪造或签名的伪造，包括背书伪造、承兑伪造、保证伪造等。部分伪造又分为两种情况：一是伪造在先。如背书伪造后以合喜乐式将票据转让善意受让人，善意受让人又以真实之背书将票据转让他人。二是伪造在后，如背书真实，持票人伪造承兑而将票据转让他人。

分清票据伪造种类，对于确定票据责任人范围及其责任，有重要作用。我国《票据法》第 14 条规定，伪造票据上的签章和其他记载事项的，应当承担法律责任，票据上有伪造的签章，不影响其他真实签章效力。因此，在有票据伪造的场合，应先分清是何种伪造，从而进一步正确认定伪造责任人、票据上真实签章票据责任人，然后根据有关法律规定，确定伪造人应负的法律责任、票据上真实签章者的票据责任。

（二）票据变造与救济

票据变造是指无权变更票据记载事项的人对有效票据上除签章以外的内容进行更改的行为。此外应注意与之接近的票据变更与票据伪造，票据变更指有权变更的人（原记载人）对票据金额、到期日、收款人以外的事项更改并签章证明的行为，而票据伪造前已详述，指对票据上签章的冒用。

票据变造不影响票据本身的效力，但是票据变造之前作出票据行为的当事人，按变造之前的事项承担票据责任，变造之后的票据行为人，按变造后的事项承担票据责任。不能认定票据行为作出时间在票据变造之前或者之后的，推定为变造之前完成票据行为。

（三）票据丧失与救济

票据丧失也称失票，指非因持票人本意而使其丧失对票据的占有，如票据被毁、被盗或遗失等。票据丧失又分为绝对丧失和相对丧失，绝对丧失即票据物质形态的毁灭，相对丧失即票据脱离合法持票人的占有。

票据为完全有价证券，票据绝对丧失后作为表彰其权利的纸质证券已不复存在，任何人均不可能再通过非法占有此票据而行使票据权利，自无救济之必要。然而，票据相对丧失后若为他人获得并非法行使票据权利，则会引发票据权利的归属之争，故应及时采取失票救济措施。至于票据相对丧失后失票人可采取哪些措施进行救济，各国规定存在着较大差异：第一，德国票据法规定，失票人可请求法院进行公示催告，在催告期限届满后若无人申报权利即可申请除权判决，如有人申报权利，则由双方按民事诉讼有关规定处理；第二，法国商法规定，失票人可以提供担保，请求法院作出命令交付的裁判；第三，英国票据法规定，失票人在提供担保后，可向出票人提出签发新票据的请求；第四，我国票据法规定的失票救济方法与德国法类似，不同之处是我国还规定了挂失止付制度。我国《票据法》第 15 条第 3 款规定：失票人应当在通知挂失止付后 3 日内，也可以在票据丧失后，依法向人民法院申请公示催告，或者向人民法院提起诉讼。在此应当注意的是，挂失止付并非必经程序，而且挂失止付期限比法院通知止付期限要短得多。

（四）票据抗辩

1. 抗辩类型

票据上的债务人在票据上的债权人行使其权利时，可依法提出抗辩。票据抗辩可分为绝对抗辩、相对抗辩和恶意抗辩三种（见表 7 – 5）。

表 7 – 5　　票据抗辩的三个类型

类型	内涵	表现
绝对抗辩	也称客观抗辩，是票据债务人可对一切债权人主张的抗辩，大多是因票据本身而使债务人可主张的抗辩。	①出票欠缺绝对应记载事项而使票据无效的抗辩；②更改不可更改事项而使票据无效的抗辩；③票据权利已消灭的抗辩；④欠缺票据行为能力的抗辩；⑤无权、越权代理的抗辩；⑥票据伪造后被伪造人可以主张的抗辩；⑦票据时效届满的抗辩；⑧背书不连续的抗辩。

续表

类型	内涵	表现
相对抗辩	也称主观抗辩，是票据债务人只能对特定的债权人主张的抗辩，主要产生于特定票据当事人之间的关系。	①欠缺对价的抗辩；②直接当事人之间由于原因关系而产生的抗辩。
恶意抗辩	是票据债务人对恶意取得票据者主张权利时所提出的抗辩。	①对以偷盗、胁迫、欺诈、拾遗等恶意方式取得票据者进行抗辩；②对于明知前手通过恶意方式取得票据仍然受让票据之人进行抗辩。

2. 抗辩切断

票据抗辩产生于票据在各当事人之间的流通转让中，但票据抗辩尤其是对人抗辩若不加限制，势必会影响票据流通功能的实现。因此，为了促进票据流通和保护善意持票人的利益，有必要对某些情况下的票据抗辩进行限制，这种限制也被称为“票据对人抗辩的切断”原理，而票据及票据行为的无因性正是抗辩切断的体现。

第一，票据债务人不得以自己与出票人之间存在的抗辩事由对抗持票人。例如，A 签发一张远期汇票给 B，注明 C 为付款人，B 如期向 C 提示承兑并获得承兑，当 B 向 C 提示付款时，C 不得以 A 未向其提供资金为由拒绝付款。A、C 间的关系为资金关系，不能影响 B、C 间的票据关系。

第二，票据债务人不得以自己与持票人的前手之间存在的抗辩事由对抗持票人。例如，A 向 B 订购货物，签发本票给 B，用于支付货款，B 将本票转让 C，C 于到期日 A 付款，此时，A 不得以 B 未向其供货或所供货物有缺陷为由拒绝向 C 付款。A、B 间的原因关系不得影响 B、C 间的票据关系（见图 7 –1）。

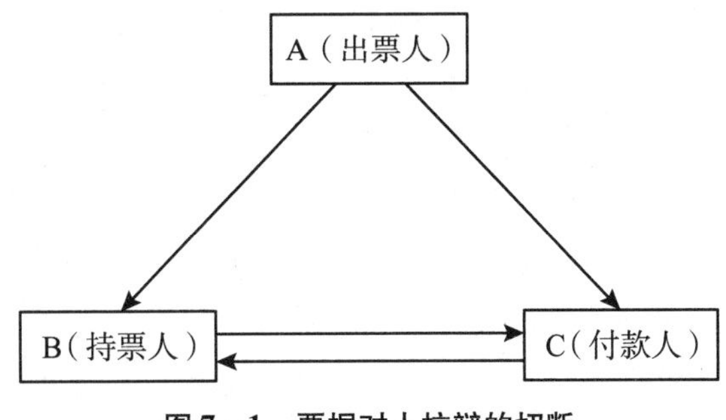

图 7 –1　票据对人抗辩的切断

第三节　依法实施票据行为

一、票据行为

（一）票据行为的涵义

票据行为有广义和狭义之分。广义的票据行为是指以产生、变更和消灭票据上权利义务关系为目的法律行为，包括票据的签发、背书、承兑、保证、参加承兑、付款、参加付款、追索等；狭义的票据行为是仅指承担票据债务为目的的法律行为，只包括票据签发、背书、承兑、保证、参加承兑等，不包括解除票据债务的付款、参加付款、追索等。

根据票据行为的性质划分，票据行为分为基本票据行为和附属票据行为，或称主票据行为和从票据行为。基本票据行为是能够引起票据法律关系的行为，如出票；附属票据行为是指出票行为以外的其他票据行为，如背书、保证、承兑、付款等。

（二）票据行为的要件

票据行为必须在实质上、形式上具备法定要件，才能成立和有效。从实质要件来说，票据行为人应具有权利能力、行为能力并且进行了意思表示。从形式要件来说，票据行为应在四个方面符合规定，一是各种票据行为均须采取书面形式；二是票据的记载事项应与法律规定相一致；三是任何一种票据行为均应由行为人在票据上签名；四是只有票据行为人将票据交付给持票人或收款人票据行为才真正完成。

小贴士 7－3：

根据票据记载事项的效力等级，可将票据记载事项分为以下四个类别：

第一，绝对应记载事项。此类事项依法必须记载，如不记载则票据归于无效。综合各国票据法的规定，这类事项主要包括四项：表明票据种类的文句、确定的金额、无条件付款的委托文句或无条件支付的承诺文句、出票日期。我国票据法将汇票的绝对必要记载事项规定为七项，除前述四项，还有收款人名称、付款人名称和出票人签章；本票和支票则规定为六项。除前述四项外，本票还有收款人名称和出票人签章，支票有付款人名称和出票人签章。

第二，相对应记载事项。此类事项依法必须记载，如未记载则以票据法的规定为准。如根据我国《票据法》第 23 条的规定，汇票的付款日期、付款地、出票地为相对必要记载事项；汇票未记载付款日期的，为见票即付；未记载付款地和出票地的，以付款人和出票人的营业场所、住所或居住地为付款地和出票地。

第三，任意记载事项。此类事项若记载则产生票据法上的效力，不记载也不影响票据效力。如我国《票据法》第 27 条规定：出票人在汇票上记载“不得转让”字样的，汇票不得转让。

第四，不得记载事项。此类事项依法禁止记载，如记载则导致事项本身或票据归于无效。如出票人在票据上记载“货到验收合格后付款”的字样，不仅使记载事项本身无效，也使整个票据归于无效。

（三）票据行为的特征

票据行为与一般的法律行为相比，具有以下特点：

1. 要式性

票据行为是一种严格的要式法律行为，票据的签发、背书、承兑、保证、参加承兑等必须具备法定形式才能产生法律效力。票据行为的要式性有利于票据的安全流通。

2. 文义性

票据行为的内容均依票据上所载的文字意义而定，即使记载与实际情况不符，仍以记载为准，而不得以票据上票据行为记载内容之外的证据解释。票据行为人所承担的票据债务或票据责任也以其记载为准。

3. 无因性

票据行为的作出通常源于一定的基础关系，但该行为一旦完成便与其基础关系相分离，即使基础关系无效或存在瑕疵也不影响票据行为的效力。如甲签发汇票给乙，签发票据的原因是甲购买了乙的商品。之后，甲发现乙提供的商品有质量问题，但这并不能免除甲对乙的票据责任，至于甲乙间的商品质量纠纷只能另行解决。

4. 独立性

为了保证票据的流通和社会交易的安全，许多国家的票据法都确立了票据行为的独立性原则，规定在同一票据上所作的各种票据行为互不影响，各自独立发生其法律效力。票据行为独立性主要体现为：①票据上无行为能力人或限制行为能力人的签名，仅对其自己的行为效力有影响，而不影响同一票据上其他票据行为的效力；②票据的伪造或票据签名的伪造，不影响同一票据上其他真实签名的效力；③保证人一经完成保证行为，即应对持票人承担票据债务，而不受其与被保证人之间债权债务关系的影响。

5. 连带性

票据行为的独立性和无因性使得持票人的权利实现受到一定程度的影响，为保护持票人的票据债权，法律规定同一票据上的各种票据行为人，均对持票人实现票据债权承担连带责任。

（四）票据行为代理

除适用民商法关于代理的一般规定之外，票据行为代理还有其特殊要求：即票据代理为严格显名代理，代理人在代理票据行为时，必须明示本人姓名或名称以及为本人进行代理票据行为的意思，否则代理人须自己承担票据责任。此外，无权代理人以代理人名义实施票据行为，也应自担责任；代理人超越代理权，则应就超越权限部分承担责任。

二、票据行为的实施

以下以汇票为例，阐述如何实施票据行为。

（一）出票

出票也称为发票，即签发票据，是指出票人按照票据法规定，作成汇票并交付给收款人。出票是主票据行为，票据权利始创于票据的签发，出票由作成票据和交付给收款人两个动作构成，缺一不可。票据一旦作成并交付后，出票人即要承担保证该票据得到承兑和/或付款的责任，若票据得不到承兑和/或付款时，出票人应当向持票人清偿被拒付的汇票金额和自到期提示付款日至清偿日止的利息，以及取得拒约证书等的费用。票据为严格要式证券，各国票据法对于制作汇票时应记载的事项均有明确规定，不符合相关法律规定的票据，可能自始无效。一般说来，作成并交付的票据应记载如下事项：

1. 标明票据字样

出票时应根据票据类型标明“汇票”、“本票”、“支票”等字样。日内瓦公约及我国票据法均有此项规定，但英国票据法却对此并无严格要求。

2. 无条件支付的命令

若汇票款项的支付附加条件则汇票无效，日内瓦公约及各国票据法均明确此项规定。

3. 确定的票面金额

作为金钱有价证券，票据必须载明确定的金额。票据的金额记载一般同时采用文字和数字两种方式，当两种记载不一致时，日内瓦公约和英美票据法规定以文字记载为准，而我国票据法则认为该票据为无效。

4. 付款人姓名或名称

各国票据法都要求票据必须载明付款人的姓名或名称，汇票的付款人一般为一个，但也可以是一个以上，若汇票载明一个以上付款人，则任一付款人均须承担支付全部汇票金额的责任，不能仅就金额的一部分负责，任一付款人付清款项后，其余付款人才可免除付款责任。

5. 收款人姓名或名称

日内瓦公约和我国票据法都要求票据必须注明此项内容，否则无效；但英国票据法允许无记名票据的存在，规定未注明收款人时，持票人即为收款人。

6. 出票日与出票地点

日内瓦公约原则上将出票日期和地点均视为汇票的绝对应记载事项，但出票地点未注明时，可以出票人姓名旁记载的地点作为出票地，若无该地点则汇票无效。英国票据法则不将其视为绝对应记载事项。我国《票据法》规定出票日期为汇票必备事项，未记载则汇票无效，但对出票地点的规定与英国法相同，即可以出票人的营业地、居住地、常住地为出票地点。

汇票上出票日期的意义在于：可以确定出票人在出票时是否具有行为能力；对于出票后定日付款的汇票可以确定付款日期；见票后定日付款的汇票可以确定提示期限。出票地点的作用主要是决定国际汇票的法律适用，按照中国及西方某些国家的法律规定，有关国际汇票的出票形式及有关国际汇票的追索权的行使期限和保全票据权利的程序等，一般都应以出票地法律为准据法。

7. 付款日期与付款地

日内瓦公约及各国票据法均未将付款日期列为汇票的绝对应记载事项，如未记载，可将其视为见票即付的即期汇票处理。汇票的付款地一般决定持票人应于何地向付款人请求付款及汇票遭遇拒付时，应由何地的公证机构作成拒绝证书。日内瓦公约要求汇票上应记载付款地，如未记载，则以付款人姓名或名称旁记载地点为付款地，无此地点，汇票无效。英国票据法对于付款地记载与否未作要求，只要持票人能找到付款人，就可以向付款人要求按汇票记载付款。中国票据法规定：汇票上应当清楚、明确地记载付款地，若未记载付款地的，以付款人的营业所、住所或常住地付款地。

8. 出票人的签名

票据是文义证券，只有在票据上签名的人，才承担票据责任，而出票行为对于出票人的法律效力在于，出票人必须担保其所签发的票据获得承兑和付款。

（二）背书

1. 背书的涵义

票据的背书是指持票人在票据背书或粘单上签名并注明背书日期后，把该票据交付给受让人的票据行为，签名背书的人称为背书人，接受经背书的票据的人称为被背书人。除不记名式票据可直接交付转让外，记名式和抬头式票据均须以背书方式转让。

2. 背书的效力

背书的法律效力主要体现在三方面：第一，权利证明效力，即通过背书转让方式的票据受让人，可凭借票据及背书记载内容证明其享有票据权利；第二，权利转移效力，即背书后发生票据权利从背书人转移给被背书人的法律效果；第三，权利担保效力，即背书人应对被背书人承担担保该票据获得承兑或付款的法律责任。

3. 背书的要件

除由背书人签章并记载背书日期之外，有效的背书行为应符合以下三个要求：第一，无条件性，即背书不得附加任何条件，如载有附加条件，则所附条件无效但背书仍然有效；第二，整体性，即不得部分背书，只能将全部票据金额视为一个整体进行背书转让，否则背书无效；第三，连续性，背书应当连续，即在票据背书转让中，前一次背书的被背书人应是后一次背书的背书人，第一次背书的背书人为收款人，最后一次背书的被背书人为最终持票人。

4. 背书的方式

转让背书主要有两种方式：①记名背书，又称完全背书，背书人须在票据背面或粘单上写明被背书人名称或加上“或其指定人”等字样；②空白背书，又称不完全背书、不记名背书或略式背书，背书人仅在票据背面或粘单上签上自己名称，而不注明被背书人名称。

5. 背书的种类

依据背书是否以转让票据权利为目的可以将其分为两大类。

第一，转让背书。即以转让票据权利为目的的背书，被背书人（即票据的受让人）可获得相应票据权利，我们通常所说的背书就是此类。除记名背书和空白背书等一般转让背书外，还有特殊转让背书，通常有：①禁止转让背书，即背书人在背书转让时注明被背书人不得再进行背书转让的背书方式，如背书记载中注明“仅付某某人”或“付某某人，不得转让”等字样；②限制背书人责任的背书，即背书人背书转让时附加某些限制条件，常见的是背书人加列“免予追索”等字样，从而免除其票据责任，各国票据法均将所附的此类条件视为无记载。

第二，非转让背书。指不以转让票据权利为目的的背书，常见的此类背书有：①委托取款背书，即以委托被背书人代为收取款项为目的的背书，如背书时加注“为收款用”、“委托代收”或“委托收款”等字样；②设质背书，即以设定质权为目的的背书，被背书人可以质权人的资格行使票据权利。

（三）承兑与参加承兑

1. 承兑的涵义

承兑是汇票所特有的制度，而且只有远期汇票需要承兑，即期汇票则无需承兑。出票人签发汇票，委托付款人付款只是一种单方法律行为，付款人并不必然承担付款责任，所以对于远期汇票，必须由持票人在一定时间内向付款人提示，付款人见票后，如果愿意到期付款并将此意思表示和签名记载于汇票上，这就是汇票的承兑。概言之，承兑就是汇票付款人承诺在汇票到期时支付汇票金额的票据行为。

2. 承兑的程序

一般来说，承兑须经历以下过程：①持票人提示。持票人要获得承兑，须于法定期限内在付款人所在地向付款人出示票据并请求其承兑，这是持票人为行使或保全票据权利所必须作出的一种行为。②付款人承兑。付款人应于一定期限内选择是否作出承兑，如作出承兑则应于汇票正面书写“承兑”（Accepted）字样，并签上自己名字和注明承兑日期。通常情况下，承兑不能附有条件，否则视为拒绝承兑。至于对承兑行为的要式性要求，日内瓦公约及各国票据法规定有所差异，如英国票据法仅以承兑人签名为必须，而日内瓦公约和中国票据法则规定必须写明“承兑”字样并由承兑人签名，对未记载承兑日期的视为付款到期日前承兑，但注期汇票承兑必须注明承兑日期以便确定将来何时付款。

小贴士 7－4：

承兑交付有两种做法：一是实际交付，即付款人承兑后将汇票交给持票人留存，于到期时再提示付款；二是推定交付，即付款人承兑后留下汇票，而代之以“承兑通知书”交给正当持票人，到期凭通知书付款。

3. 承兑的效力

一旦付款人作出承兑，该承兑汇票的主债务人即为承兑人，也就是说，将来持票人应首先向承兑人行使付款请求权，承兑人拒付时方可向前手及出票人行使追索权。当然，若付款人拒绝承兑，持票人可直接向其前手和出票人行使追索权。

4. 参加承兑

我国票据法未规定参加承兑，但国外很多国家票据法有参加承兑制度。所谓参加承兑，是指当汇票不获承兑或付款人、承兑人死亡、逃匿或其他原因无法向其作承兑提示，或付款人、承兑人被宣告破产时，为了防止追索权的行使，由第三人以参加承兑人的身份加入票据关系的行为。所以，参加承兑行为须以汇票不获承兑并作成拒绝证书为前提（见表 7－6）。

表 7－6　　承兑与参加承兑的比较

比较内容	承兑	参加承兑
行为目的	表达在汇票到期日付款的意愿	防止持票人在汇票到期日前因不获承兑而行使追索权，以维护出票人和背书人的信誉
付款义务	承兑人是汇票的主债务人，承担绝对的付款义务	参加承兑人是汇票的第二债务人，只有在付款人拒绝付款时才承担付款义务
法律后果	承兑人的付款可以使票据债务最终消灭，票据退出流通	参加承兑人的付款只是代被参加承兑人偿还了债务，并未消灭票据债务，参加承兑人仍可作为持票人要求被参加承兑人及前手予以偿还

小贴士 7 -5：

提示可分为承兑提示和付款提示。一般来说，远期汇票都应先向付款人做承兑提示，然后再于到期时作付款提示。特别是见票后定期付款的远期汇票更须及时向付款人作承兑提示，以便从承兑之日计算付款到期日。即使是出票后定期付款的汇票，通常也要向付款人提示，以便确定其付款义务，因为付款人只有在其承兑汇票之后才成为该汇票的主债务人，承担到期付款的责任。但即期汇票只需作付款提示，而无须作承兑提示。另外，无论是承兑提示或是付款提示，都必须在法定期限内进行，或按票据上记载的办理，否则，持票人将丧失对出票人及其前手的追索权，只能要求付款人付款，付款提示也应在一定期限内完成，否则丧失汇票权利。

（四）保证

汇票的保证是指由汇票债务人以外的第三人，以担保票据债务为目的所作出的附属票据行为。

1. 票据保证行为的具体实施

票据保证应实施以下法律行为：①注明保证文句，不得附加任何条件；②注明被保证人名称，被保证人可以是出票人、背书人、承兑人等汇票上的所有债务人，未记载被保证人姓名的，视同为出票人提供保证；③注明保证人姓名、住所；④注明保证日期，未注保证日期的，出票日期即为保证日期；⑤保证人签名，这是一项必不可少的行为。

2. 票据保证行为的法律效力

票据保证行为可产生以下法律效力：①汇票保证为独立法律行为，保证人作出保证后，不因被保证债务无效而使保证无效，这与民法上“主债务无效，担保债务也无效”的纯粹附属性有所不同；②汇票保证为连带责任保证，保证人不得享有先诉抗辩权，即持票人在汇票到期日得不到付款人的付款时，有权向保证人请求付款，保证人须足额支付，这也是不同于民法上的保证；③保证人清偿债务后，即成为持票人而享有票据权利。

（五）付款与参加付款

付款是指持票人于汇票到期日向付款人提示付款时，付款人或承兑人依照票据文义，向持票人支付汇票金额的行为。付款人清偿完汇票金额并收回汇票后，由汇票所产生的债权债务关系即告消灭，汇票上所有债务人的债务也得以解除。对于持票人提示付款后，付款人应于何时付款，英国票据法规定即期汇票应于提示当日付款，远期汇票在 3 日内付款，而依据日内瓦公约和我国票据法无论即期汇票还是远期汇票，都应于提示付款当日付清全额票款。付清票款后持票人应在汇票上记载

“收讫”字样，加上签名将汇票交还给付款人。另外，付款人在付款时还应对各项票据行为的形式是否合法；汇票背书是否连续、汇票是否已到期等事项进行审查，这是付款人的一项法定义务，若因恶意或重大过失付款造成其他当事人的损失，则应负责赔偿。

当付款人或承兑人不向持票人付款时，由付款人以外的人代为进行的付款称为参加付款。日内瓦公约和英国票据法均有此项制度，中国票据法无相关规定。参加付款和参加承兑都是为了保全票据债务人的信用，防止持票人行使追索权，不同的是：参加付款是为了防止到期追索，而参加承兑是为了防止期前追索。参加付款人可以是参加承兑人、预备付款人或任何第三人。按英国票据法和日内瓦公约的规定，持票人不得拒绝参加付款，否则将丧失对被参加付款人及其后手背书人的追索权。参加付款应在持票人得以行使追索权时进行，但最迟不得在作成拒绝证书期限届满的次日进行。另外，参加付款人的付款不能向付款人那样使票据债权债务因付款得以消灭，参加付款人付款后，取得票据，享有票据权利，可向被参加付款人及其前手要求偿还，但不得再将该汇票背书转让。参加付款只能使被参加付款人的后手背书人解除票据责任，因此应该注明被参加付款人，如未注明，则以出票人为被参加付款人。

（六）拒付与追索

1. 拒付

持票人向付款人提示，付款人拒绝承兑或拒绝付款，均为拒付。因付款人逃避、死亡或宣告破产等情形以致持票人无法实现提示的，亦视为拒付。

2. 追索

追索是指汇票遭到拒付时，持票人对其前手或其他的汇票债务人要求清偿汇票金额及相关费用的行为。但持票人如果未在法定期限内提示、取得拒付证书、通知其前手或其他汇票债务人并进行追索，即丧失追索权。持票人的前手一般包括背书人、出票人、承兑人等，其他汇票债务人包括保证人等。追索权的范围包括汇票金额、法定利息、取得拒付证书的费用、通知的费用等。追索权的行使一般要经历以下过程：①取得拒付证书。持票人遭到拒付后可要求付款人出具退票理由书，或请求付款地的公证处、法院、银行公会等机构出具拒绝证书，用以证明付款人拒绝承兑或拒绝付款。日内瓦公约和我国票据法均有此项规定，英国票据法仅对国外汇票作出此项要求。②通知并行使追索权。持票人在取得拒付证书后，必须在法定期限内将拒付事实通知其前手或其他汇票债务人，向其中一人、数人或全部债务人进行追索。③被追索人再追索。被追索人清偿后即取得代位追索权，可向其前手或其他汇票债务人进行再追索，一直到前手或其他汇票债务人竭尽为止。

【总结评价】

票据是国际贸易结算的主要工具，而在汇票、支票、本票三种类型中汇票用于国际贸易结算最为普遍。由于英美法与大陆法之间的差异，目前尚未出现被广泛认可的票据法公约。理清票据法上的关系和票据关系的基础关系，有助于我们理解票据上的债权债务关系。取得票据权利可通过原始取得和继受取得两种方式实现，对票据伪造、变造、丧失等情形要依法采取救济措施以维护自身的票据权利，而对票据权利人行使权利，票据债务人可依法行使抗辩权。广义的票据行为是以产生、变更和消灭票据上权利义务关系为目的的法律行为，包括票据的签发、背书、承兑或参加承兑、保证、付款或参加付款、追索等。

【主要概念】

票据　金钱债权证券　设权证券　完全有价证券　要式证券　无因证券　文义证券　流通证券　汇票　支票　本票　即期汇票　远期汇票　光票汇票　跟单汇票　商业汇票　银行汇票　现金支票　转账支票　保付支票　划线支票　票据关系　基础关系　票据权利　票据行为　原始取得　善意取得　无因性　票据抗辩　票据对人抗辩的切断　票据伪造　票据变造　票据丧失　公示催告　除权判决　出票　背书　提示　承兑　参加承兑　保证　先诉抗辩权　拒付　追索权　参加付款　本票　支票

【任务实施】

寻找至少一张用于国际支付的汇票复印件，分析其属于何种类型的汇票，指出其出票人、付款人、收款人及其他非基本当事人，分析该票据上共有几种票据行为。

【复习思考题】

一、简答题

1. 票据有哪些类型？它们之间有何区别？
2. 什么是票据的原因关系？它对票据的流通有何影响？
3. 何为汇票出票？出票通常应记载事项有哪些？
4. 在行使票据追索权时应注意哪些问题？

二、判断题

1. 票据法所称之票据主要是指汇票、本票、支票、股票。
2. 票据是一种证权证券，证明已存在的权利。
3. 票据法律关系的客体是一定数额的金钱。
4. 承兑是汇票特有的制度，支票、本票没有承兑的问题。
5. 日内瓦票据法规定，未记载收款人姓名的汇票仍然有效。
6. 英国票据法规定汇票遭到拒付必须作成拒绝证书。
7. 不能认定票据行为作出时间在票据变造的前后，推定为变造之后完成票据行为。

8.《联合国国际汇票本票公约》具有强制性法律效力。

三、单项选择题

1. 日内瓦统一票据法各项公约主要以（　　）票据法为基础。

A. 英国　B. 美国　C. 法国　D. 德国

2. 法国商法规定票据失票人提供担保后，（　　）。

A. 请求法院作出命令交付的裁判

B. 可向出票人提出签发新票据的请求

C. 依法向法院申请公示催告

D. 依法向法院申请除权判决

3. （　　）是指付款人于汇票载明的到期日付款的汇票。

A. 板期汇票　B. 计期汇票　C. 注期汇票　D. 即期汇票

4. 背书人在汇票上记载不得转让字样，（　　）。

A. 其后手背书转让的无效

B. 其后手背书转让的，原背书人对后手的被背书人不承担保证责任

C. 在特定条件下，该汇票可以转让

D. 其后手背书转让的，原背书人不再承担保证责任

5. 我国《票据法》规定汇票必须在票据上记载的事项为（　　）。

A. 付款日期　B. 付款地　C. 出票地　D. 出票日期

6. 票据上的权利义务及相关事项完全以票据上的记载为准，说明票据具有（　　）。

A. 要式性　B. 无因性　C. 文义性　D. 流通性

四、多项选择题

1. 下列关于票据叙述正确的是（　　）。

A. 票据已成为国际贸易中最重要的结算工具

B. 票据的资金关系是指票据的付款人与出票人之间的资金补偿关系

C. 票据行为的实质要件主要指票据行为人的权利能力、行为能力及意思表示等

D. 票据瑕疵包括票据伪造、票据变造

2. 纺织品进出口公司甲与美国贸易有限公司乙签订货物买卖合同，约定甲负责货物运输，下列所涉及证券，属于票据的有（　　）。

A. 乙向甲开出的信用证

B. 乙以甲为收款人签发的远期支票

C. 乙所持约定货物的提单

D. 甲签发的以乙为付款人的已受汇票

3. 甲为中国公司，与乙（美国公司）在法国签订货物买卖合同，甲为供货方，乙向甲签发见票即付的已付汇票一张，记载付款地为美国加州。甲在中国将该汇票背书转让给丙，丙又背书转让给丁，则（　　）。

A. 如果丙为未成年人，则丙、丁间的背书无效，丁不得享有票据权利

B. 丁向乙提示付款被拒绝，拒绝证明的作成方式应依美国加州的有关法律而定

C. 丁遭拒付后，向丙追索，追索权期限依法国票据法规定

D. 丁所持票据丧失，应依美国加州法律进行补救

4. 背书的法律效力主要体现在（　　）。

A. 权利证明效力　　B. 资格授予效力

C. 权利转移效力　　D. 权利担保效力

5. 汇票付款拒绝证书由付款地的（　　）等作成，用以证明付款人拒绝付款。

A. 公证处　B. 行业协会　C. 法院　D. 银行公会

五、案例分析题

国华公司是OLC公司化妆品在江苏地区的代理商。国华公司以购买OLC化妆品为由，先后对OLC公司签发了4张商业承兑汇票，并在汇票上签章承诺，本汇票已经本公司承兑，到期日无条件付款，OLC公司收票后，即按约定发出货物。国华公司对收到的货物提出质量异议，双方数次传真往来，未能协商一致。国华公司将OLC公司生产的化妆品送国家化妆品质量监督检验中心检验，结果为不合格。OLC公司持上述4张汇票于到期后，委托银行收款时，均被银行以付款人无款支付，该账号已结清等为由拒付，OLC公司遂以票据纠纷为由诉至法院。OLC公司诉称：被告开出的商业承兑汇票已经被告承兑，到期应无条件支付。被告作为票据债务人，应向我公司支付拒付的汇票并承担利息。而国华公司辩称：原告货物出现了质量问题，我公司提出了质量异议，并要求退回我公司开出的汇票。我公司作为票据债务人，可以对不履行约定义务的与自己有直接债权债务关系的持票人进行抗辩，故我公司拒绝履行票据义务是合理的。

请分析以下问题：

（1）如何理清票据关系和与票据有关的法律关系？

（2）OLC公司所持观点的法律依据是什么？

（3）国华公司仅以货物质量有瑕疵为由提出的抗辩理由能否成立？

（4）假如该票据背书转让给第三人后，国华公司对非直接受让人的请求能否主张抗辩？

（资料来源：找法网 http：//china. findlaw. cn）

第八章　国际工业产权法律实务

【学习要点】

1. 工业产权的内涵与特征
2. 工业产权保护的主要国际条约与我国相关法律
3. 专利法律关系与商标法律关系
4. 专利和商标的有关侵权行为及其救济措施

【案例导入】

近年来，随着我国商品出口额的不断增加，大量的出口商品商标在国外被抢注，造成每年约10亿元的无形资产流失。如格力电器公司的“格力”商标被巴西代理商抢注，与青岛海信公司商标Hisense类似的商标HiSenSse被博世—西门子公司在德国注册，合肥华泰集团的“洽洽”英文商标和图案商标被其代理商德国OKAI进出口公司在德国抢注，北京王致和公司的“王致和”商标和贵州老干妈食品有限公司的“老干妈”商标也相继被该公司在德国抢注，天津桂发祥公司的商标“桂发祥十八街”被加拿大中华老字号公司在加拿大抢注，同时被抢注的还有“冠生园”、“六必居”。在日本，我国商标“狗不理”、“同仁堂”、“杜康”、“一得阁”等遭抢注为同类商品商标。究其原因，我国这些受害企业法律意识淡薄，不重视或没有及时主张商标的域外保护。这些商标不仅在国内有较高的知名度，而且在域外市场上也具有较强竞争优势，商标被抢注后不仅造成重大的经济损失，而且还阻止或延缓了开发域外市场的进程。受害企业往往只能通过诉讼或和解等法律手段取得所在法域的商标权，要支付巨额的诉讼费用或商标使用费，有的企业因此被迫退出相关法域的市场。因此，我们必须树立“产品出口到哪里，商标先注册到哪里”以及“国际贸易、品牌先行”等商标法律保护的理念。由此也可看出，在国际商事活动中工业产权保护的重要意义。

随着科技的进步与经济的全球化，工业产权与国际商贸之间的关系日趋紧密，尤其是在国际技术贸易领域中，工业产权更是直接成为贸易的标的物。与贸易有关的工业产权的发展，突破了传统的有形货物买卖的界限。而近年来，国际商事活动中各国工业产权争端频发并呈不断增加之势，我国越来越多的企业因卷入跨国工业产权纠纷，必须引起涉外企业及其从业人员的高度重视。

第一节　工业产权及其法律规范

智力成果的人身权属性和经济价值属性，越来越受到人们的重视。在世界范围内，要实现“中国制造”向“中国创造”的华丽转身，强化对工业产权的保护、开发、利用是必由之路。而认识到工业产权保护的重要意义，完善立法并加大法律保护的力度，则是开发利用工业产权、推进经济社会创新发展的前提和基础。

一、工业产权的内涵与特征

（一）工业产权的内涵

工业产权（Industrial Property）是法律赋予公民、法人或其他组织能够应用于产业的智力成果在一定期限和地区内享有的专有权。工业产权与知识产权（Intellectual Property）两个概念的内涵有所区别，虽然两者都是法律赋予人们对其智力成果在一定期限和地域内享有的一种专有权，但知识产权涵盖面更广，而工业产权是知识产权的重要组成部分，更强调其在产业上的应用性。根据《保护工业产权巴黎公约》的规定，工业产权包括发明、实用新型、外观设计、商标、服务标记、厂商名称、货源标记、原产地名称以及制止不正当竞争的权利。而在我国，工业产权通常主要是指专利权和商标权。因此，本书仅介绍最常见的两种工业产权——专利权和商标权的相关法律制度。

（二）工业产权的特征

与传统民事权利相比，工业产权具有无形性、专有性、时间性、地域性等法律特征，因而在侵权与纠纷的形态上也具有与有形产权不同的特性。

1. 无形性

智力成果是脑力劳动创造的无形财富，工业产权以无形的智力成果为客体，无具体的物质形态，不占据一定的空间，客观上无法被人们实际占有。正因如此，与有形财产所有权相比，工业产权被他人侵犯更不易察觉，导致工业产权的法律保护更为复杂。从法律保护的角度看，有形财产权保护的核心是防止被他人非法“占有”，而工业产权保护的核心则是防止被他人非法“使用”。不过，无形的智力成果必须通过有形的物质表现出来，如可口可乐作为技术秘密保护的配方，须依附可口可乐饮料才能被人认识和感知。

小案例8-1：

对于一部智能手机，其财产所有权法律保护的核心是防止被他人非法占有或控制，他人拾得占有为不当得利、秘密占有为盗窃、乘人不备地占有为抢夺、暴力占有为抢劫。法律将这些不当占有一律定为违法行为予以惩处或要求恢复占有关系。但是，对一部智能手机的专利技术，法律保护并不考虑其占有关系，而是将非法使用专利权人的技术方案视为侵权行为而予以制裁。

2. 专有性

也称排他性、垄断性或独占性，即权利主体依法享有排他性的权利，他人不得侵犯。虽然有形财产所有权也具备专有性，但工业产权的专有性有其独特之处：一是绝对专有性，与同一工业产权客体相对应的权利主体只能有一个，如两人就相同的内容分别申请专利时，至多只有一人可以获得授权；二是相对专有性，工业产权的排他性行使受到法律的许多限制，如专利的强制许可。

3. 时间性

工业产权的客体只在法律规定的期限内受法律保护，期限届满权利人即丧失其专有权，该智力成果即进入社会公有领域，任何人均可无偿使用，但也有少数工业产权不受时间限制，如商业秘密权、厂商名称权、地理名称权等长期受法律保护。我国企业在引进专利技术时一定要考察专利保护期的年限，以免造成不必要的经济损失。

4. 地域性

按照一国法律获得承认和保护的工业产权，通常只限于授予这项权利的国家领域范围之内有效，而不具有域外效力。一项智力成果如欲在他国获得工业产权，必须依据共同签署的国际条约或该国的法律，向该国主管机关提出申请。认识到这一点尤为重要，我国的出口企业要及时在销售地国家申请商标注册，否则已有的国内注册商标不仅得不到该国法律保护，而且还有被抢注的风险。

二、工业产权保护的法律规范

随着国际贸易的日益发展，工业产权的国际保护不断加强，各国签署了一系列的相关国际公约或协定，并在实践中逐步修订具体内容，积极发展成员国。总部设在日内瓦的世界知识产权组织也于1970年正式成立，并在1974年成为联合国的一个专门机构，以促进在全世界范围内知识产权保护为宗旨，积极推动知识产权的国际交流与合作。

（一）保护工业产权巴黎公约

《保护工业产权巴黎公约》，简称《巴黎公约》，1883 年 3 月日在巴黎签订，并于 1884 年 7 月生效。该公约历经数次修订，现行为 1980 年日内瓦文本。截至 2012 年，《巴黎公约》已有成员国 174 个，我国在 1985 年加入公约，但声明不受公约第 28 条第 1 款的约束。

1. 工业产权保护的基本原则

（1）国民待遇原则

对于成员国国民，在保护工业产权方面，应该在公约其他成员国内享有各该国法律现在或将来可能给予本国国民的各种利益，以及公约特别规定的各项权利；而且，在其权利或利益受到侵犯时，能得到法律上的同样救济。当然，他们也应遵守对各该国国民规定的条件和手续。对非成员国国民，只要在任何一个成员国领土内设有住所，或有真实有效的工商业营业所，也应享有与成员国国民同样的待遇。

（2）优先权原则

在一个成员国提出专利权、商标注册的正式申请的人，在其正式提出申请之后的特定期限内，再向公约其他成员国提出内容相同的申请的，享有优先权，以防止首次申请人在一国拥有的工业产权被他人在成员国内非法申请或抢注。发明专利和实用新型专利从第一提出申请之日起 12 个月内再向其他成员国提出申请，外观设计专利和商标注册从第一次提出申请之日起 6 个月内再向其他成员国提出申请，均以第一次申请的日期为申请日。

（3）独立性原则

巴黎联盟各成员国对工业产权采用各自独立的保护制度，有关权利的获得与消灭、保护的范围和实体内容各成员国相互独立。就专利而言，由各成员国根据自己国内法独立进行审核并决定是否授予、拒绝、撤销或终止某项专利，对已经授权的专利也独立决定给予哪些保护，不受其他成员国影响；就商标而言，由各成员国根据自己国内法独立进行审核并决定是否同意、拒绝、撤销或终止某项商标的注册，对注册商标和非注册商标独立决定给予哪些保护，不受其他成员国影响。因此，一项授权专利或注册商标即使在某成员国已经被撤销，也不影响在其他成员国依然受到法律保护。

2. 工业产权保护的主要内容

（1）专利权的保护与限制

《巴黎公约》对专利的保护主要体现在署名权和进口权上。发明人具有在专利文件中署名表明自己发明人身份的权利，而专利权人有权将在成员国内制造的产品进口到他对该产品授予专利权的国家，并享有法律对该产品保护所给予的一切权利。《巴黎公约》对专利的限制主要体现在强制许可和临时过境两个方面。所谓强制许可，是指公约授权各成员国立法规定在一定条件下核准强制许可，以防止专利权人可能对专利权的滥用。所谓临时过境，是指对成员国的船舶、飞机、车辆暂时或偶然进入另一成员国的领域，专利权人对交通工具自身不得行使其专利权。

（2）商标的保护

《巴黎公约》对商标注册、商标权无效、驰名商标的保护、商标权的行使等方面作出了规定。商标的申请和注册条件由各成员国法予以规定，公约规定了成员国可拒绝商标注册申请、撤销已注册商标的情形。公约对驰名商标给予特殊保护，禁止对驰名商标进行复制、仿造或翻译并用于相同或类似商品的行为。商标权人可行使商标的禁用权和转让权。对于商标权的禁用，商标权人有权禁止他人未经许可使用其商标或厂商名称。对于商标权的转让，如果成员国规定商标权的转让应与其营业一并转让才有效的，则只须转让该国的营业就足以认可其有效，但这种转让应以不会引起公众对贴有该商标的商品原产地、性质或主要品质发生误解为条件。

（二）商标国际注册马德里协定

为了有效解决和规范商标的国际注册问题，1891 年由法国、西班牙、瑞士等国发起签署了《商标国际注册马德里协定》（简称《马德里协定》），作为《巴黎公约》。协定历经多次修订，现行为 1989 年生效的斯德哥尔摩修订本。截至 2010 年已有成员国 85 个，我国在 1989 年 10 月成为该协定的成员。

1. 商标的国际注册申请

任何缔约国的国民在本国获得商标注册后，可通过本国的注册当局向设在日内瓦的世界知识产权组织的国际局申请国际注册。经审核批准，国际局根据注册申请所包括的具体商品和服务项目分类，在其定期出版的刊物上公布，并根据申请人的要求通知有关成员国，有关成员国在接到通知后如果一年内未作出否定性声明，即认为同意在该国获得商标注册，而不必另行申请注册和支付注册费用。在此需要提示的是，申请人必须为缔约国的国民，或者为在缔约国领土内有住所或真实有效的工商业营业所的非缔约国国民。

2. 商标国际注册的效力

根据《马德里协定》第 1 条的规定，商标一经国际注册便可在所有其他缔约国获得保护。但这种普遍效力也并非毫无限制的，根据协定有关“领土限制”的规定，任何缔约国可在任何时候书面通知国际局总干事，通过国际注册所得到的保护，只有在商标所有人明确要求时才得以延伸至该国。而且，在接到国际局有关其他缔约国商标国际注册的通知后，各国注册当局还可以根据本国法声明在其领土内不能给予这种商标以保护。商标国际注册有效期为 20 年，期限届满时可以按规定续展，对延误续展时间的可给予 6 个月的宽展期，但要缴纳一定的罚款。

小贴士 8－1：

《商标国际注册马德里协定》是世界知识产权组织（WIPO）管理的多边国际条约，1891 年 4 月 14 日签订于西班牙的马德里，具有“使用一种语言、提交一次申请、使用一种货币、缴纳一次费用”的特点，可以在多达 85 个国家获得商标保护。1989 年 10 月 4 日，中国政府正式加入《商标国际注册马德里协定》，开始逐步通过马德里商标国际注册系统受理和申请商标国际注册。1995 年 12 月 1 日，中国政府又加入了《商标国际注册马德里协定有关议定书》。22 年来，我国已经基本建立了比较成熟的马德里商标国际注册机制，基本建立了一支业务熟练、本领过硬的马德里商标国际注册队伍，马德里商标国际注册的知识得到了一定程度的普及，中国的马德里商标国际注册事业取得了举世瞩目的成绩。马德里商标国际注册体系为我国实施“走出去”战略，加大我国企业海外商标注册和维权的力度，提高我国经济的国际竞争力和抗风险能力，发挥了重要作用。

（三）与贸易有关的知识产权协定

1995 生效的《与贸易有关的知识产权协定》（简称 TRIPS）是世界贸易组织管辖的一项多边贸易协定，也是迄今为止对各国知识产权法律制度影响最大的国际条约。我国 2001 年加入 TRIPS。

1. 知识产权保护的基本原则

TRIPS 规定了三大原则：①国民待遇原则，即在知识产权保护方面，各缔约国应给予其他缔约国国民与本国国民同等的待遇；②最惠国待遇原则，即任何缔约国给予另一国国民有关知识产权保护的优惠、特权及豁免，应立即无条件地给予其他缔约国国民，不得有任何不正当的歧视；③透明度原则，即缔约国有义务将本国知识产权保护法律规范，告知与贸易有关的知识产权理事会，以便其他缔约国和知识产权所有人知晓。

2. 知识产权保护的范围

TRIPS 将本不属于传统知识产权范围的集成电路布线图设计权、未披露的信息专有权等，也列为知识产权保护对象，扩大了知识产权保护的范围。具体来说，TRIPS 所保护的知识产权范围包括：①著作权与邻接权；②商标权；③地理标志权；④工业品外观设计权；⑤专利权；⑥集成电路布线图设计权；⑦未披露的信息专有权；⑧对许可合同中限制性商业条款的控制。

3. 完善知识产权保护程序

TRIPS 在知识产权保护方面，不仅有关于主体权利义务的实体法内容规定，更有为实现这些权利义务的法律实施程序的规定。包括行政、民事、刑事以及边境措施和临时程序等在内的程序法规定，有效地保障了知识产权保护的落实。TRIPS 详尽地规定了知识产权取得、维持和保护的各种措施和程序，涉及行政管理、司法诉讼、侵权赔偿、补救措施等方方面面。值得一提的是 TRIPS 规定的海关边境措施，各成员国知识产权所有人掌握了确切证据后，对侵犯其知识产权的进出口产品可申请海关予以扣留或销毁，但为防止权利滥用，申请人须提供保全措施。

4. 建立知识产权争端解决机制

TRIPS 不仅规定了透明度原则，以预防因对其他成员国知识产权制度不知晓而发生纠纷，而且对已经发生的知识产权争端提出了解决机制。根据 TRIPS 规定，知识产权争端的解决适用世贸组织的《争端解决规则和程序的谅解书》。世贸组织解决争端机制的引入，使得知识产权争端与各国的对外贸易密切联系在一起，对不实施或不全面实施 TRIPS 的国家，可采取集体抵制和交叉报复的措施，这无疑可有效地促进各成员国积极履行知识产权保护的义务。

（四）我国工业产权保护相关法律

我国不仅早在 1980 年即成为世界知识产权组织（WIPO）的成员国，而且积极加入保护工业产权的国际条约。目前已经加入的有关工业产权的国际条约主要有：《保护工业产权巴黎公约》、《商标国际注册马德里协定》、《专利合作条约》、《与贸易有关的知识产权协定》、《关于集成电路知识产权保护条约》、《商标注册用商品和服务国际分类尼斯协定》、《国际专利分类斯特拉斯堡协定》、《建立工业外观设计国际分类洛迦诺协定》，等等。

在加入工业产权的国际条约及相关国际组织的同时，我国积极完善自身的法律法规。在 1982 年和 1984 年相继出台了《商标法》和《专利法》，以法的形式确立了中国的商标保护制度和专利保护制度。随着经济建设与对外开放的不断推进，我国积极吸纳世界工业产权领域立法的先进成果，对国内工业产权法进行多次修订和完善，并出台了相关的实施条例和实施细则。我国现行修订的《专利法》和《商标法》，分别于 2009 年 10 月和 2013 年 8 月实施。与此同时，还相继出台了《知识产权海关保护条例》、《技术进出口管理条例》、《专利实施强制许可办法》、《专利代理管理办法》、《集体商标、证明商标注册和管理办法》等多部配套条例和办法，初步建立了一个系统的知识产权保护法律体系。

第二节　专利权及其法律保护

在国际专利争端频发的背景下，国内企业专利保护意识正在不断增强，纷纷运用法律手段维护自己的合法权益。可见，了解专利法律知识并积极运用是非常必要的。

一、专利的内涵与特征

（一）专利的内涵

专利通常有三种不同的含义：①专利权。从法律角度来说，专利通常指的是专利权。所谓专利权，就是指专利权人在法律规定的期限内，对其发明创造享有的独占权。需要注意的是，专利权不是在完成发明创造时自然而然产生的，而是需要申请人按照法律规定的手续进行申请，并经国务院专利行政部门审批后才能获得的。②取得专利权的发明创造。如“这项技术是我的专利”这句话中的“专利”就是指被授予专利权的技术。③专利文献。是指各个国家专利局出版发行的专利公报和专利说明书，以及有关部门出版的专利文献。记载着发明的详细内容和受法律保护的技术范围的法律文件。我们所说的“检索专利”就是指查阅专利文献。在这三种含义中，作为“专利权”理解的更为普遍。

（二）专利的特征

专利同其他知识产权一样，具有三大特点：①独占性。独占性是指对同一内容的发明创造，国家只授予一项专利权。被授予专利权的人享有独占权利，未经专利权人许可，任何单位或个人都不得以生产经营为目的制造、使用、许诺销售、销售、进口其专利产品，或者使用其专利方法以及使用、许诺销售、销售、进口依照该专利方法直接获得的产品。②地域性。即空间限制性，指一个国家或地区授予的专利权，仅在该国或该地区才有效，在其他国家或地区没有任何法律约束力。因此，一件发明若要在许多国家或地区得到法律保护，必须分别在这些国家或地区申请专利。③时间性。各国专利法对专利权的有效保护期限都有自己的规定，计算保护期限的起始时间也各不相同。专利权超过法定期限或因故提前失效，任何人可自由使用。

小贴士 8－2：

中国科学院原院长周光召曾说：“在知识产权领域，没有人管你创造了什么，看中的是你是否取得了法律保护，在这个意义上说，光有前者等于零，有了后者则几乎拥有了一切。”这在发达国家已经成为经济运行的通则，而具有系统知识产权策略的跨国公司在进入中国前，往往是产业未到专利先行。以钕铁硼为例，中国、美国、日本都各自独立研究出钕铁硼，虽说我国技术毫不逊色且拥有世界上包括钕铁硼在内的大量稀土矿，但因未申请专利，不得不忍痛花 400 万美元“冤枉钱”购买了美日的专利许可证，以换取在市场上的销售权。

——余翔、武兰芬、姜军：《国家经济安全与知识产权危机预警和管理机制的构建》，载《科学学与科学技术管理》2004 年第 3 期，第 66～68 页。

二、专利法律关系

（一）专利法律关系的主体

专利法律关系的主体，是指对一项发明创造享有署名权、提出专利申请或拥有专利权的自然人、法人和其他组织。

1. 发明人或设计人

亦可统称发明设计人，是指直接参加发明创造活动，对发明创造的实质性特征做出了创造性贡献的自然人，其中，发明和实用新型的创造人称发明人，外观设计的制作人称设计人。在发明创造过程中只负责组织工作、提供物质便利或从事其他辅助性工作的人，不应当被认为是发明设计人。

2. 专利申请人

是指就一项发明创造向国家专利行政部门申请权利的人。在我国，发明设计人、发明设计人所在单位、专利申请权的受让人及外国人都可以作为专利申请人。

3. 专利权人

专利申请人的专利申请通过了国家专利行政部门的审查程序，并被依法授予专利权后，专利申请人即成为专利权人。任何组织或自然人还可以通过合法受让或继承的方式成为专利权人。因此，专利权人包括：发明设计人、发明设计人所在单位、作为境外外国企业或个人的专利所有人、专利权的合法受让人或继承人。

（二）专利法律关系的客体

专利法律关系的客体，也称为专利法保护的对象，是指依法应授予专利的发明创造。

1. 三种类型

专利权的客体通常包括发明、实用新型和外观设计三种类型。

表8-1　专利的三种类型

专利类型	基本内涵	说明与举例
发明	对产品、方法或者其改进所提出的新的技术方案，分为产品发明、方法发明和改进发明三种类别。	爱迪生发明的白炽灯、王永民发明的五笔输入法、英国人穆尔改进自动售货机。
实用新型	对产品的形状、构造或者其结合所提出的适于实用的新的技术方案。	只保护经过工业方法制造并占据一定空间的实体产品。
外观设计	对产品的形状、图案或者其结合以及色彩与形状、图案的结合所做出的富有美感并适于工业应用的新设计。	外观设计必须以能够重复生产的工业产品为载体，如公用垃圾筒的外观设计。

除了表 8 - 1 中的内容之外，我们还应对发明专利和实用新型专利做进一步的了解。三种类别的发明专利其具体内涵是：①产品发明是关于新产品或新物质的发明；②方法发明是指为解决某特定技术问题而采用的手段和步骤的发明，又可划分为制造方法发明和操作使用方法发明；③改进发明是对已有的产品发明或方法发明所做出的实质性革新的技术方案。

关于实用新型专利，产品形状和产品构造的具体涵义是：①产品形状是指产品所具有的、可以从外部观察到的确定的空间形状，如对凸轮形状、刀具形状做出的改进。②产品构造是指产品的各个组成部分的安排、组织和相互关系，如机械构造、线路构造。

2. 禁止性规定

我国《专利法》还对专利法律关系的客体作了禁止性规定，对以下客体不授予专利权：①科学发现；②智力活动的规则和方法；③疾病的诊断和治疗方法；④动物和植物品种；⑤用原子核变换方法获得的物质；⑥对平面印刷品的图案、色彩或者二者的结合做出的主要起标识作用的设计；⑦违反法律、社会公德或者妨害公共利益的发明创造；⑧违反法律、行政法规的规定获取或者利用遗传资源，并依赖该遗传资源完成的发明创造。这一规定主要是为了规范依赖遗传资源进行发明创造的行为，维护国家利益而作出的。

小思考 8 - 1：

下列客体能否授予专利权：（1）重大考古发现；（2）用于胎儿和婴儿教育的“零岁方案”；（3）张医师祖传的中医针灸疗法；（4）培育出新品种的兰花；（5）用核裂变或核聚变的方法获得的元素或化合物；（6）“中国东方航空”的图文服务标识；（7）赌博机、吸毒器具。

（三）专利法律关系的内容

专利法律关系的内容，是指专利权受保护期间专利法律关系主体之间的权利和义务。专利权具有对世权的性质，某项专利申请一旦被授权，在专利受法律保护地域内所有非专利权人均负有不侵犯该专利权的义务。因此，在此仅通过阐述专利权人的权利义务，来界定专利法律关系主体之间的权利义务。

1. 专利权人的权利

（1）专利权的期间

专利权的期间即专利权受到法律保护的时间跨度，更确切地说，就是自专利权受保护之日到专利权终止之日的期间。超越这个期间后专利权人不再享有独占使用权，受该项专利技术便成为全社会的共同财富，任何人均可无偿使用。根据专利权何时终止，专利权的期间通常有两种情形：①正常终止的专利权期间。因有效期限届满而导致的专利权终止称为正常终止，我国专利法规定，发明专利、实用新型专利、外观设计专利的保护期限分别为20年、10年、10年，均自专利申请之日起开始计算，保护期限届满后，专利权自行终止。②提前终止的专利权期间。有效期限届满前因法定事由而导致专利权终止的称为提前终止，但提前终止须国家专利局进行登记和公告后才发生法律效力。导致专利权提前终止的法定事由包括未按规定缴纳专利证书费、未按规定缴纳专利年费、专利权人以书面声明放弃等。

（2）专利权的内容

根据专利法律的有关规定，专利权人或利害关系人通常可以享有以下各项权利：

第一，独占权。专利权人有独占实施其专利的权利，同时，除法定情形外，任何单位或者个人未经专利权人许可，都不得实施其专利。

第二，标记权。发明人或者设计人有权在专利文件中写明自己是发明人或者设计人。专利权人有权在其专利产品或者该产品的包装上标明专利标识。

第三，转让权。既可以转让专利权，也可以转让专利申请权。专利权的转让应当依法办理有关手续，订立书面合同并向国家专利行政部门申请登记。

第四，许可权。任何单位或者个人实施他人专利的，应当与专利权人订立实施许可合同，向专利权人支付专利使用费。

第五，放弃权。通过向国家专利行政部门提交书面声明或以不按照规定缴纳年费的方式，专利权人放弃其专利权。

第六，质押权。权利人可将其拥有的专利权、专利申请权进行质押，专利质押须由出质人和质权人双方签订专利质押合同并国家专利行政部门办理登记手续。

第七，请求保护权。专利权受到侵犯引起纠纷，当事人可以协商、调解、仲裁、诉讼等方式解决，专利权人或者利害关系人也可以请求专利行政部门处理。

2. 专利权人的义务

第一，缴纳年费。自被授予专利权的当年开始至专利权期限届满时为止，专利权人均须按期缴纳年费，否则将导致专利权终止。如缴纳专利年费确有经济困难，专利权人可依法申请减免。

第二，接受强制许可。根据相关当事人的申请，国家专利行政部门可依法给予实施发明专利或者实用新型专利的强制许可，申请人取得实施强制许可后应当付给专利权人合理的使用费，或者依照我国参加的有关国际条约的规定处理专利使用费问题。如专利权人对国家专利行政部门关于实施强制许可的决定或实施强制许可使用费的裁决不服的，可向人民法院提起诉讼。

三、专利权的取得

（一）申请取得

专利权的原始取得，即通过向国家专利局申请的方式取得专利权。

1. 专利申请原则

在我国申请专利须遵循以下4项原则：①书面申请原则。专利申请必须按照要求提交书面申请文件，国家专利局对专利申请的审查、批准及专利管理均以书面文件为依据。②先申请原则。两个以上的申请人分别就同样发明创造申请专利的，专利权授予最先申请的人。③单一性原则。一份专利申请文件只能就一项发明创造提出专利申请。④优先权原则。申请人自发明或实用新型在外国第一次提出专利申请之日起12个月内，或者自外观设计在外国第一次提出专利申请之日起6个月内，又在中国就相同主题提出专利申请的，依照国际条约或互惠原则可享有优先权。申请人自发明或实用新型在中国第一次提出专利申请之日起12个月内，又向国家专利局就相同主题提出专利申请的，可以享有优先权。

2. 专利申请程序

具有专利申请权的人既可以自己申请专利，也可以委托专利事务所的专利代理人代为申请专利。在我国，申请专利一般要经过以下几个步骤：

（1）确定专利申请人

根据我国专利法的有关规定，以下不同情况，专利申请人有所不同：①职务发明创造。发明人或设计人执行本单位的任务或主要是利用本单位的物质条件所完成的发明创造，属职务发明创造。该发明创造申请专利的权利属于发明人或设计人所在单位。②非职务发明创造。发明人或设计人自由做出的职务发明创造以外的发明创造，属非职务发明创造。该发明创造申请专利的权利属于发明人或设计人。③共同发明创造。两个以上单位或者个人合作完成的发明创造，一个单位或个人接受其他单位或个人委托所完成的发明创造，属共同发明创造。除另有协议约定以外，申请专利的权利属于完成或共同完成的单位或个人。④专利申请人转让。拥有专利申请权的人可通过协议将该项权利转让出去，此时受让人即为合法的专利申请人。

（2）提交申请材料

申请不同类型的专利提交不同的申请材料。申请发明专利，应当提交发明专利请求书、权利要求书、说明书、说明书摘要，有附图的应当同时提交说明书附图及摘要附图。申请实用新型专利须提交专利请求书、说明书、说明书附图、权利要求书、摘要及其附图。申请外观设计专利须提交专利请求书、图片或者照片。要求保护色彩的，还应当提交彩色图片或者照片。

（3）配合专利审查

专利申请材料提交以后，就要等待国家专利局的审查、批准，并配合进行专利补正、交纳费用、陈述意见、答辩、撤回或变更等工作。国家专利局对发明专利申请经实质审查，没有发现驳回理由的，即授予发明专利权。对于实用新型和外观设计专利经初步审查没有发现驳回理由的，即授予相应的专利权。国家知识产权局决定授予专利的，发给相应的专利证书，并予以登记和公告。

（4）办理登记手续

国家专利局作出授予专利权的决定后，向申请人发出授予专利权通知书，同时还发出办理专利登记手续通知书。专利申请人在收到本通知之日起2个月内办理专利登记手续，按规定缴纳专利登记费、授权当年的年费、专利证书印花税等各项费用，并领取专利证书。如果专利申请被驳回，则根据具体的情况确定是否向专利复审委员会提出复审请求。

3. 授予专利权的条件

根据申请专利权的类别不同，我国专利法对取得专利权提出了不同的实质性要件的规定。授予专利权的发明和实用新型，应当具备新颖性、创造性和实用性。新颖性要求该发明或者实用新型不属于现有技术，并且国家专利局未受理相同的专利申请；创造性要求与现有技术相比，该发明具有突出的实质性特点和显著的进步，该实用新型具有实质性特点和进步；实用性要求该发明或者实用新型能够制造或者使用，并能够产生积极效果。而对授予专利权的外观设计，要求其具备新颖性和合法性即可。新颖性要求该外观设计不属于现有设计，与现有设计或者现有设计特征的组合相比有明显区别，并且国家专利局未受理相同的专利申请；合法性要求不得与他人在申请日以前已经取得的合法权利相冲突。

（二）继受取得

非专利权人可通过转让、赠与、继承等方式，继受取得专利而成为专利权人。专利权有人身权和财产权之分，非专利权人继受取得专利权，是取得专利权中的财产权，而非发明设计人专属的人身权，如署名权等。继受取得专利权均须办理相关手续，且在取得专利权利的同时应承担缴纳年费等法定义务。通过转让或赠与的方式取得专利，双方须签订专利转让或赠与合同并向国家专利局办理专利权转移手续。通过继承方式取得专利，继承人须先到公安部门办理原专利权人死亡、继承人与死亡人的关系等身份证明，并向国家专利局办理专利权人变更手续。

四、常见的专利争议

（一）专利权的无效

在专利权授予之后，任何单位或者个人发现其具有不符合专利法及其实施细则中有关授予专利权的条件，均可向专利复审委员会请求宣告该专利权无效。宣告专利权无效的决定，由国家专利局登记和公告。对专利复审委员会宣告专利权无效或者维持专利权的决定不服的，可以自收到通知之日起三个月内向人民法院起诉。人民法院应当通知无效宣告请求程序的对方当事人作为第三人参加诉讼。虽然被宣告无效的专利权视为自始不存在，但宣告专利权无效的决定，对在宣告专利权无效前人民法院作出并已执行的专利侵权的判决、调解书，已经履行或者强制执行的专利侵权纠纷处理决定，以及已经履行的专利实施许可合同和专利权转让合同，不具有追溯力。如因专利权人的恶意给他人造成的损失，应当给予赔偿。

（二）专利侵权

1. 专利侵权行为的构成

专利侵权行为是指未经专利权人许可实施其专利的行为。通常情况下，专利侵权行为的构成须符合下列条件：①侵害的对象为合法有效的专利。该项专利在我国依法获得授权且未超出保护期限，同时该项专利不存在被依法撤销或被宣告无效的情形。②存在事实上的侵害行为。行为人在客观上实施了侵害他人专利的行为，包括直接实施侵害专利权的行为，也包括间接鼓励或诱使他人实施侵害专利权的行为。③侵害行为以生产经营为目的。这种生产经营行为不论事实上是否产生盈利，只要对专利权人的市场利益造成损害即构成侵权，而这种市场利益的损害既可以是实现发生的，也可以潜在未显现的。为科学研究和实验而使用有关专利，不具有生产经营目的，则不构成侵权。对于行为人是否具有主观故意并不是专利侵权行为的构成要件，但可作为衡量专利侵权行为情节轻重的依据。

2. 专利侵权的种类

依照侵权行为是否由行为人本身的行为所造成，将专利侵权行为划分为直接侵权行为和间接侵权行为。

（1）直接侵权

未经专利权人许可实施其专利、假冒专利、冒充专利等均为直接侵权。未经发明或实用新型专利权人许可，为生产经营目的制造、使用、许诺销售、销售、进口其专利产品，或者使用其专利方法以及使用、许诺销售、销售、进口依照该专利方法直接获得的产品；未经外观设计专利权人许可，为生产经营目的制造、许诺销售、销售、进口其外观设计专利产品。假冒专利是指将在非专利技术产品上或广告宣传中标明专利权人的专利标记或专利号，使公众误认为是他人的专利产品的行为。冒充专利是指将以非专利产品冒充专利产品、以非专利方法冒充专利方法的行为。假冒专利和冒充专利的行为，侵害了专利权人或同业竞争者、消费者的利益，搅乱了专利管理秩序。

（2）间接侵权

行为人本身行为虽不构成专利侵权，但却怂恿、诱导、教唆、帮助他人实施侵害专利权的行为，即为间接侵权。如未经专利权人许可，以生产经营为目的的制造、出售专门用于专利产品的关键部件或者专门用于实施专利方法的设备或材料；或者未经专利权人授权或委托，擅自许可或者委托他人实施专利。

3. 专利侵权的法律责任

根据有关法律的规定，专利侵权行为人应当承担的法律责任包括行政责任、民事责任与刑事责任。

（1）行政责任

对专利侵权行为，管理专利工作的部门有权责令侵权行为人停止侵权行为、没收违法所得、责令改正、罚款等，管理专利工作的部门应当事人的请求，还可以就侵犯专利权的赔偿数额进行调解。

（2）民事责任

第一，停止侵权。管理专利工作的部门处理专利纠纷时，认定侵权行为成立的，可以责令侵权人立即停止侵权行为，当事人不服的可以向人民法院起诉。侵权人期满不起诉又不停止侵权行为的，管理专利工作的部门可以申请人民法院强制执行。第二，赔偿损失。专利权人可以向侵权者要求损害赔偿，赔偿金额可以根据专利权人所受的损失或侵权者因侵权行为所得的利润确定。要求损害赔偿的金额还可以是不低于专利权人与第三人的专利实施许可合同约定的专利使用费。第三，消除影响。在侵权行为人实施侵权行为给专利产品在市场上的商誉造成损害时，侵权行为人就应当采用适当的方式承担消除影响的法律责任，承认自己的侵权行为，以达到消除对专利产品造成的不良影响。

（3）刑事责任

依照专利法和刑法的规定，假冒他人专利，情节严重的，应对直接责任人员追究刑事责任。

第三节　商标权及其法律保护

一、商标的内涵与分类

（一）商标及其功能

商标是一种商品或服务区别于他种商品或服务的标志。根据世贸组织《与贸易有关的知识产权协定》第 15 条的规定，任何标记或标记组合，只要能够区分一个企业和其他企业的商品或服务，就应可以构成一个商标。我国《商标法》第 8 条规定，任何能够将自然人、法人或者其他组织的商品与他人的商品区别开的标志，包括文字、图形、字母、数字、三维标志、颜色组合和声音等，以及上述要素的组合，均可以作为商标申请注册。

小贴士 8－3：

将声音作为商标的标志，是我国《商标法》2013 年 8 月新修订后增加的一项内容。声音商标是指将能够使消费者区别商品或服务来源的声音作为商标，如 QQ 消息声、简短的广告歌曲、英特尔的声音标识等，甚至是钟声、铃声或动物的叫声，只要足以使消费者辨别，表彰商品或服务来源，并藉以与他人之商品或服务相区别，即可准予注册。

商标具有识别、品质保证、宣传促销等功能。从消费者角度来说，可以通过商标将来源于不同经营者的商品或服务区别开来，辨别同一种类商品或服务的不同品质和特点，并据此选购商品或服务。从经营者角度来说，一方面可以通过提升商品或服务的质量，建立商标信誉来吸引消费者；另一方面，通过商标宣传这种更容易让消费者识记的方式，提高商品或者服务知名度。

（二）商标的类型

依据不同的划分标准，可将商标划分为不同的类型（见表 8－2）。

表 8－2　　商标的通常类型

商标类型	具体含义	举例
注册商标	经国家商标主管部门核准注册的商标	王老吉
未注册商标	未经国家商标主管部门核准而直接投放市场使用的商标	
商品商标	使用于商品上的商标	CocaCola
服务商标	使用于服务项目上的商标	阿里巴巴
集体商标	以团体、协会或者其他组织名义注册的商标	“金华”火腿
证明商标	由对某种商品或者服务具有监督能力的组织所控制，而由该组织以外的单位或者个人使用于其商品或者服务，用以证明该商品或者服务的原产地、原料、制造方法、质量或者其他特定品质的标志	有机食品标志
驰名商标	是指为相关公众广为知晓并享有较高声誉的商标	全聚德

1. 注册商标与未注册商标

根据商标是否依法注册，将商标分为注册商标（Registered Trademark）和未注册商标（Unregistered Trademark），经国家商标主管部门核准注册的商标为注册商标，未经国家商标主管部门核准而直接投放市场使用的商标为未注册商标。在我国，人用药品和烟草制品必须使用注册商标。未注册商标也享有使用权、收益权、处分权等权利，但法律一般不对其专有权进行保护。

2. 商品商标与服务商标

根据商标使用范围将商标分为商品商标（Commodity Trademark）与服务商标

(Service Trademark)，使用于商品上的商标为商品商标，使用于服务项目上的商标为服务商标。

3. 集体商标与证明商标

集体商标（Collective Trademark）是指以团体、协会或者其他组织名义注册，供该组织成员在商事活动中使用，以表明使用者在该组织中的成员资格的标志，如“金华”火腿。证明商标（Certification Trademark）是指由对某种商品或者服务具有监督能力的组织所控制，而由该组织以外的单位或者个人使用于其商品或者服务，用以证明该商品或者服务的原产地、原料、制造方法、质量或者其他特定品质的标志，如有机食品标志。

4. 驰名商标

驰名商标（Well-known Trademark）一词最早出现于1883年《巴黎公约》之中，但至今没有一个严格的定义。依据我国2003年颁布的《驰名商标认定和保护规定》，中国驰名商标是指在中国为相关公众广为知晓并享有较高声誉的商标。在我国，驰名商标可以通过行政认定和司法认定两种途径取得，行政认定由国家工商总局（商标局和商标评审委员会）来实施，这是我国驰名商标认定的主要渠道。司法认定由地方中级人民法院来实施，近年来因其便利性而受到许多企业的青睐。认定驰名商标应当考虑下列因素：①相关公众对该商标的知晓程度；②该商标使用的持续时间；③该商标的任何宣传工作的持续时间、程度和地理范围；④该商标作为驰名商标受保护的记录；⑤该商标驰名的其他因素。与一般的普通商标相比，驰名商标作为一种承载了更高商誉的无形资产，受到法律更严格、更全面的保护。我国《商标法》第13条规定：“就相同或者类似商品申请注册的商标是复制、摹仿或者翻译他人未在中国注册的驰名商标，容易导致混淆的，不予注册并禁止使用。就不相同或者不相类似商品申请注册的商标是复制、摹仿或者翻译他人已经在中国注册的驰名商标，误导公众，致使该驰名商标注册人的利益可能受到损害的，不予注册并禁止使用。”同时，法律也对驰名商标的不当使用进行了限制，我国《商标法》第14条规定：“生产、经营者不得将‘驰名商标’字样用于商品、商品包装或者容器上，或者用于广告宣传、展览以及其他商业活动中。”

此外，还可以根据商标的构成要素进行分类，如文字商标、图形商标、字母商标、数字商标、立体商标、组合商标，等等。

二、商标法律关系

（一）商标权法律关系的主体

商标权的主体即商标权人，包括商标注册人和利害关系人，即商标权的原始主体和继受主体。前者是指申请商标注册并取得商标专用权的人；后者是指通过许可、受让或继承等合喜乐式取得商标权的人。在我国，商标权的主体既可以是自然人、法人或其他组织，还可以是外国人、外国企业；商标权既可以由一个主体独享，也可以两个以上主体共同享有和行使。

（二）商标权法律关系的客体

商标法律关系的客体，指的是商标法律关系中主体权利义务所指向的对象，也就是商标。

商标及其禁止性规定

作为将不同商品或服务区别开来的标志，商标由文字、图形、字母、数字、三维标志、颜色等单独或组合而形成，但并非这些要素都可以毫无限制地作为商标使用或注册。为了保护社会公共利益和公共秩序不受损害，有关国际条约和各国法律一般均列有商标禁用条款，对禁止作为商标使用的标志作了具体明确的规定。根据我国《商标法》第10条规定，有九大类标志不得作为商标使用（见表8－3）。

表8－3　我国现行《商标法》商标禁用条款的有关规定

序号	法律规定	举例
1	我国的国家名称、国旗、国徽、国歌、军旗、军徽、军歌、勋章等相同或者近似的，以及同中央国家机关的名称、标志、所在地特定地点的名称或者标志性建筑物的名称、图形相同	P. R. C、神州、中国龙、天安门、八一
2	同外国的国家名称、国旗、国徽、军旗等相同或者近似，但经该国政府同意的除外	USA、花旗、暹罗分别为美国的英文缩写、美国别称、泰国旧称
3	同政府间国际组织的名称、旗帜、徽记等相同或者近似，但经该组织同意或者不易误导公众的除外	奥运五环图案
4	与表明实施控制、予以保证的官方标志、检验印记相同或者近似，但经授权的除外	国家免检产品标志
5	同“红十字”、“红新月”的名称、标志相同或者近似	“红新月”牌月饼
6	带有民族歧视性	支那（Chini）、黑鬼（Darkie）
7	带有欺骗性，容易使公众对商品的质量等特点或者产地产生误认	用绵羊的图案作为棉质服装的商标
8	有害于社会主义道德风尚或者有其他不良影响	“金钱万岁”牌钱包、“象牙”牌筷子、“佛光”牌西服
9	县级以上行政区划的地名或者公众知晓的外国地名，不得作为商标。但如果地名具有其他含义或者作为集体商标、证明商标组成部分的也不在禁用之列；已经注册的使用地名的商标继续有效	“佛山”牌陶瓷为集体商标，“上海”牌复写纸为商标法颁布前已注册商标。作为行政区划的“杭州”不能作为商标使用，但作为地理区划的“杭州湾”可作为商标使用

此外，我国《商标法》第 11 条还规定下列标志也不得作为商标注册：①仅有本商品的通用名称、图形、型号的标志，如“单车”牌自行车；②仅直接表示商品的质量、主要原料、功能、用途、重量、数量及其他特点的标志，“中秋”牌月饼；③缺乏显著特征的标志，如“恭贺新禧”牌毛巾。

（三）商标权法律关系的内容

商标权作为一项工业产权，商标权人对其注册商标所享有的专用权，其内容主要包括专有使用权、禁用权、转让权、许可使用权等。其中，专用权是最核心的权利，其他权利都是从专用权中派生引申出来的。商标权人享有注册商标处分权，既可以独占使用，也可以转让给他人，还可以许可他人使用。

小贴士 8 -4：

根据我国《商标法》第 52 条的有关规定，下列行为均属于侵犯注册商标专用权的违法行为：（一）未经商标注册人的许可，在同一种商品上使用与其注册商标相同的商标的；（二）未经商标注册人的许可，在同一种商品上使用与其注册商标近似的商标，或者在类似商品上使用与其注册商标相同或者近似的商标，容易导致混淆的；（三）销售侵犯注册商标专用权的商品的；（四）伪造、擅自制造他人注册商标标识或者销售伪造、擅自制造的注册商标标识的；（五）未经商标注册人同意，更换其注册商标并将该更换商标的商品又投入市场的；（六）故意为侵犯他人商标专用权行为提供便利条件，帮助他人实施侵犯商标专用权行为的；（七）给他人的注册商标专用权造成其他损害的。这里所说的给他人的注册商标专用权造成其他损害的行为，根据我国《商标法实施条例》第 75 条、76 条的规定，主要包括以下两种行为：一是为侵犯他人商标专用权提供仓储、运输、邮寄、印制、隐匿、经营场所、网络商品交易平台等；二是在同一种商品或者类似商品上将与他人注册商标相同或者近似的标志作为商品名称或者商品装潢使用，误导公众。

1. 专有使用权

商标的专有使用权是指商标权人对其注册商标享有排他性的独占使用的权利。不经商标注册人允许，任何第三人不得在相同或类似产品或服务上，使用与商标所有人注册商标相同或相类似的标志。此处商标权人的专有使用权以核准注册的商标和核定使用的商品为限。

2. 禁止权

商标的禁止权是指商标注册人可以禁止其他单位和个人，未经许可擅自在与其核准商品或服务项目相同或类似的商品或服务上使用与注册商标相同或近似的商标的权利。对于驰名商标，其禁止权进一步扩大到不相同或者不相类似商品上，如我国《商标法》第 13 条规定：“就不相同或者不相类似商品申请注册的商标是复制、摹仿或者翻译他人已经在中国注册的驰名商标，误导公众，致使该驰名商标注册人的利益可能受到损害的，不予注册并禁止使用。”

3. 转让权

商标权与其他财产一样，可以进行转让，即商标权人可以按照一定的条件，根据自己的意愿，依法将其商标专用权转让给他人所有。注册商标转让即注册商标主体发生变更。商标权转让后，受让人即成为新的商标权人，原商标权人不再享有商标权。注册商标的转让需经过签订协议、提出申请、审查核准、公告等程序。由转让人与受让人签订注册商标转让协议后，共同向商标局提交《转让注册商标申请书》，商标局依法受理并审查转让注册商标申请，对可能产生误认、混淆或者其他不良影响的转让注册商标申请，则不予核准；经商标局审查核准同意转让注册商标的，则予以公告，受让人自公告之日起享有商标专用权。转让注册商标的，商标注册人对其在同一种或者类似商品上注册的相同或者近似的商标，必须一并办理。转让的注册商标涉及国家规定必须使用注册商标的商品，还必须提供有关主管部门的证明文件。注册商标转让后，受让人即负有义务保证使用该注册商标的商品质量。

4. 许可使用权

许可使用权是指商标权人所享有的以一定的方式和条件许可他人使用其注册商标并获得收益的权利。注册商标的使用许可是即商标权人在保留所有权的情况下许可他人使用自己商标。注册商标的使用许可需通过书面协议和申报备案的程序实现，由许可人与被许可人签订商标使用许可协议并填写《商标使用许可合同备案申请书》，共同向国家工商总局商标局申报备案。商标使用许可有三种类型：第一，独占使用许可。被许可人在约定的期间、地域内，独自享有该商标的使用权，即使商标注册人也不能使用；第二，排他使用许可。在一定的时间和地域内，除许可人和被许可人可使用该注册商标外，其他任何第三人都不得使用，即被许可人对商标具有排除许可人以外的独占使用权；第三，普通使用许可。商标权人在约定的期间、地域，许可他人使用其注册商标，但仍然可以自行使用该注册商标和许可他人使用其注册商标，被许可人无权排斥其他被许可人使用该商标。注册商标被许可使用后，许可人与被许可人均应对社会公众承担法定义务，许可人与被许可人应共同对使用该注册商标的商品质量负责，被许可人还须在使用该注册商标的商品上标明自己的名称和商品产地。

三、商标注册的申请、审批与续展

商标注册是指商标使用人为了取得商标专用权，将其使用的商标依法向商标注册主管部门提出注册申请，商标注册主管部门经过审核对符合条件的商标准予注册的制度。

（一）商标注册的申请

由于我国《商标法》对于商标权的授予实行申请在先兼顾使用在先的原则。若遇到两个或两个以上的商标使用人在同一种商品或者类似商品上，以相同的商标或者近似的商标申请注册的，则谁最先提出商标注册申请，就有可能获准注册而获得商标专用权；只有上述两个或两个以上商标申请人在同一天申请注册时，才将使用在先作为申请在先的一种补充。因此，商标使用者如欲获得商标专用权，就应当及早提出商标注册申请。我国根据商品的原料、用途、性能、制造方式或服务性质等因素，将所有的商品和服务分成若干类，然后制成分类表。申请商标注册需按照商品和服务的类别即商品分类表填报。

（二）商标注册的审批

商标注册申请人首先应当将申请材料提交所在地县级工商行政管理部门。县级工商行政管理部门对申请人的资格、证明文件，内容填写是否如实准确、完整、规范，手续是否完备等，进行审查，符合法定条件的，向省级工商行政管理部门核转。省级工商行政管理局对上述内容复核后，再向国家工商行政管理局商标局转递。国家工商行政管理局商标局主管全国商标注册和管理的工作，负责对商标注册申请进行形式审查、实质性审查、公告、注册发证。申请注册的商标，凡不符合商标法有关规定，或者同他人在同一种商品或者类似商品上已经注册的或者初步审定的商标相同或者近似的，由商标局驳回申请，不予公告。

（三）注册商标的期限和续展

商标专用权受法律保护是有一定期限的，我国《商标法》第39条规定，注册商标的有效期为10年，自核准注册之日起计算。但注册商标有效期满后，可以通过续展的方式，延续原注册商标的有效期限，使原商标权人继续保持对其注册商标的专用权。我国《商标法》第40条规定，注册商标有效期满需要继续使用的，应当在期满前12个月内办理续展手续，在此期间未能办进的，可以给予6个月的宽展期，宽展期满仍未提出申请的，注销其注册商标。每次续展注册的有效期为10年，续展注册经核准后，予以公告。

四、商标权争议

正是因为商标在商战中的巨大作用和经济上的无形价值，在国际贸易中，侵害他人商标权的事件不断出现。假冒者企图利用他人的声誉为自己谋取巨大的非法利益。这种使用不公平竞争手段侵害他人商标权的行为严重妨碍了世界贸易的正常进行。

（一）加强商标国际注册

通过商标国际注册可以有效地防止商标在域外被抢注。目前，商标国际注册申请主要有两种途径：一是逐个向各国主管部门申请商标注册（见小贴士 8－5）；二是根据有关国际公约申请商标注册。其中，第二种申请方式已日益成为商标国际注册申请的通行做法，《商标国际注册马德里协定》是其中最主要的国际公约。我国是商标国际注册《马德里协定》的成员国之一，马德里体系也是目前世界上加入国家最多，最为省时、省力、省钱的国际商标注册方式，深受企业欢迎。通过这一体系，商标可延伸到 85 个成员国。

小贴士 8－5：

品牌是企业的命脉，商标是国内企业走向国际市场的“通行证”和国际经济活动中的“世界语”。宁波中华纸业有限公司是中国最大的工业用纸企业，该公司 2008 年 7 月正式启动境外注册商标的申请工作，首次提出“NINGBOSTAR”和“ZENITH”两个商标，分别向美国和欧盟知识产权委员会查询，“ZENITH”在美国和欧盟已被注册，遂于 2010 年 6 月向美国和欧盟提出“NINGBOSTAR”商标注册申请，该商标在欧盟注册时，被当地一家企业提出异议，公司及时委托申请机构向欧盟法院提出申辩，但遗憾的是最后仍被裁定驳回。可喜的是，“NINGBOSTAR”商标在美国被成功注册，公司在 2012 年正式获得美国专利和商标办公室颁发的商标证书。

——牟发章：《宁波中华纸业商标在美国成功注册》，载《纸和造纸》2012 年第 5 期。

（二）寻求商标的司法保护

商标权人在其商标权受到不法侵害时，可以向人民法院起诉，请求司法保护。人民法院可依法判令侵权人停止侵害，消除影响，赔偿损失。下列行为构成犯罪的，除赔偿被侵权人的损失外，司法机构应依法追究刑事责任：①未经商标注册人许可，在同一种商品上使用与其注册商标相同的商标；②伪造、擅自制造他人注册商标标识或者销售伪造、擅自制造的注册商标标识；③销售明知是假冒注册商标的商品。商标注册人或者利害关系人有证据证明他人正在实施或者即将实施侵犯其注册商标专用权的行为，如不及时制止，将会使其合法权益受到难以弥补的损害的，可以在起诉前向人民法院申请采取责令停止有关行为和财产保全的措施。为制止侵权行为，在证据可能灭失或者以后难以取得的情况下，商标注册人或者利害关系人可以在起诉前向人民法院申请保全证据。从事商标注册、管理和复审工作的国家机关工作人员玩忽职守、滥用职权、徇私舞弊，违法办理商标注册、管理和复审事项，收受当事人财物，牟取不正当利益，构成犯罪的，依法追究刑事责任；尚不构成犯罪的，依法给予行政处分。

侵犯注册商标专用权引起纠纷的，由当事人协商解决；不愿协商或者协商不成的，商标注册人或者利害关系人可以向人民法院起诉，也可以请求工商行政管理部门处理。行政保护与司法保护并行，不仅为当事人解决商标权纠纷提供了便利，也有利于商标权人获得最大的保护，还可以强化对商标侵权人的制裁。

（三）寻求商标的行政保护

注册商标专用权受到侵害时，被侵权人可以向侵权人所在地县级以上工商行政管理部门要求处理。对侵犯注册商标专用权的行为，工商行政管理部门有权依法查处；涉嫌犯罪的，应当及时移送司法机关依法处理。工商行政管理部门处理时，认定商标侵权行为成立的，责令立即停止侵权行为，没收、销毁侵权商品和专门用于制造侵权商品、伪造注册商标标识的工具，并可处以罚款。当事人对处理决定不服的，可向人民法院起诉；侵权人期满不起诉又不履行的，工商行政管理部门可以申请人民法院强制执行。进行处理的工商行政管理部门根据当事人的请求，可以就侵犯商标专用权的赔偿数额进行调解。县级以上工商行政管理部门根据已经取得的违法嫌疑证据或者举报，对涉嫌侵犯他人注册商标专用权的行为进行查处时，可以行使下列职权：①询问有关当事人，调查与侵犯他人注册商标专用权有关的情况；②查阅、复制当事人与侵权活动有关的合同、发票、账簿以及其他有关资料；③对当事人涉嫌从事侵犯他人注册商标专用权活动的场所实施现场检查；④检查与侵权活动有关的物品；对有证据证明是侵犯他人注册商标专用权的物品，可以查封或者扣押。

【总结评价】

最常见的工业产权就是专利权和商标权，它们具有无形性、专有性、时间性和地域性的法律特征。随着国际贸易的日益发展，工业产权的国际保护不断加强。专利包括发明、实用新型、外观设计三种类型。通过一定的法律程序取得专利权后，在法定保护期限内专利权人即可享有独占权、标记权、转让权、许可权、放弃权、质押权、请求保护权等一系列的权利，同时也要履行缴纳年费、接受强制许可的义务。对于专利无效和专利侵权行为，我们要积极依法维权。商标有很多类型，但均由文字、图形、字母、数字、三维标志、颜色等单独或组合而成，同时各国也都有禁用性规定。经注册的商标，其权利人即拥有专用权、禁止权、转让权、许可使用权等一系列的权利。我国企业应加强商标国际注册，并通过司法手段、行政手段积极保护自身的商标权。

【主要概念】

工业产权　专有性　地域性　时间性　国民待遇原则　优先权原则　透明度原则　专利　新颖性　创造性　职务发明创造　申请在先　使用在先　强制实施许可　商标　注册商标　商品商标　服务商标　集体商标　证明商标　驰名商标　自愿注

册　强制注册

【任务实施】

根据以下空白《商标注册申请书》，自行设计一个商标，填入相关内容。

商标注册申请书

申请人名称：

申请人地址：

是否共同申请：□是　　□否

邮政编码：

联系人：

电话（含地区号）：

传真（含地区号）：

代理组织名称：

商标种类：□一般　　□集体　　□证明　　□立体　　□颜色

商标说明：

类别：

商品/服务项目：

（附页：　页）

申请人章戳（签字）：　　　　　　　　代理组织章戳：

代理人签字：

【复习思考题】

一、简答题

1. 什么是工业产权？与传统民事权利相比工业产权有哪些不同特征？
2. 简述《巴黎公约》的主要内容。
3. 在我国专利权人有哪些法定权利和义务？
4. 防止专利权滥用的法律措施有哪些？
5. 简述商标权的主要内容。

二、判断题

1. 所有的工业产权要经历一段时间后均不受法律保护。
2. TRIPS是迄今为止对各国知识产权法律制度影响最大的国际条约。
3. 一份专利申请文件只能就一项发明创造提出专利申请。
4. 专用权是商标权最核心的内容。
5. 在我国生产经营者不得将“驰名商标”字样用于广告。

三、单项选择题

1. 可授予专利权的对象是（　　）。

A. 智能 ABC 输入法　　B. 中医针灸疗法

C. 培育出新品种的西瓜　　D. 考古发现

2. 下列关于专利的表述，正确的有（　　）。

A. 被宣告无效的专利权视为自始不存在

B. 专利有效期从专利被正式授权之日起开始计算

C. 出现未按规定缴纳年费的情形专利权自动提前终止

D. 专利侵权行为的认定以侵权人从中获得为前提

3. 国家规定并由工商行政部门公布必须使用注册商标的商品有（　　）。

A. 烟草制品　B. 儿童食品　C. 地方特色产品　D. 电子产品

4. 洪昌家具厂设计了以下几个产品商标，不符合商标法有关规定的是（　　）。

A. "洪昌"牌家具　　B. "单车"牌自行车

C. "杭州湾"牌啤酒　　D. "幸福"牌毛巾

5. 我国对商标权的授予实行（　　）。

A. 申请在先原则　　B. 申请在先兼顾使用在先原则

C. 使用在先原则　　D. 使用在先兼顾申请在先原则

四、多项选择题

1. 下列哪些主体可以作为专利申请人？（　　）

A. 职务发明创造的发明人　　B. 非职务发明创造的发明人所在单位

C. 专利申请权受让人　　D. 共同发明创造的共同完成人

2. 申请专利时，下列哪些文件既可填入《请求书》，也可以另外提交？（　　）

A. 发明专利请求提前公布声明　　B. 费用减缓请求

C. 保密处理请求　　D. 要求优先权声明

3. 在办理专利登记手续时，须缴纳哪些费用？（　　）

A. 授权当年的年费　　B. 专利申请费

C. 专利登记费　　D. 专利证书印花税

4. 关于商标注册申请审批的表述正确的有（　　）。

A. 基层工商行政管理部门对商标注册申请材料进行初审

B. 国家工商行政管理局商标局仅对商标注册申请进行实质性审查

C. 现申请注册商标与在先申请或已注册商标产生权利冲突，由商标局驳回申请

D. 地市级工商行政管理部门对商标注册申请材料进行复审

5. 临海是隶属浙江省台州市的一个县级市，2009 年"临海蜜橘"被认定了中国驰名商标，"临海蜜橘"属于（　　）。

A. 集体商标　B. 商品商标　C. 注册商标　D. 证明商标

五、案例分析题

1. 多年来，法国施耐德公司在德国、意大利、法国等地对温州正泰集团多个产品提起20多起专利诉讼。正泰集团进行反击，2006年7月在温州市中级人民法院起诉施耐德公司专利侵权，但依据我国专利法，当被侵权人的损失或侵权人的获利难以确定时，赔偿额最多不得超过人民币50万元。因此起初正泰集团的赔偿请求仅为50万元人民币，后根据获悉的施耐德公司侵权产品的“利润率”和“销售额”进行计算，要求赔偿5亿多元人民币。温州市中级人民法院判决施耐德赔付正泰集团3.35亿元人民币。一审施耐德公司败诉后向浙江省高级人民法院提起上诉，2009年4月15日，两大公司在浙江省高级人民法院调解下达成和解，施耐德公司赔偿正泰集团1.575亿元人民币。2009年4月底，施耐德公司如期履行和解协议，双方关于知识产权的争端暂告一段落。从该案中，我们得到什么启示？至少写出3条。

2. 中国星月服装公司自2010年2月起开始在其生产的男装上使用“浩月”商标，但并未提出注册申请。2012年5月，新加坡大华服饰公司经我国国家商标局核准注册了“浩月”商标，其核定使用的商品为服装。2014年3月大华公司发现星月公司在其生产的男装上使用“浩月”商标，很容易引起消费者的误认，两公司因此发生纠纷。

请回答下列问题：

（1）哪家公司构成了侵权？为什么？

（2）侵权行为始于何时？请说明理由。

（3）侵权方能否继续使用“浩月”商标？请提出可行性建议。

第九章　国际商事争议法律实务

【学习要点】

1. 国际商事争议解决的四种方式
2. 仲裁协议的形式与内容
3. 国际商事仲裁的程序
4. 承认与执行国际商事仲裁裁决的程序
5. 国际商事诉讼的管辖权与司法协助

【案例导入】

法国人安托瓦纳·蒙杰尔向广州市中级人民法院提出申请，要求承认法国普瓦提艾商业法院对法国百高洋行破产案所作出的判决。该案的判决结果是：①宣布对法国百高洋行立案进行破产清算；②允许其继续营业两个月；③宣布德拉塞继续担任正式审判长，莫涅为代理审判长；④任命安托瓦纳·蒙杰尔为破产清算人；⑤宣布法律代理人的作业结束；⑥将费用纳入优先诉讼费，如该笔费用不够，由国库预支。广州市中级人民法院经审查认为，我国与法国签订了司法协助协定中包括了相互承认和执行商事判决的内容，法国普瓦提艾商业法院对法国百高洋行破产案所作出的判决，符合我国法律规定的承认外国法院判决效力的条件。依照《中华人民共和国民事诉讼法》第268条的规定，承认法国普瓦提艾商业法院对法国百高洋行破产案所作判决的法律效力。

（王美英、练长仁：《域外判决的承认与执行——以对法国一起破产判决的承认为例》，载“广州海事法院网”）

随着经济市场化和全球化的快速推进，我国作为世界贸易大国的地位不断提升。尤其是在加入了WTO之后，我国的外贸更是以前所未有的速度向前跃进，但与之相伴而来的中外贸易摩擦也持续升温。国际商事争议逐年增多，并且争议类型呈现多样化、复杂化的趋势。所谓国际商事争议，是指在国际经贸交往中不同商事主体有关涉外性的权利义务所引发的各种纠纷。如何妥善处理国际商事争议，是维护和保持经贸关系健康平稳发展必须面对的重要课题。近年来，在越来越多的国际商事纠纷中，国内企业开始运用法律武器维护自身利益，积极参与国际仲裁和诉讼。

第一节　国际商事争议解决方式

根据国际商事法律规范与实践，国际商事争议通常有协商、解调、仲裁和诉讼等四种解决方式。

一、争议解决的四种方式

（一）协商

协商（Consultation）是国际商事争议各方当事人在平等自愿的基础上，依照有关法律法规及合同条款的约定，直接进行磋商或谈判，互谅互让达成和解协议从而解决争议的方式。这一争议解决方法的最大特点就是没有第三方介入，完全是依靠争议各方当事人自己解决，争议能否得到满意的解决取决于当事人的意愿。通过协商解决国际商事纠纷，具有自主自愿、简便灵活、省时省费、保密性强、有利合作等诸多优点，但同时也有其无法克服的缺点，既可能因分歧严重而无法通过协商达成相互妥协，也可能因一方不愿履行而使达成的妥协归于无效。通过友好协商解决纠纷是一种高效率、低成本、相对平和的纠纷解决方式，但是由于当事人之间的自行和解缺乏没有利害关系的第三人的参与和从中斡旋，成功的几率相对较低，尤其是在当事人之间的矛盾纠纷比较严重的情况下。

（二）调解

调解（Intermediation）是指在中立第三方的主持和协助下，当事人通过平等协商、互谅互让，达成和解协议，从而友好地解决纠纷的一种争议解决方式。调解与协商的最大不同之处在于调解有第三方介入，但在调解中，调解人不能独立自主地作出具有约束力的决定，争议能否解决最终还是取决于双方当事人能否互相妥协并达成协议。国际贸易中的调解，依主持人的身份不同可以分为民间调解、联合调解、仲裁机构调解和法庭调解四种类型（见表9－1）。

表9－1　国际商事争议调解的四种类型

调解类型	调解主持人	备注
民间调解	双方共同信任的第三人	该第三人是除仲裁机构、法院、国家专门指定负责调解的机构之外的组织或个人

续表

调解类型	调解主持人	备注
联合调解	两国共同设立的调解中心	中美两国于2004年1月设立中美商事调解中心；目前我国已与美国、德国、英国、瑞典、韩国、加拿大、日本等国签署了有关联合调解的合作协议
仲裁机构调解	仲裁机构	调解在仲裁之前或仲裁之中根据当事人意见及仲裁机构所制定的调解规则进行
法庭调解	法院	调解书生效后与法院判决具有同等的法律效力

（三）仲裁

仲裁（Arbitration）是指争议双方将其争议交付给第三方仲裁机构进行裁决或作出公断的做法。国际商事仲裁，又称涉外经济贸易仲裁，是指当事人在国际贸易活动中，依据合同中订立的仲裁条款或事后达成的仲裁协议，自愿将他们在国际贸易活动中发生的争议提交给双方同意的仲裁机构进行审理，作出裁决。通过仲裁解决商事纠纷是目前解决中外一般商事纠纷的主要渠道。

（四）诉讼

诉讼（Litigation）是指国家司法机关依照法定程序，解决纠纷和处理案件的专门活动。国际商事诉讼，又称涉外商事诉讼，是指因国际商事法律关系发生争端而诉诸法院所进行的诉讼。中国已经建立了独立的司法体系和完善的诉讼程序，通过司法程序解决商事纠纷的观念已经开始逐步确立。目前，司法裁决也已经成为商事纠纷的重要解决途径。

二、争议解决方式的比较与选择

上述协商、调解、仲裁、诉讼四种争议解决方式，到底哪种方式更有利于国际商事纠纷的解决，需要结合实际情况具体分析。

（一）四种争议解决方式的比较

从国际商事活动实践来看，在四种争议解决方式中以仲裁得到最为普遍的认可和广泛的应用。较之其他三种争议解决方式，国际商事仲裁具有其自身特点。

1. 高度的自愿性

仲裁是以自愿为基础的，不仅仲裁活动的产生源于当事人自愿订立的仲裁协议，而且仲裁当事人对仲裁机构、仲裁地点、仲裁员、仲裁程序甚至所适用的法律均有自主选择权。诉讼则是非自愿的，不仅诉讼案件的受理源于法院的强制管辖权，无论愿意与否被告必须应诉，而且诉讼的过程一切均由法院应依据法律和事实进行，甚至可以根据需要对当事人采取传唤等强制措施。

2. 严格的保密性

仲裁一般不公开进行，非经争议各方同意他人不得介入其中，而且案件审理过程、具体案情、裁决结果均不公开，有利于维护当事人的商业信誉和商业秘密，也有助于过错方自愿执行裁决。而诉讼作为公权力须在社会公众监督之下进行，一般应按法律程序予以公开，甚至允许相关人员参观庭审过程。

3. 突出的便捷性

仲裁不仅在程序上相对简便，对案值小的还可以适用简易仲裁程序，而且裁决过程也比较快捷。几乎所有的世界常设性的国际商事仲裁机构，都聘用了来自不同国家的有关国际贸易、商事法律及其他相关领域的知名专家，他们对国际商事相关领域比较熟悉，问题处理及裁决较为迅速及时。诉讼作为一种“公力救济”争议解决方式，有一套较为严格和复杂的法定程序，相对仲裁来说耗时较长。

4. 较强的执行力

各国法律普遍规定国际商事仲裁裁决一般是终局性的，即就同一事项任何一方当事人均不得再行要求仲裁，也不得再向法院提起诉讼。仲裁裁决对双方当事人均有约束力，如果一方不自动执行裁决，另一方有权提出申请，请求国内外的法院承认裁决效力并强制执行。目前世界已有100多个国家或地区参加了1958年《承认及执行外国仲裁裁决公约》，使得国际商事仲裁裁决在境外能够有效地得到承认和执行。而协商、调解、诉讼皆无一次终局的效果，协商和调解达成的结果均无强制执行力，须依靠当事人自愿执行；诉讼判决虽然具有强制执行力，但通常不是一审终局，如当事人对判决结果不服仍可上诉（见表9－2）。

表9－2　国际商事争议四种解决方式的比较

比较内容	协商	调解	仲裁	诉讼
自愿性	双方自愿进行友好协商，自愿性最强	双方自愿进行选择调解，自愿性强	根据自愿达成仲裁协议进行仲裁，自愿性较强	依据法律和事实进行审判，非自愿
保密性	保密性最强，无第三方介入，协商过程和结果均不公开	保密性强，调解过程、结果均不公开	保密性较强，审理过程、具体案情、裁决结果均不公开	保密性弱，一般案件应公开审理
便捷性	无固定程序，便捷性最强	有一定的程序，便捷性强	有一定的程序，便捷性较强	有严格的诉讼程序，便捷性弱
执行力	可形成和解协议，但无强制执行力	可形成调解书，但无强制执行力	形成裁决书，可申请法院强制执行	形成判决书，执行力最强

（二）不同争议解决方式的选择

通过表9－2我们可以看出，协商、调解、仲裁、诉讼四种国际商事争议的解决方式各有优缺点，而其中仲裁较其他争议解决方式优势更为突出，因此也成为国际商事争议最有效的解决方式。但是，并非所有国际商事纠纷都应通过仲裁的方式予以解决，而是要根据实际情况作出合理的选择。在国际商事活动实践中，当事人各方出现争议时，通常先进行友好协商或者在第三方主持下进行调解。协商或调解不成的，再根据仲裁协议提交仲裁机构进行仲裁。如果各方事先没有订立仲裁协议，出现争议后又不能就是否提交仲裁达成一致意见的，则可通过诉讼的方式解决争议。

第二节　国际商事仲裁法律实务

仲裁是世界各国解决国际商事争议最普遍的方式，而依法订立仲裁协议是国际商事仲裁得以进行的前提，遵守仲裁程序是国际商事仲裁活动的保障，仲裁裁决能够得到他国的承认与执行则是国际商事仲裁的最终落脚点。

一、订立仲裁协议

国际商事仲裁协议是指当事人一致同意将他们之间已经发生或者将来有可能发生的国际商事争议交付仲裁解决的意思表示。

（一）仲裁协议的形式

国际商事仲裁协议一般应采取书面形式签订，根据其形成的具体方式可分为仲裁条款、仲裁协议书、仲裁函电三种形式（见表9－3）。

表9－3　国际商事仲裁协议的三种形式

协议类型	具体内涵	协议时间
仲裁条款	当事人在合同中订立的同意将争议交付仲裁的条款	争议发生之前
仲裁协议书	当事人同意将争议交付仲裁的独立的协议书	争议发生前后
仲裁函电	当事人通过往来函电及其他有记录的通讯方式达成的同意将争议交付仲裁的意思表示	争议发生前后

比较三种形式的仲裁协议，仲裁条款是当前国际商事仲裁协议普遍采用的一种形式。常设仲裁机构一般都拟定有自己的示范仲裁条款，推荐给当事人订立合同时

采用。如国际商会仲裁院示范仲裁条款为："有关本合同所发生的一切争议应根据国际商会的仲裁规则由一名或多名仲裁员仲裁解决。"瑞典斯德哥尔摩商事仲裁院推荐的仲裁条款为："任何有关本协议的争议，应最终根据斯德哥尔摩商事仲裁院的仲裁规则进行仲裁解决。"中国国际经济贸易仲裁委员会也拟定了自己的示范仲裁条款："凡因本合同引起的或与本合同有关的任何争议，均应提交中国国际经济贸易仲裁委员会，按照申请仲裁时该会现行有效的仲裁规则进行仲裁。仲裁裁决是终局的，对双方均有约束力。"

（二）仲裁协议的内容

对于国际商事仲裁协议的内容，各国并没有统一的要求，但一般应包括：提请仲裁的事项、仲裁地点、仲裁机构、仲裁程序规则以及仲裁裁决的效力，有的还包括仲裁员人数及指定方法、仲裁适用的法律、仲裁费用的承担以及仲裁使用的语言等。

1. 仲裁事项

国际商事争议事项能否以仲裁的方式解决须具备两个要件：①争议事项具有可仲裁性。当事人约定提交仲裁的事项，必须为当事人可以自由处分或可以调解的争议。国际仲裁公约及多数国家的商事仲裁立法与仲裁机构的仲裁规则，均对可仲裁事项作出了界定。法国《民事诉讼法》规定：当事人能自由处置的权利所引起的一切争议，均可作为仲裁的内容，但不包含有关知识产权争议。我国《仲裁法》指出："平等主体之间的合同纠纷和其他财产权益纠纷可以仲裁"，但"下列纠纷不能仲裁：婚姻、收养、监护、扶养、继承纠纷；依法应当由行政机关处理的行政争议。"由此可以看出，并非所有争议都属于可仲裁的事项。②仲裁事项具有明确性。即明确当事人同意将争议提交仲裁的范围，如在国际货物买卖合同中，是将因产品质量问题引起的争议，还是因产品数量问题引起的争议，或是因整个合同引起的争议提交仲裁解决，应在仲裁协议中明确约定。在实践中，应尽量避免在仲裁协议中作限制性规定，可以笼统地约定将整个合同引起的争议提交仲裁。这样有利于仲裁机构全面迅速地审理纠纷，充分保护当事人的合法权益。

小贴士 9 - 1：

依法应由行政机构处理的纠纷不属于仲裁的范围。对民商事纠纷应注意区分是财产纠纷还是侵权纠纷，侵权纠纷中属于权属方面的纠纷，一般不能仲裁。比如，土地所有权、使用权纠纷由行政机关专属管辖，不能采用仲裁方式解决。再如专利、商标等知识产权被侵权，按照我国《专利法》和《商标法》的规定，专利权人或者利害关系人只能向专利管理机关或工商行政机关请求处理，或向人民法院起诉，而不能将争议提交仲裁解决。当事人就上述不属于仲裁范围的事项约定提交仲裁的，仲裁协议无效。

——资料出自"找法网"，网址 http：//china. findlaw. cn/ask/baike/38303. html

2. 仲裁地点

在仲裁协议中，仲裁地点是一个关键内容。在商订仲裁协议时，各方当事人一般都力争在本国仲裁。这是由于当事人对自己国家的法律和仲裁制度比较了解和信任，对国外的法律和仲裁制度往往比较陌生，容易产生疑虑。另一方面仲裁地点与仲裁所适用的程序以及确定争议所适用的实体法都有密切关系。在哪个国家仲裁，通常意味着就要适用哪个国家的仲裁规则，从而可能影响仲裁结果。因此，仲裁条款争议的焦点往往是仲裁地点。在实际业务中，如何争取到对自己比较有利比较方便的仲裁地点，取决于各方当事人的优势和谈判地位，法律并无强制性规定。在争取不到在本国的仲裁地点时，可约定在第三国仲裁。

3. 仲裁机构

国际仲裁机构分常设性仲裁机构（见表9－4）和临时性仲裁机构。申请国际商事仲裁有两种做法，一种是提交常设仲裁机构主持仲裁，另一种是直接由各方当事人指定的仲裁员自行组成仲裁庭进行仲裁，又称临时性仲裁。如果约定在常设仲裁机构仲裁，则应写明仲裁机构的名称；如果约定组成临时仲裁庭仲裁，则应写明组成仲裁庭的人数、如何指定以及采用的审理程序等。

表9－4　　国际上较有影响的常设仲裁机构

机构名称	机构简介
国际商会仲裁院	1923年成立，总部设法国巴黎；附设于国际商会而隶属于任何一个国家，是当前国际商事仲裁领域最具影响力的仲裁机构；适用1988年《国际商会仲裁院调解与仲裁规则》。
瑞典斯德哥尔摩商事仲裁院	1917年成立，总部设在斯德哥尔摩；适用1988年《瑞典斯德哥尔摩商事仲裁院仲裁规则》；是国际上公认的处理东西方商事争议较理想的仲裁机构。
伦敦国际仲裁院	1892年成立，总部设在伦敦；适用1985年《伦敦国际仲裁院规则》，也可约定适用《联合国国际贸易法委员会仲裁规则》；当事人可以通过签订协议排除法院对仲裁案件的法律问题以及裁决的审查。
美国仲裁协会	1926年成立，总部设在纽约，在美国各州共设有35个分支机构，并在爱尔兰都柏林设立有欧洲办事处；适用1991年《美国仲裁协会国际仲裁规则》。
日本商事仲裁协会	1953年成立，总部设在东京；适用1989年《日本商事仲裁协会商事仲裁规则》。
瑞士苏黎世商会仲裁院	1911年成立，总部设在苏黎世；适用1977年《瑞士联邦苏黎世商会调解与仲裁规则》；因其公正性和地处中立国瑞士，成为国际商事仲裁当事人愿意选择的仲裁机构。

续表

机构名称	机构简介
意大利仲裁协会	1958 年成立，总部设在罗马；适用 1985 年《意大利仲裁协会仲裁规则》。
中国国际经济贸易仲裁委员会	1956 年成立，2000 年同时启用中国国际商会仲裁院的名称，总部设在北京，在深圳、上海、天津和重庆分别设有华南分会、上海分会、天津国际经济金融仲裁中心（天津分会）和西南分会，在香港特别行政区设立香港仲裁中心，并先后设立了 26 个地方和行业办事处；适用 2012 年《中国国际经济贸易仲裁委员会仲裁规则》，处理国际贸易纠纷及其他有关涉外经济活动纠纷。
中国海事仲裁委员会	1959 年成立，总部设在北京，在上海设有分会，在大连、广州、天津、宁波、青岛设立办事处；适用 2004 年《中国海事仲裁委员会仲裁规则》，专门负责处理产生于远洋、沿海和与海相通的水域的运输、生产和航行过程中的国内和涉外海事争议。

4. 仲裁程序规则

仲裁程序主要是规定如何进行仲裁的程序和方法，包括如何提出申请、指定仲裁员组成仲裁庭、如何审理作出裁决，以及如何分担仲裁费用等。之所以要形成仲裁程序，主要是为当事人和仲裁员提供一套进行仲裁的行为规则，以便仲裁时遵循。为了便于仲裁，各国仲裁机构都将仲裁程序制定为仲裁规则，因此，一般说来，当事人确定在哪个常设机构仲裁，就应该按该仲裁机构制订的仲裁规则办理。如当事人同意在瑞典斯德哥尔摩商事仲裁院仲裁，就会规定按照该院的仲裁规则进行仲裁。但有些仲裁机构也允许当事人选择使用他们认为合适的仲裁规则，如其他国家或国际商事机构所制定的仲裁规则。

5. 仲裁法律适用

在仲裁协议中，当事人还可选择国际商事仲裁所适用的实体法规则，但在选择适用的实体法时不得违反仲裁地国家的公共秩序和强制性法律，且不得有规避法律与合谋欺诈的意图。根据世界多数国家的法律规定，仲裁程序一般适用仲裁地法，仲裁适用实体法可由当事人自主选择。这种选择既可在仲裁协议中约定，也可在申请仲裁或仲裁过程中提出，甚至还可对已作出的法律选择进行更改。仲裁法律适用选择既可用明示方式也可用默示方式作出，默示选择一般由仲裁庭依据当事人所选择的仲裁地，来推定当事人具有适用仲裁地法或者依照仲裁地冲突规则确定实体法的意图。

二、确定仲裁程序

仲裁程序是指如何通过仲裁的方式解决当事人之间争议的程序，是从一方当事人提起仲裁到仲裁庭作出终局裁决的整个过程中，相关的仲裁机构、仲裁庭、申请人、被申请人和其他关系（如代理人、证人、鉴定人等）参与仲裁时所必须遵循的程序。仲裁程序主要包括四个部分：仲裁申请与受理、仲裁庭的组成、仲裁案件的审理、仲裁裁决的作出。

（一）仲裁的申请与受理

1. 当事人申请仲裁

国际商事争议发生后，当事人可根据仲裁协议将争议事项提交并请求有关仲裁机构进行仲裁审理，由此开启仲裁程序的最初法律步骤。其中，提出仲裁申请的一方为申请人，对应的另一方为被申请人。申请人申请仲裁时应提交仲裁申请书，一份有效的仲裁申请书应载明以下主要内容：申请人和被申请人的名称和住所；申请仲裁所依据的仲裁协议；申请人的请求及其所依据的事实和理由。除仲裁申请书之外，申请人一般应提供以下资料：①仲裁协议、相关证据及其他证明文件；②商事组织营业执照和法定代表人身份证明；③仲裁代理的授权委托书；④财产保全、证据保全的申请书。其中第一项为必备资料，后三项为选择性资料，在涉及相关情形时必须提供。

此外，申请人还要按照受理仲裁机构的规定交纳仲裁费预付金。通常仲裁费将由败诉方承担，但先由仲裁申请人预付。如果庭外和解或仲裁庭调解和解而撤销案件的，可以根据具体情况退回一定的仲裁费预付金。

2. 仲裁机构审核与受理

有关国际商事仲裁机构有收到申请人提交的申请材料后，应立即对如下内容进行审核：①本仲裁机构是否有管辖权；②仲裁申请书及相关资料是否合法与完备；③仲裁协议是否合法有效；④申请仲裁事项是否属于仲裁协议约定的范围；⑤申请仲裁事项是否超过索赔时效。通过对仲裁申请书及相关资料进行审核，仲裁机构认为符合受理条件的，应立即向双方发出仲裁通知、仲裁规则、仲裁员名册各一份，同时将仲裁申请书及其附件发送给被申请人。仲裁机构发出仲裁通知，表明案件审理正式进入仲裁程序。

3. 被申请人的答辩与反请求

被申请人或其代理人在收到仲裁通知后，在相关法律及仲裁规则规定的时间内，提交答辩书和有关证明文件，也可以提出反请求。被申请人提出反请求时，应在其书面反请求中写明具体的反请求及其所依据的事实和理由，并附具有关的证明文件。同时还应预缴仲裁费。被申请人未提交书面答辩、申请人对被申请人的反请求未提出书面答辩，均不影响仲裁程序的进行。

（二）仲裁庭的组成

仲裁庭是指对某项国际商事争议进行审理活动的组织。仲裁庭有合议仲裁庭和独任仲裁庭两种形式，合议仲裁庭由 3 名、5 名、7 名等单数仲裁员组成，独任仲裁庭则由 1 名仲裁员组成。仲裁庭的仲裁员一般由双方当事人按对等数量选定或者委托仲裁委员会主任指定，其中至少 1 名由双方当事人共同选定或者共同委托仲裁委员会主任指定，这名仲裁员往往出任首席仲裁员。如果仲裁案件有两个或者两个以上申请人及/或被申请人时，申请人之间及/或被申请人之间应当经过协商，各自共同选定或者各自共同委托仲裁委员会主任指定一名仲裁员。独任仲裁员则由双方当事人共同选定，或共同委托仲裁委员会主任指定一名仲裁员。

仲裁员对仲裁争议事项负有审理之责，通常对其承担这一职责有相应的资格要求。这种资格要求大致有三个方面：①仲裁员应具备完全民事行为能力；②现职的法官通常不得接受指定成为仲裁员；③仲裁员应当具有独立性和公正性，这一点尤其受到仲裁当事人的关注。为确保仲裁员的独立性和公正性，大多数国家的仲裁规则都要求公开披露仲裁员可能影响公正性和独立性的情况。被选定或指定的仲裁员与案件有个人利害关系的，应当自行向仲裁委员会披露并请求回避，当事人也可以书面请求该仲裁员回避，由仲裁委员会主席做出是否回避的决定。此外，至于是否拥有相应的国籍、是否具备专业人员身份等，一般不构成出任仲裁员的必要条件。

（三）仲裁案件的审理

仲裁审理，是指仲裁庭以一定的方式和程序调取和审核证据，查询证人和鉴定人，并对争议事项的实质性问题进行全面审查的仲裁活动。仲裁审理有开庭审理和书面审理两种形式，通常来说，仲裁庭应当开庭审理案件，但经双方当事人申请或同意仲裁庭可依据书面文件进行审理并作出裁决。仲裁审理一般须经历开庭、调解、收集证据与调查事实、采取保全措施、作出裁决等主要过程。

1. 开庭

第一次开庭审理日期确定后，由仲裁机构提前通知当事人。案件审理的地点由双方协议约定，没有约定时，仲裁规则一般允许仲裁员决定仲裁审理地点。仲裁庭开庭审理案件一般不公开进行，各方当事人、案件审理参与人及有关人员均不得对外透露案件消息。根据我国《仲裁法》，如果申请人无正当理由不到庭或中途退庭，视为撤回仲裁申请；如果被申请人无正当理由不到庭或中途退庭，仲裁庭可缺席裁决。

2. 调解

调解具有时间快捷、节约费用、缓解矛盾等突出的特点和优势，正因如此，有关法律及仲裁规则均赋予仲裁庭一定程度自主调解权。如果双方当事人有调解愿望，或一方当事人有调解愿望并征得另一方同意，仲裁庭即可对其审理的案件进行调解。如果调解成功，仲裁庭应以调解书或裁决书的形式结案；而如果有一方当事人提出终止调解或仲裁庭认为调解成功无望，应停止调解。通过仲裁与调解相结合的方式来解决涉外商事争议，也是我国在国际商事仲裁的重要特色，而且已在这方面积累了不少经验，并与法国、意大利、德国等国有关机构签订联合了调解协议，尝试一种中外“联合调解”的新模式。

3. 收集证据与调查事实

在仲裁审理过程中能否做到事实清楚、证据确凿，是仲裁庭最为关心的问题之一，因为只有如此才能依法公正裁决。因此，各国多赋予仲裁庭一定的调查取证权，如我国《仲裁法》第 43 条规定：“仲裁庭认为有必要收集的证据，可以自行收集。”一般情况下，由仲裁当事人对其申请、答辩和反请求所依据的事实须提出证据。如果仲裁庭认为有必要可采取通知当事人到场、向专家咨询、指定鉴定人鉴定、传讯证人等方式，自行收集证据与调查事实。仲裁庭不是公权利的行使者，虽然世界大多数国家允许仲裁庭传唤证人出庭作证，但一般并未赋予仲裁庭强制权。

4. 采取保全措施

保全是为防止证据可能毁损或灭失，或者财产被转移或失去原有价值而采取的一种预防性的临时强制措施。保全措施分为证据保全和财产保全，证据保全为仲裁审理提供证据保障，财产保全为仲裁胜诉方得到损失赔偿提供保障。仲裁机构不能行使公权力，因此各国一般不赋予其直接采取保全措施的权力。如我国《民事诉讼法》第 272 条规定，在涉外仲裁程序中，当事人如欲申请财产保全，仲裁机构应将其申请提交给被申请人住所地或者财产所在地的中级人民法院。根据《仲裁法》第 68 条的规定，在涉外仲裁程序中，当事人如欲申请证据保全，仲裁机构应将其申请提交证据所在地的中级人民法院。

（四）仲裁裁决的作出

仲裁裁决是在仲裁过程中或仲裁审理终结后，仲裁庭根据相关法律、仲裁规则及查明的事实和认定的证据，就当事人提交仲裁的争议事项所作出的书面决定。仲裁具有一裁终局的效应，裁决一旦作出仲裁程序即告终结。仲裁裁决具有法律约束力，任何一方当事人均不得再就同一事项向法院起诉，也不得向其他任何机构提出变更仲裁裁决的请求。依据 2012 年《中国国际经济贸易仲裁委员会仲裁规则》，仲裁庭应在 9 个月内作出裁决，如有必要和正当的理由可适当延长期限。仲裁裁决书一般应包括：仲裁请求、争议事实、裁决理由、裁决结果、仲裁费用的负担、裁决的日期和地点、仲裁员署名等。持有不同意见的仲裁员可以署名，也可以不署名。

三、仲裁裁决的承认与执行

国际商事仲裁裁决的承认与执行，是指法院或其他法定的有权机关承认国际商事仲裁裁决的终局约束力，并予以强制执行的制度。仲裁裁决是争议双方自愿提交仲裁的结果，理应会产生自动执行的法律效果。但如果败诉一方不履行裁决，就涉及仲裁裁决是否被司法机关承认并赋予强制执行力的问题，尤其是国际商事仲裁还涉及域外承认与执行的问题。

（一）承认与执行仲裁裁决的国际公约

1. 承认与执行仲裁裁决的国际立法概况

为了解决各国在承认与执行外国仲裁裁决问题上的分歧，国际上曾先后缔结过3个有关公约，即：1923年《关于仲裁条款日内瓦议定书》、1927年《关于执行外国仲裁裁决的日内瓦议定书》、1958年联合国《承认与执行外国仲裁裁决公约》。1923年《议定书》要求缔约国承认仲裁协议的效力并保证执行在本国境内作出的仲裁裁决，因此它并非是真正意义上承认与执行外国仲裁裁决的公约。1927年《议定书》正式提出了承认与执行外国仲裁裁决的问题，并提出了承认与执行的相应条件。1958年联合国《承认与执行外国仲裁裁决公约》因在美国纽约召开的国际商事仲裁会议通过，又被称为《纽约公约》，我国在1987年4月成为《纽约公约》的成员国，但提出了2项保留：一是“互惠保留”，即仅承认和执行其他缔约国内作成的仲裁裁决；二是“商事保留”，即仅承认和执行商事仲裁裁决。

2.《纽约公约》的主要内容

目前，《纽约公约》已取代上述2个《议定书》，而成为承认与执行外国仲裁裁决的最为重要的国际公约，只有极少数未参加《纽约公约》的国家仍适用于1927年《议定书》。《纽约公约》共16条，主要内容是：①各缔约国之间应互相承认和执行另一缔约国境内作成的仲裁裁决；②缔约国按本国的程序规定，执行另一缔约国的仲裁裁决；③只有在下列情况下，缔约国才可以根据被诉人的请求，拒绝承认和执行裁决：a）仲裁条款或仲裁协议无效；b）被诉人没有给予选择仲裁员或对案件申辩的机会；c）裁决事项不属于仲裁协议的范围；d）仲裁庭的组成或仲裁程序不符合仲裁协议或仲裁国的法律；e）裁决尚未产生拘束力，或已被仲裁地国的有关主管机关撤销或停止执行；f）依据执行地国的法律，争议属不可仲裁事项；g）裁决的内容有违执行地国的公共秩序。

（二）承认与执行仲裁裁决的法律程序

对于一国仲裁裁决存在着是否得到他国承认其法律效力并赋予其强制执行力的问题，而对于本国的仲裁裁决也存在着是否能够由法院强制执行的问题。

1. 本国仲裁裁决在境内的执行

本国仲裁裁决需要在境内强制执行时，一般依据本国法律规定，向法院提出申请，由法院按照法定程序采取强制执行措施。如德国《民事诉讼法》第1060条规定：国内仲裁裁决只有在获得强制执行许可之后才能强制执行。根据英国1996年《仲裁法》，经法院签发执行许可的仲裁裁决如同法院判决或裁定一样具有强制执行力。我国《民事诉讼法》第273条规定：“经中华人民共和国涉外仲裁机构裁决的，当事人不得向人民法院起诉。一方当事人不履行仲裁裁决的，对方当事人可以向被申请人住所地或者财产所在地的中级人民法院申请执行。”经人民法院组成合议庭审查核实，凡有下列情形之一的，裁定不予执行：①当事人在合同中没有订立仲裁条款且事后也没有达成书面仲裁协议的；②被申请人没有得到指定仲裁员或者进行仲裁程序的通知，或者由于其他不属于被申请人负责的原因未能陈述意见的；③仲裁庭的组成或仲裁的程序与仲裁规则不符的；④裁决的事项不属于仲裁协议的范围或仲裁机构无权仲裁的。此外，人民法院认定执行该裁决违背社会公共利益的，也应裁定不予执行。

2. 外国仲裁裁决的承认与执行

外国仲裁裁决的承认与执行包括两种情形：一种是外国仲裁裁决要求得到本国的承认与执行；另一种是本国仲裁裁决要求得到外国的承认与执行。

关于第一种情形，《纽约公约》第3条规定："各缔约国应承认仲裁裁决具有拘束力，并依照裁决地之程序规则及下列各条所载条件执行之。对承认或执行适用本公约的仲裁裁决时，不应比承认或执行本国仲裁裁决附加较高的条件或征收较多的费用。"世界主要国家均已加入《纽约公约》，且有很多国家将《纽约公约》主要条款纳入本国法律之中。如1970年美国《联邦仲裁法》规定，属于《纽约公约》管理范围内的仲裁裁决作出后3年之内，当事人可请求有管辖权的法院作出确认仲裁裁决的命令。瑞典1999年《仲裁法》规定，不论仲裁裁决在哪国作出，均有执行的义务。我国《民事诉讼法》第283条规定：国外仲裁机构的裁决，需要我国人民法院承认和执行的，应当由当事人直接向被执行人住所地或者其财产所在地的中级人民法院申请，人民法院应当依照我国缔结或者参加的国际条约，或者按照互惠原则办理。

关于第二种情形，我国《民事诉讼法》280条第2款规定："中华人民共和国涉外仲裁机构作出的发生法律效力的仲裁裁决，当事人请求执行的，如果被执行人或者其财产不在中华人民共和国领域内，应当由当事人直接向有管辖权的外国法院申请承认和执行。"在具体操作又分为两种方式：一是如果该国为《纽约公约》缔约国，当事人应当根据公约向有关国家有管辖权的法院或其他主管机关申请承认和执行。二是如果该国为《纽约公约》非缔约国，可按照双边或多边条约或互惠原则办理，也可通过外交途径提请对方国家的有关政府部门、民间团体协助执行，还可凭我国的仲裁裁决在对方国家起诉，要求执行仲裁裁决。

第三节　国际商事诉讼法律实务

国际商事争端发生后，如果不存在有效的仲裁协议，任何一方当事人都可以向有管辖权的法院起诉，请求司法解决。尽管国际商事诉讼存在程序严格、烦琐，法官专业知识欠缺等不足，但它作为调解或和解与仲裁外的另一种补救手段仍然具有重要意义。

一、国际商事诉讼的管辖权

国际商事诉讼的管辖权是指一国法院受理、审判具有国际因素或涉外因素的商事案件的权力和资格。通俗地讲，就要确定哪个国家的法院对某一特定的国际商事案件具有管辖权的问题。国际商事诉讼管辖权是一个国家司法主权的体现，加之各国的利益诉求难以达到一致，因此国际上至今尚未形成有效的统一的国际商事诉讼管辖权制度。

（一）确定国际商事诉讼管辖权的一般原则

国际民事诉讼管辖权源自国际条约、国内法的规定及当事人的选择。对于国际民商事诉讼管辖权，一般依据属地管辖、属人管辖、协议管辖、专属管辖等四种原则认定。在国际司法实践中，各国通常采用综合方式确定管辖权，即主要依据属地管辖原则或属人管辖原则，同时采用协议管辖原则和专属管辖原则。

1. 属地管辖原则

一般来说，主权国家对其领土范围内所涉及的人、事、物享有完全的、排他性的管辖权。属地管辖原则（Territorial Jurisdiction Principle）是主权国家行使这种管辖权的一项最古老的国际法基本原则。所谓的属地管辖原则，是指以一定的地域为联系因素，由该地域的所属国法院或相关权利机构行使管辖权。各国在遵循属地管辖原则时，多以行为发生地和结果发生地相结合的方式确定管辖权。目前，世界大多数国家都承认并采纳属地管辖原则，其通常有以下适用标准：①被告所在地标准，即以被告的住所、居所、临时所在地为联系因素确定管辖权；②诉讼标的物或财产所在地标准，即以诉讼争议标的物或被告财产所在地为联系因素确定管辖权；③法律事实发生地标准，即以合同成立地、义务履行地或侵权行为地为联系因素确定管辖权。

2. 属人管辖原则

属人管辖原则（Personal Jurisdiction Principle）是指以当事人的国籍作为联系因素而行使管辖权的原则。根据该原则，不论有关的法律行为发生在国内还是国外，只要民商事法系关系中至少一方当事人具有某国国籍，该国法院或相关权利机构即可行使管辖权。属人管辖还扩大到国家对于具有本国国籍的法人，航空器，船舶和外太空发射物及其所载人员的管辖。如在一个中国出口贸易合同中，合同签署地、履行地、纠纷地均在俄罗斯，但按照属人管辖原则，出口一方当事人是中国企业，因此中国法院对这一贸易纠纷具有管辖权。不过，我国目前尚未采用属人管辖权原则。

3. 协议管辖原则

协议管辖又称为约定管辖或者合意管辖，它是根据“意思自治”原则所确立的一种司法管辖制度。协议管辖原则（Agreement Jurisdiction Principle），是指在法律许可的范围内，对已经发生或可能发生的涉外民商事纠纷，当事人通过协议方式选择某国管辖法院。通常情况下，除当事人另有意思表示外，选择管辖与选择适用法律具有一致性，即选定了某国法院具有管辖权的同时，也就选定了适用该国的法律规范。世界上绝大多数国家都承认或者趋于承认协议管辖，有的国家如意大利、葡萄牙、捷克斯洛伐克等已将协议管辖原则纳入其法律之中，我国对合同纠纷及其他财产权益纠纷也立法允许当事人协议管辖。但在是否可以排斥内国法院管辖、所选法院是否须与案件有关联等方面，各国所持观点有较大差异，如英国即不承认当事人的协议当然排斥英国法院管辖，并且要求当事人选择的法院要与案件有关联。

4. 专属管辖原则

专属管辖原则（Exclusive Jurisdiction Principle），又称为独占管辖或排他管辖，是指依据国际条约或国内立法的规定，一国法院对于某些类型的民商事案件具有独占的管辖权，排除其他国家对此类案件行使管辖权。对于专属管辖权当事人必须服从，不得通过协议将专属本国法院管辖的案件交由外国法院管辖。虽然各国普遍承认专属管辖原则，但对专属管辖权行使范围的认定存在一定差异，总体而言，大陆法国家比英美法国家对专属管辖权范围的界定更为宽泛。一般来说，大陆法国家规定因不动产、法人破产、国际租赁、内国国民身份关系、内国登记等引起的涉外民商事诉讼案件，专属于内国法院管辖。其中，对不动产争议由不动产所在地国专属管辖，各国基本达成一致意见。此外，在内国领域内涉及侵犯内国知识产权、执行财产等案件，通常也由内国法院专属管辖。

（二）我国有关涉外商事案件管辖权的规定

关于我国法院对涉外商事案件的管辖权的有关规定，主要见于《中华人民共和国民事诉讼法》，尤其是其中第四编“涉外民事诉讼程序的特别规定”，其主要规定如下：

第一，住所地法院管辖。对在我国境内有住所的被告提起诉讼的，通常由被告住所地法院管辖。

第二，合同及财产权益纠纷案件管辖。因合同纠纷或者其他财产权益纠纷，对在我国领域内没有住所的被告提起的诉讼，如果合同在我国领域内签订或者履行，或者诉讼标的物在我国领域内，或者被告在我国领域内有可供扣押的财产，或者被告在我国领域内设有代表机构，可以由合同签订地、合同履行地、诉讼标的物所在地、可供扣押财产所在地、侵权行为地或者代表机构住所地人民法院管辖。

第三，三资企业开采自然资源案件管辖。因在我国履行中外合资经营企业合同、中外合作经营企业合同、中外合作勘探开发自然资源合同发生纠纷提起的诉讼，由我国法院专属管辖。

第四，商事案件当事人选择管辖。涉外合同或者涉外其他财产权益纠纷的当事人，可书面协议选择与争议有实际联系的地点的法院管辖，如果选择我国法院管辖，不得违反我国对级别管辖和专属管辖的规定。

第五，商事案件被告应诉视为承认管辖。涉外民商事诉讼的被告对我国法院管辖不提出异议并应诉答辩的，视为承认我国法院有管辖权。

二、外国当事人的诉讼地位

外国人在内国具有一定的诉讼地位，是国际商事诉讼活动开展的基本前提。外国当事人的诉讼地位是指根据内国法或国际条约，外国公民、法人或其他组织在某一国家境内享有什么样的诉讼权利，承担什么样的诉讼义务，以及具有什么样的诉讼行为能力。

（一）外国人诉讼地位的一般原则

所谓国民待遇原则，又称为平等待遇原则，是指一国赋予外国主体与本国主体享有同等的民事诉讼权利，承担同样的诉讼义务。国民待遇原则在确定外国人诉讼地位方面得到普遍认可和采用，目前已成为世界各国调整外国人民事诉讼地位的一般性原则。但是，在具体适用这个一般性原则时也有例外情形，从而导致对外国主体诉讼权利在某种程度上以限制。这一例外最主要的体现就是“对等原则”的适用，即外国主体的所在国对内国主体的诉讼权利加以限制的，内国对该外国主体的诉讼权利实行对等限制。我国《民事诉讼法》第 5 条规定：“外国人、无国籍人、外国企业和组织在人民法院起诉、应诉，同中华人民共和国公民、法人和其他组织有同等的诉讼权利义务。外国法院对中华人民共和国公民、法人和其他组织的民事诉讼权利加以限制的，中华人民共和国人民法院对该国公民、企业和组织的民事诉讼权利，实行对等原则。”需要进一步指出的是，国民待遇原则是两方面的，既包含诉讼权利的享有，也包括诉讼义务的履行。

（二）外国人诉讼地位的具体规定

1. 诉讼能力问题

在民事诉讼行为能力的确定方面各国通常采用属人法原则，即外国自然人的民事诉讼行为能力由其国籍国的法律确定。但是，如果依据属人法导致外国当事人没有行为能力，而依法院地法为有行为能力，则应视为该外国人有民事诉讼行为能力。其次，凡法院地国依据自己的法律不赋予自己国家同类当事人的诉讼权利，同样也拒绝赋予外国人。

2. 诉讼代理问题

诉讼代理是指诉讼代理人基于法律规定、法院指定或当事人委托，以当事人的名义开展诉讼活动的行为。诉讼代理制度因其可有效保护当事人的诉权，而被世界各国广泛采用。同时，无论是大陆法国家还是英美法国家，均将律师作为诉讼的当然代理人甚至是唯一代理人。对委托律师代理诉讼各国通常附有两个条件：一是只能委托法院地国执业律师；二是必须有书面委托书并经法院地国认证后才有效。我国的法律规定与此类似，根据我国《民事诉讼法》，外国人、无国籍人、外国企业和组织在人民法院起诉、应诉，需要委托律师代理诉讼的，必须委托中华人民共和国的律师。在中华人民共和国领域内没有住所的外国人、无国籍人、外国企业和组织委托中华人民共和国律师或者其他人代理诉讼，从中华人民共和国领域外寄交或者托交的授权委托书，应当经所在国公证机关证明，并经中华人民共和国驻该国使领馆认证，或者履行中华人民共和国与该所在国订立的有关条约中规定的证明手续后，才具有效力。

3. 诉讼费用担保问题

所谓诉讼费用担保，通常是指外国人或在法院地国无住所者提起民商事诉讼时，应被告之请求或依法院地国法律之规定，为防止其滥用诉讼权利或败诉后拒付诉讼费用，而由法院地国法院责令原告提供担保。需要指出的是，此处的诉讼费用主要是指当事人、证人、鉴定人、翻译人员的差旅费、出庭费及其他诉讼费用，不包括案件的受理费。如果没有条约义务，在国际民商事诉讼中大多数国家的法院均要求外国原告提供诉讼费用担保。而我国的诉讼费用担保制度，由原来要求外国人提供担保，转变为在互惠前提下免除担保。

三、国际司法协助

国际司法协助（International Judicial Assistance），简称司法协助，是指不同国家之间，根据有关国际条约或互惠原则，彼此之间相互协作，代为或协助实施与诉讼有关的一定的司法行为。提出请求的行为称“司法委托”，履行他国委托的行为称“司法协助”。根据协助的内容可将司法协助分为一般司法协助和特殊司法协助。

小贴士9－2：

早在1987年5月4日，我国就与法国签署了《中华人民共和国和法兰西共和国关于民事、商事司法协助的协定》。根据该协定，两国在民事和商事方面相互提供的司法协助包括：（1）转递和送达司法文书和司法外文书；（2）代为调查取证；（3）承认和执行已经确定的民事、商事裁决以及仲裁裁决；（4）根据请求提供本国的民事、商事法律、法规文本以及本国在民事、商事诉讼程序方面司法实践的情报资料。

（一）普通司法协助

1. 普通司法协助及其国际立法

普通司法协助只包括代为送达诉讼文书、代为调查取证、提供有关法律资料等三种行为。具体来说：一是代为送达诉讼文书，包括与诉讼直接相关的起诉状、答辩状、上诉状、传票、判决书等，也包括与诉讼间接相关的其他文件，如有关汇票的拒绝证书、要求给付的催告书等；二是代为调查取证，如代为询问证人、当事人，代为调取证据，代为现场勘验等；三是提供有关法律资料，如根据对方要求提供相关法律文本、某一案件的审判资料等。

为了推进司法协助工作，海牙国际私法会议先后通过了一系列的相关国际公约，主要包括：1954 年《民事诉讼程序公约》、1965 年通过了《关于向国外送达民事或商事司法文书和司法外文书公约》（简称《海牙送达公约》）、1970 年《关于从国外获取民事或商事证据的公约》（简称《国外取证公约》）、1980 年《国际司法求助公约》。除此之外，各国间还签署了其他多边公约和双边公约，以促进国家间的司法协助。我国于 1991 加入了《海牙送达公约》，积极将其中的有关内容吸纳到我国的法律规范之中。

2. 诉讼文书的域外送达

普通国际司法协助中，最常见的是诉讼文书的域外送达。所谓域外送达，是指一国法院根据国际条约或本国法律或按照互惠原则，将司法文书和司法外文书送交给居住在国外的诉讼当事人或其他诉讼参与人的行为。因送达行为所产生的相关费用由请求协助方支付，送达文书通常还要译成送达地国文字。

概括起来，除非文书送达地国提出反对，文书域外送达可以通过以下途径实现：①外交途径送达，根据《海牙送达公约》，每一缔约国均有权直接通过其外交或领事代表机构向身在国外的人完成司法文书的送达，但不得采用任何强制措施；②邮寄送达，即通过邮寄直接送交国外当事人；③主管机关送达，既可以由文书发出国的司法助理人员、官员或其他主管人员直接送达地国相应人员，也可以由一国法院把需要送达的文书交给本国司法机关，再由其交给发出地国指定的中央机关送达。我国承担此项职能的中央机关是司法部；④个人送达，即任何在司法程序中有利害关系的人通过外国有关机关送达，这一方式通常为英美法国家采用。此外，如果受送达人地址不明，还可采用公告方式送达。

（二）特殊司法协助

相对于一般司法协助而言，特殊司法协助是指两国法院在一定的前提下相互承认并执行对方法院的生效判决和涉外仲裁机构的仲裁裁决的制度。承认与执行外国仲裁裁决已在前文介绍，现在仅阐述承认与执行外国法院判决问题。

1. 承认和执行外国判决的内涵

外国判决的承认和执行，指外国法院的判决得到内国的承认和执行，因而在内国发生域外效力。通常情况下，一国法院的判决是该国的国家公权力的体现，因此只能在该国境内产生法律效力。要使一国法院的判决在国外发生域外效力并得以执行，就必须得到有关国家的承认，然后由有关国家赋予其与本国法院判决同行的法律效力，从而得到执行。承认外国判决与执行外国判决，是两个既有联系又有区别的概念。承认是执行的前提条件，任何被执行的外国判决，均须由内国法院承认其效力。根据一事不再理原则，当内国法院承认一项外国的法院判决后，就不会再受理对同一事项新的诉讼。然而需要注意的是，承认并非必然伴随着执行，对外国的民商事判决，除给付判决以外，通常只发生承认问题，而无须执行。

2. 承认和执行外国判决的条件

对外国判决的承认和执行，通常要求法院地国、外国法院及该判决自身等应具备一定的条件，而有关国际公约及各国法律对这些条件的规定大同小异。承认和执行外国判决的法律上的条件主要有：①对外国判决的承认与执行在国家之间是相互的；②外国法院对该案有管辖权；③该外国法院的诉讼程序是公正的；④不存在诉讼竞合，即外国判决的案件未曾在内国审理，也不与内国已承认的第三国判决相冲突；⑤该外国判决已经生效；⑥该外国判决在适用法律上并不违反内国国际私法的规定；⑦该外国判决不存在诈欺情事；⑧该外国判决不违反内国的公共秩序和善良风俗。我国承认与执行外国判决的条件要求与此类似。

3. 承认和执行外国判决的程序

（1）登记程序和重新审理程序

根据外国判决来源于不同国别，英国法院分别适用登记程序和重新审理程序来承认和执行外国法院判决。登记程序适用于英联邦国家或欧盟国家法院作出的判决，即英国法院对于来源于这些国家的有关判决的承认和执行申请，在查明符合英国法定条件后即可予以登记和强制执行。重新审理程序适用于英联邦国家或欧盟之外的国家法院作出的判决，即英国将外国判决作为一个可向其法院重新起诉的依据，对该案重新审理，并在与英国法律不相抵触的前提下做出一个与外国判决类似的判决，然后依照本国判决执行。英国的这种制度在英联邦国家及英美法国家有着广泛的影响，美国也主要效仿英国的做法。

（2）执行令程序

执行令程序为德国首创，目前已被包括日本、法国、意大利、拉丁美洲的国家在内的许多国家采用。按照这个程序，内国法院受理了承认和执行外国判决的请求后，审查并对符合内国法定条件的判决发出执行令，从而赋予外国判决在内国的执行力。包括德国、捷克斯洛伐克在内的大多数国家法院对外国判决仅进行形式审查，查看是否存在应予拒绝承认和执行的情形。1971 年海牙国际私法会议《民商事案件外国判决的承认与执行公约》也要求缔约国，仅对承认与执行外国判决的申请进行形式审查。而以意大利、葡萄牙、比利时为代表的国家，要求本国法院对外国判决进行实质审查，即对判决所依据的法律和事实均展开审查。

（3）我国承认和执行外国判决的程序规定

我国《民事诉讼法》第 282 条规定："人民法院对申请或者请求承认和执行的外国法院作出的发生法律效力的判决、裁定，依照中华人民共和国缔结或者参加的国际条约，或者按照互惠原则进行审查后，认为不违反中华人民共和国法律的基本原则或者国家主权、安全、社会公共利益的，裁定承认其效力，需要执行的，发出执行令，依照本法的有关规定执行。违反中华人民共和国法律的基本原则或者国家主权、安全、社会公共利益的，不予承认和执行。”可见，我国法院对于外国判决的承认与执行采用相对比较宽松的程序。一方面，有关承认和执行外国判决的请求，既可由请求国的中央机关也可由当事人，直接向我国有管辖权的法院提出；另一方面，对于该请求，我国法院既不进行实质性审查，也无须对案件重新审理，只需根据一定的条件进行形式审查即可。一旦裁定承认与执行外国法院的判决，该判决即获得与我国法院判决同等的法律效力。

中华人民共和国××海事法院

执行令

（执行外国法院判决或裁定用）

（××××）×海法执字第××号

申请人×××向本院申请承认和执行××国××法院对……（写明当事人姓名或名称和案由）一案于××××年××月××日作出的××号判决。本院已于××××年××月××日作出（××××）×海法执字第 ××号民事裁定，承认该判决的法律效力。对于该判决内容的执行事项，本院依照《中华人民共和国民事诉讼法》……（写明所依据的法律条款）的规定，发出如下执行令：

……（写明执行的具体内容）。

院长　×××

××××年××月××日

（院印）

说明：

本执行令样式供海事法院在根据申请人的请求，对外国法院的判决或裁定作出承认的裁定后，对于裁定中的执行事项发出执行令时使用。

【总结评价】

解决国际商事争议有协商、调解、仲裁和诉讼四种方式可供选择，其中仲裁因其具有高度的自愿性、严格的保密性、突出的便捷性、较强的执行力等特点，已在国内外得到最为普遍的认可和广泛的应用。依法订立仲裁协议是国际商事仲裁得以进行的前提，仲裁协议具有仲裁条款、仲裁协议书、仲裁函电三种形式，一份详细的仲裁协议通常涵盖了提请仲裁的事项、仲裁地点、仲裁机构、仲裁程序规则及仲裁裁决的效力，有的还包括仲裁员人数及指定方法、仲裁适用的法律、仲裁费用的承担及仲裁语言的使用等内容。遵守仲裁程序是国际商事仲裁活动的保障，一个完整的仲裁程序通常包括仲裁申请与受理、仲裁庭的组成、仲裁案件的审理、仲裁裁决的作出。仲裁裁决能够得到他国的承认与执行是国际商事仲裁的最终落脚点，世界大多数国家已加入《纽约公约》，大大方便了仲裁裁决的域外承认与执行。事先没有订立仲裁协议，出现争议后又不能就是否提交仲裁达成一致意见，当事人往往会采用诉讼的方式解决国际商事争议。当事人提起国际商事诉讼首先要明确法院管辖权问题，各国主要依据属地管辖原则或属人管辖原则，同时采用协议管辖原则和专属管辖原则。在确定外国当事人的诉讼地位的问题上，绝大多数国家采用国民待遇原则，同时在诉讼能力、诉讼代理、诉讼费用担保等方面形成了具体的操作规范。国际司法协助包括以代为送达诉讼文书、代为调查取证、提供有关法律资料为主要内容的普通司法协助，也包括承认与执行外国诉讼判决及仲裁裁决为主要内容的特殊司法协助。

【主要概念】

国际商事争议　协商　调解　民间调解　联合调解　仲裁机构调解　法庭调解　仲裁　诉讼　国际商事仲裁　国际商事诉讼　仲裁协议　仲裁条款　仲裁机构　仲裁地点　仲裁程序　简易程序　仲裁庭　仲裁员　仲裁审理　开庭　保全　仲裁裁决　一裁终局　仲裁裁决的承认与执行　属地管理原则　属人管理原则　协议管理原则　专属管理原则　国民待遇原则　诉讼能力　诉讼代理　国际司法协助　域外送达　登记程序　重新审理程序　执行令程序

【任务实施】

浏览中国国际经济贸易仲裁委员会（网址 http：//cn. cietac. org），查看最新仲裁员名册，找出不少于3位具有国际货运、国际投资或技术转让等方面的专长的仲裁员，并借助其他网络资料，以PPT形式向申请国际商事仲裁当事人推介仲裁员。

【复习思考题】

一、简答题

1. 国际商事争议有哪几种解决方式？
2. 什么是国际商事仲裁？与其他争议解决方式相比它有哪些特点？
3. 国际商事仲裁协议的主要内容是什么？
4. 中外有哪些较有影响的仲裁机构？
5. 什么是仲裁程序？国际商事仲裁通常要经历哪些主要程序？
6. 简述《纽约公约》的主要内容。
7. 什么是国际商事诉讼管辖权？确定国际商事诉讼管辖权有哪些一般性的原则？
8. 简述承认和执行外国法院判决的条件。

二、判断题

1. 采用协商方式解决国际商事争议时无须第三方介入。

2. 法庭调解所作出的调解书生产与法院判决具有同等的法律效力。

3. 仲裁是当前国际商事争议最主要的解决方式。

4. 当事人选定仲裁机构后就必须按照该仲裁机构的仲裁规则参与仲裁。

5. 各国法律及仲裁机构的仲裁规则普遍规定国际商事仲裁裁决是一般终局的。

6. 国际上大多数国家都明确不服仲裁裁决的可以向法院起诉。

7. 合同中的仲裁条款与仲裁协议书具有同等效力。

8. 在我国，持有不同意见的仲裁员可以不在仲裁裁决书上署名。

9. 大多数国家都排除了国际商事争议当事人协议选择法院提起诉讼的权利。

三、单项选择题

1. 当前在国际商事仲裁领域里最具影响力的仲裁机构是（　　）。

A. 瑞典斯德哥尔摩商事仲裁院　　B. 伦敦国际仲裁院

C. 国际商会仲裁院　　D. 瑞士苏黎世商会仲裁院

2. 一般来说，不属于大陆法国家法院专属管辖的国际商事诉讼案件有（　　）。

A. 不动产争议案件　　B. 法人破产案件

C. 国际租赁案件　　D. 国际货物买卖案件

3. 下列不属于普通国际司法协助的行为是（　　）。

A. 代为送达诉讼文书　　B. 执行外国法院判决

C. 代为调查取证　　D. 提供有关法律资料

四、多项选择题

1. 完整仲裁以自愿为基础，国际商事仲裁中当事人通常对（　　）具有自主选择权。

A. 仲裁机构　B. 仲裁地点　C. 仲裁员　D. 仲裁适用的法律

2. 国际商事仲裁机构在收到当事人申请后，要对下列哪些情况进行审核（　　）。

A. 本仲裁机构是否具有管辖权　　B. 仲裁协议是否合法有效

C. 申请仲裁事项是否超过有效期　　D. 申请人是否同意仲裁庭组成人员

3. 通过属地管辖原则可确定国际商事诉讼管辖权，其中的法律事实发生地包括（　　）。

A. 合同成立地　B. 义务履行地　C. 标的物所在地　D. 侵权行为地

五、案例分析题

2003 年 9 月 15 日，马绍尔群岛第一投资公司（FIC）与福建马尾造船公司和福建船舶工业集团公司签订了有关船舶建造的《选择权协议》，约定该福建两家公司不可撤销地同意与 FIC 或其指定人签订最多 8 艘船的《选择船建造合同》。协议第 9 条约定了仲裁条款，约定了仲裁程序适用 1996 年的《英国仲裁法》，关于仲裁员由双方各指定一名，并由指定的仲裁员挑选第三名，共同组成仲裁庭审理案件。协议生效后，因福建两家公司未在约定期限内履约，双方发生纠纷。2004 年 6 月，FIC 在伦敦提起仲裁，要求两家福建公司赔偿其商业损失及利息。FIC 指定哈利斯作为仲裁员，福建公司指定中国国际经济贸易仲裁委员会的王生长作为仲裁员，两人共同指定马丁·亨特为首席仲裁员。2006 年 1 月，马丁·亨特作出该仲裁裁决的第一稿，并分发给王长生和哈利斯。2 月 16 日，王生长提交了其保留意见的草稿后，即与仲裁庭其他成员失去联系。2006 年 6 月，马丁·亨特和哈利斯作出缺员仲裁，裁定福建两家公司连带赔偿 FIC2640 万美元及利息。英国和中国均为 1958 年《纽约公约》的成员国，故 FIC 在 2006 年 12 月向厦门海事法院提出申请，请求承认该仲裁裁决在我国境内具有法律效力并予以执行。请问我国法院是否应该承认与执行该裁决？为什么？

（资料来源：厦门海事法院“［2006］厦海法认字第 1 号”民事裁定书）

国际商法术语中英文对照

B

班机运输 Scheduled Air Line
班轮运输 Liner Shipping
包机运输 Chartered Carrier
保险标的 Insurance Subject
保险代理 Insurance Agency
保险代理人 Insurance Agent
保险公证人 Insurance Notary
保险经纪人 Insurance Broker
保险凭证 Insurance Certificate
保险人 Insurer
保付代理 Confirming Agency
本人 Principal
背书 Indorsement
被保险人 Insurant

C

承运人 Carrier
承兑 Accepted
驰名商标 Well-known Trademark
错误 Mistake

D

大陆法系 Continental Law System
代理 Agency
代理人 Agent
代位权 Subrogation
单独海损 Particular Average
抵销 Set-off
第三人 Third Party
电子提单 Electronic B/L
独家代理 Sole Agency
对价 Consideration

F

发盘 Offers
法定代理 Statutory Agency
法律意识 Legal Consciousness
法系 Law System
分代理 Subagent
服务商标 Service Trademark

G

跟单信用证统一惯例 UCP
工业产权 Industrial Property
公法 Public Law
共同海损 General Average
国际货协 CMIC
国际货物多式联运 International Multimodal Transport
国际货约 CLM
国际贸易术语解释通则缩写 Incoterms
国际商法 International Commercial Law
国际商会 The International Chamber of Commerce, ICC
国际商事惯例 International Commercial Practices
国际商事合同法 International Commercial Contract Law
国际商事合同通则 PICC
国际商事条约 International Commercial Treaties

国际司法协助 International Judicial Assistance

H

海牙规则 Hague Rules
海上风险 Perils of Sea
海上路货 Floating Cargo
汉堡规则 Hamburg Rules
混同 Merger

J

集体商标 Collective Trademark
集中托运 Consolidation
间接代理 Indirect Agent
简式合同 Simple Contract
交单付款 D/P
适销性 Merchantability
救助费用 Salvage Charge

L

劳埃德保险会社 Lloyd's Association
联合国国际货物销售合同公约 CISG
鹿特丹规则 Rotterdam Rules
伦敦保险人协会 The Institute of London Underwriters

M

免除 Release

P

票据 Bill

Q

欺诈 Fraud
签字蜡封合同 Contract Under Seal
清偿 Payment

S

商品商标 Commodity Trademark
商人法 Merchant Law
施救费用 Sue and Laber Expenses
实际承运人 Actual Carrier
实际全损 Actual Total Loss
实盘 Firm Offer
世界知识产权组织 WIPO
收货人 Receiver
属地管辖原则 Territorial Jurisdiction Principle
属人管辖原则 Personal Jurisdiction Principle
私法 Private Law
诉讼 Litigation

T

特别提款权 Special Drawing Right，SDR
提存 Deposit
提单 Bill of lading，B/L
调解 Intermediation
投保人 Applicant
推定全损 Constructive Total Loss
托运人 Shipper

W

外来风险 Extraneous Risks
委付 Abandonment
维斯比规则 Visby Rules
未注册商标 Unregistered Trademark

X

胁迫 Duress
协商 Consultation
协议管辖原则 Agreement Jurisdiction Principle
虚盘 Non-firm Offer

Y

1906 年海上保险法 Marine Insurance Act，1906
1932 年华沙—牛津规则 Warsaw-Oxford Rules，1932
一般代理 Ordinary Agency
意定代理 Appointed Agency
英美法系 Common Law System

隐名代理 Undisclosed Agency
银行保兑 Bank Confirmation
与贸易有关的知识产权协定 TRIPS
预期违约 Anticipatory Breach of Contract
约因 Cause
运输代理 Forwarding Agency

Z

杂货运输 General Cargo Traffic
暂保单 Binder, Binding Slip
知识产权 Intellectual Property
直接代理 Direct Agent
证明商标 Certification Trademark
总代理 General Agency
仲裁 Arbitration
注册商标 Registered Trademark
专属管辖原则 Exclusive Jurisdiction Principle
租船运输 Carriage by Charters

主要参考文献

[1] 卡拉·希比:《国际知识产权》，王丽译，中国人民大学出版社2012年版。

[2] 拉尔夫·弗尔瑟姆，迈克·沃伦斯·戈登，约翰·史帕诺戈:《国际商事交易》，张丽译，法律出版社2011年版。

[3] 雷·奥古斯特，唐·迈耶，迈克尔·比克斯比:《国际商法》，高瑛玮译注，机械工业出版社2010年版。

[4] 理查德·谢弗，贝弗利·厄尔，菲利伯多·阿格斯蒂:《国际商法》，邹建华译，人民邮电出版社2003年版。

[5] 蔡四青:《国际商法概论》，西南财经大学出版社2013年版。

[6] 陈慧芳，陈笑影:《国际商法》，格致出版社，上海人民出版社2011年版。

[7] 陈晶莹，邓旭:《国际商法》，中国人民大学出版社2014年版。

[8] 陈迎:《国际商法：案例与实务》，北京大学出版社2012年版。

[9] 党伟:《国际商法》，东北财经大学出版社2012年版。

[10] 冯汉桥:《国际贸易中知识产权的取得与保护》，知识产权出版社2011年版。

[11] 胡晓红，彭岳，孙雯:《国际商法理论与案例》，清华大学出版社2012年版。

[12] 韩宝庆:《国际商法》，经济管理出版社2009年版。

[13] 姜世波:《国际商法理论问题研究》，中国人民公安大学出版社2006年版。

[14] 金晓晨:《国际商法》，中国人民大学出版社2010年版。

[15] 李军:《国际商法》，电子工业出版社2013年版。

[16] 栗丽:《国际货物运输与保险》，中国人民大学出版社2007年版。

[17] 梁敏:《国际商法》，大连理工大学出版社2008年版。

[18] 聂红梅，史亚洲:《国际商法实用教程》，北京大学出版社，中国农业大学出版社2010年版。

[19] 刘建民，徐文捷:《国际商法》，上海交通大学出版社2011年版。

[20] 论卫星:《国际商法》，浙江大学出版社2004年版。

[21] 宁烨，杜晓君:《国际商法》，机械工业出版社2014年版。

[22] 彭景:《国际商法学》，西南财经大学出版社2013年版。

[23] 秦成德:《电子商务法律与实务》, 人民邮电出版社 2008 年版。

[24] 沈四宝, 王军, 刘刚仿:《国际商法》, 对外经济贸易大学出版社 2007 年版。

[25] 田东文:《国际商法》, 机械工业出版社 2013 年版。

[26] 吴建斌:《国际商法新论》, 南京大学出版社 2005 年版。

[27] 吴建斌, 吴兰德:《国际商法学习指导》, 南京大学出版社 2013 年版。

[28] 王衍祥:《国际商法》, 上海三联书店 2006 年版。

[29] 万志前, 廖震峡, 席静:《国际商法》, 清华大学出版社, 北京交通大学出版社 2014 年版。

[30] 韦箐:《对外贸易最新合同范本》, 经济管理出版社 2004 年版。

[31] 徐宏:《国际民事司法协助》, 武汉大学出版社出版 2006 年版。

[32] 严桂珍:《平行进口法律规制研究》, 北京大学出版社 2009 年版。

[33] 杨国明, 李志春:《国际商务法律法规》, 清华大学出版社 2008 年版。

[34] 臧立:《世界贸易组织法》, 法律出版社 2003 年版。

[35] 周晓唯, 杨林岩:《国际商法》, 西安交通大学出版社 2013 年版。

[36] 周新军, 刘晓蔚:《国际商法》, 清华大学出版社 2014 年版。

[37] 朱建林:《国际商事案例选评》, 对外经贸大学出版社 2010 年版。

[38] 朱敏霞:《新编国际商法——案例与实务》, 南京大学出版社 2008 年版。

[39] 左海聪:《国际商法》, 法律出版社 2013 年版。